KB218353

믿음

법화신행 믿음

일우 지음

운주사

책을 내면서

언젠가부터 우리는 불교를 논하면서도 정작 부처님은 빠져 있고 조사만 논하는 시대를 살고 있습니다. 부처님의 법이라고 말하기 어려운 화두참선에만 집중하며 범부중생은 뜻도 모를 엉뚱한 불교로 흘러가고 있습니다.

요사이 '위빠사나'다 '명상'이다 하면서 불교의 본줄기는 멀어지고 곁가지로만 흘러가는 느낌입니다. 절에 가면 으레 스님이 내놓으시는 차 맛에 물들고 '선'을 논하고 '명상'을 논하며, 그것이 현대사회의 힐링이라고 생각하는 이상한 불교에 답답함을 느낄 때가 한두 번이 아닙니다.

교리적 불교, 사상적 불교, 명상적 불교, 학문적 불교, 선, 위빠사나 등 저마다 목청을 높이지만 모두 알맹이 없는 공허한 외침으로만 들립니다. 어쩌다가 부처님의 가르침이 없는, 단지 불교를 하기 위한 불교로 흘러가고 있는가 하는 생각 때문에 혼자 아쉽고 안타까울 때가 많았습니다.

깨달음의 길을 몰라 헤매는 신도들을 만날 때마다 믿음의 불교, 부처님이 증명하시는 불교, 생활 속 불교, 민중의 불교로 다시 거듭나야 하고, 이것이야말로 이 시대가 필요로 하는 종교로 불교가 다시 일어설 수 있는 길이라는 믿음이 갈수록 굳어졌습니다.

그리고 어떻게 하면 불교가 생활 속 신앙생활로 거듭나 우리의 불조이신 부처님과 함께 할 수 있을까라는 고민의 결과 경전 중의 경전인 법화경의 가르침을 현대적으로 재해석한 『법화정법, 지금 나의 삶이 영원을 노래할 수 있다면』을 펴냈습니다. 그리고 이번에 다시, 우리 불자들이 굳건한 믿음으로 응집되길 서원하며 『법화신행 믿음』이란 제목으로 독자들을 만나려 합니다.

'믿음'이 없으면 아무리 법문을 해도 머물지 않으며, '믿음'으로 불자가 되면 한마디의 법문이 없더라도 스스로 머물 줄을 알게 된다.

삶 속에서 늘 부처님의 권속으로 살면서 믿음대로 행동하고 가르침대로 따르면서 기도하는 생활을 하고 있다면 떨고, 기죽고, 쫄면서 움츠려드는 장래의 불안을 떨쳐 버릴 수 있습니다. 날마다 믿음 속에 살고 있기 때문에 언제 어디서나 당당하고 바르게 살 수 있으며, 바른 행동이 따르는 도덕과 윤리가 살아있는 삶을 살 수 있기 때문입니다.

믿음 가운데 부처님은 늘 나와 함께 할 것이며, 독자와 함께 할 것입니다. 참다운 신행 생활에 조금이나마 도움이 되길 염원하면서, 불자 여러분과 믿음의 경전 법화경을 함께 탁마하며 믿음의 꽃을 활짝 피워낸다면 우리 사는 이 사바현장 곳곳에도 법화의 꽃이 반드시 피어날 것입니다.

부족한 글이지만, 부디 모두가 생활 속에 믿음의 신앙이 깊이 뿌리 내리길 바라는 마음 간절합니다. 이 책을 통해 생활 속 믿음의 불교를 실천하며, 생활 안에서 부처님의 우주법계 진리대로 살아가는 불자가 생겨나길 바랍니다. 모두 함께 이고득락하시길 서원합니다.

나무관세음보살 나무관세음보살 나무대자대비관세음보살

성관음사 관음실에서
효동 일우 두 손 모음

책을 내면서 —— 5

1 온 우주 법계에 가득 찬 부처님 가르침과 믿음 —— 13
서품

2 드넓은 대지 위에 불성의 종자를 뿌리며 —— 25
방편품

3 가지가지 시련을 약으로 삼아 극복하며 —— 34
비유품

4 믿음의 뿌리는 더욱 세력을 증장해 간다 —— 44
신해품

5 부처님의 가르침을 근기로 삼아 천차만별의
색깔을 지어나간다 —— 56
약초유품

6 인정받고 인정하며 서로의 의지처가 되다 —— 67
수기품

7 모든 것을 보시고 아시고 인도하시는 부처님 —— 83
화성유품

8 보배 중에 보배가 부처님의 권속이 된다 —— 97
오백제자수기품

9 인생에 있어서 버려야 할 것과 잡아야 할 것 —— 117
수학무학인기품, 법사품

10 어제까지 적이라도 하나로 응집되면 —— 135
견보탑품, 제바달다품

11 행복한 가족 건강한 믿음 —— 149
안락행품

12 우리들은 모두 윤회를 뿌리로 한다 —— 165
종지용출품

13 가지가지 현상을 받아들여 알아차리고 —— 176
여래수량품

14 함께하고 더불어 행복한 삶 —— 189
분별공덕품

15 보고 따라주고 함께 기뻐하다 —— 200
수희공덕품

16 육근의 믿음이 완성된다 —— 213
법사공덕품

17 내 생활이 상불경보살이 되어 —— 225
상불경보살품

18 여래의 모든 신력을 믿음으로 받아들이며 —— 240
여래신력품

19 순종하는 자만이 사랑받을 수 있다 —— 250
촉루품

20 마음을 확고히 하라 —— 263
약왕보살본사품

21 천하를 받들어 가진 즐거움 —— 275
묘음보살품

22 모두가 찬탄하니 하나의 원만일세 —— 292
관세음보살보문품

23 불법을 수호하는 다라니 신장이 되어 —— 311
다라니품, 묘장엄왕본사품

24 실천하고 수행하는 법화행자 —— 326
보현보살권발품

온 우주 법계에 가득 찬 부처님 가르침과 믿음

|

1

서품

|

깨달음을 얻은 붓다의 길을 물러서지 않고 따라가는 것이 우리 공부의 길입니다. 우리가 진정한 불자로서 산다는 것은, 믿음을 기본으로 하여 내가 부처님 법과 생애를 칭송하고 찬탄하고 공경하고 공양 올리는 그것이 근본이 되어야 합니다. 신앙생활은 늘 지금 이 자리에 부처님이 상주하고 계신다는 것을 믿고 따르는 것에서 시작됩니다. 불자로서의 도리는 순간순간 생활에서 이루어져야 합니다. 보리심으로 자신 주위를 돌보며 부처님의 깨달은 길을 따라가야겠다고 하는 마음가짐이 부처님 제자의 도리입니다.

불자로서의 도리를 이해하기 쉽게 예를 들겠습니다. 어머니 아버지 모시고 함께 한 집에 살면서 자식이 집을 나서면서 인사도 안

하고 나갔다가 들어오고, 집을 팔고사면서도 한 집 사는 부모님과 상의하지 않고 그냥 자기 멋대로 하는 가족을 속된 말로 콩가루 집 안이라 부릅니다. 반면에 부처님이 우리에게 더불어 사는 삶의 목 표로 말씀하신 것이 상구보리上求菩提 하화중생下化衆生입니다. 상구 보리는 보리심을 증장시켜 보살님이 되어 고통 받는 중생들과 더 불어 살라고 하신 겁니다. 이러한 대승적 견해를 생활에 적용하는 건 부처님을 모시고 의지하며 너와 내가 함께 닦으며 업력을 깨끗 이 동수정업同修淨業하면서, 즉 부처님의 가르침을 생활 속으로 가 져오고 믿음 속으로 가져와서 여러분과 내가 이 세상 살며 중생살 이 업력이 완전히 벗어질 때까지 열심히 노력하는 것으로, 이것이 바로 불자의 삶입니다.

어리석은 자만심에 꽉 차서 그냥 내 멋대로 살면서 '부처님 믿습 니다' 하면 부처님을 좋은 장신구 정도로 생각하는 겁니다. 급하고 힘든 일이 생길 때는 '아이고 부처님' 하고, 그 일이 해결되고 나면 '내가 잘나서 되었다', 이런 업식業識대로 살아가는 것이 지금 중생 살이고, 그런 업력으로 끝없이 윤회하며 고통의 바다를 건너는 것 입니다.

우리는 21세기 물질이 풍족한 시대를 살아가고 있습니다. 넘치 는 것은 모자람보다 못하다는 옛말이 있습니다만, 풍족하면서도 귀한 인생살이를 물질로 물질로만 쫓아가는 데 모든 생각과 마음 을 낭비하고 있습니다. 그렇게 혼이 빠져서 사는 겁니다. 이런 세태 에 우리는 자기의 삶과 사회를 바로 세우고자 하는 노력을 기울여 야 합니다. 바로 서는 삶으로 되돌아가기 위해 우리는 21세기 지금도 통용되고, 온 우주가 성주괴공成住壞空하고 또 성주괴공을 해도 생생할 부처님 가르침을 가지고 믿음을 기본으로 근간을 세워야 합니다. 부처님의 가르침으로 바른 삶을 사는 방법을 먼저 법화경 서품을 가지고 이야기하겠습니다.

법화경 서품의 첫 장을 보면 부처님의 법문을 듣고자 온, 아라한 과를 증득한 스님 만이천 명을 시작으로 성문, 연각 스님들을 포함한 인간 대중들, 여러 보살님들과 제석천 등 천신과 용왕들, 그리고 많은 천룡팔부天龍八部 제호법신諸護法神을 호명합니다. 이렇게 법을 듣고자 모인 이 세계의 모든 존재들 중에 우리 인간을 중심으로 법화경을 설하신 것입니다. 부처님은 인간의 몸을 빌려 정반왕의 왕자로 태어나 생로병사 사문유관四門遊觀에 고통 받는 인간 중생들 살림살이를 몸소 보시고는 부귀영화를 버리고 29살에 출가하셨습니다. 붓다가 되기 전 당시 힌두교 수행법인 어렵고도 어려운 고행을 6년 동안 하셨습니다. 뼈까지 드러나게 고행을 하시던 싯다르타 왕자는 '이 방법은 아니다' 하시고 동굴을 나와, 아마도 기운이 없어 기어 가셨으리라 추측됩니다만, 그렇게 아란야 강변에서 수자타가 공양 올린 우유죽을 드시고 강을 건너 보리수나무 아래에 앉습니다.

그리고 6일째 되던 음력 섣달 초여드레 날 위없는 아뇩다라삼막삼보리심으로 성도成道하셨습니다. 그 이후 초전법륜의 사성제, 팔정도, 12연기법을 시작으로 팔만사천 모든 유형의 중생들을 위해 팔십 평생 팔만사천법문을 설하셨습니다. 화엄, 아함, 방등, 반야까지 수많은 경전이나 그때그때 중생에 맞는 말씀과 쉬운 비유를 쓰면서 인간을 제도하려고 애를 쓰셨습니다. 돌아가시기 전 설법하신 묘법연화경妙法蓮華經을 줄여 법화경이라 하는데, 부처님이 마지막으로 설하신 불법의 정수라고 합니다. 부처님이 설한 법화경의 핵심은 누구나 부처를 이룰 수 있다는 확신과 믿음으로 중생을 승화시키는 것입니다.

경전을 시작한다고 해서 서품이라고 하지만, 걸리고 편벽함 없이 가득한 부처님의 원융무애圓融無碍법은 그 시작과 끝이 하나이기에 무엇 하나 놓쳐서는 안 됩니다. 연꽃 속에 씨앗이 있고 씨앗 속에 연꽃이 있는 것입니다. 연꽃은 더러운 진흙에 뿌리를 두고 썩은 물 위에서 핍니다. 바로 우리 중생이 사는 세계가 오탁악세五濁惡世이지만 그 더러운 썩은 물에서 부처가 나타납니다. 물이 더 더럽고 더 썩었을수록 연꽃은 더 크고 아름답게 핀다고 합니다. 이것이 묘법연화경, 법화경이 우리에게 주는 큰 가르침입니다. 부처님은 마지막 최상승 법문 법화경에서 일승 성문이나 이승 연각이나 삼승 보살로 나누어서 베푼 가르침을 하나로, 즉 '삼승三乘이 회삼귀일會三歸一하여 일불승一佛乘'이라 하여 한 수레로 모았습니다. 여러 중생들의 근기에 맞춰서, 즉 믿음대로 생각대로 소견대로 그때그때 맞춰서 말씀을 하시다 보니 삼승 보살도 말씀하시고 이승 연각도 말씀하시고 일승 성문을 말씀하셨는데 이것을 법화경에서 하나로 딱 응집한 것입니다.

사람들이 아무리 마음을 비우고 마음으로 닦으면 부처된다고 해도 수억 겁 생을 살아오면서 쌓인 업력이 하루아침에 깨끗이 될 수 없을 겁니다. 내 마음대로 살던 습관과 버릇 때문에, 비록 부처님을 믿는 불자라고 하지만 알고 보면 이 또한 그런 척하는 위선이고 기만입니다. 자기 본래면목의 순수한 믿음이 불성의 주춧돌로 단단하게 세워져야 공부해 나가며 그 위에 하나하나 깨달음의 집을 지을 수 있는 것입니다. 들여다보면 추한 우리 인간에게 연꽃이 피듯 깨달음이 온다는 것을 부처님은 영산회상에서 연꽃을 들어 상징적으로 나타냈다고 볼 수 있습니다.

법화경은 왕사성 밖 영취산에서 설하셨습니다. 수많은 대중과 천신, 용신들을 위시하여 아래로는 아비지옥부터 시작해서 위로는 33도리천 까지 모든 신들이 모여 있는 가운데 중심은 우리 인간으로, 우리 중생들을 위한 부처님의 설법을 들었습니다. 삼승三乘이 회삼귀일會三歸一하여 일불승一佛乘, 모든 걸 응집하는 한 가지 힘을 말씀하셨고, 또 여기에서 이제 더 나아가서 나는 이와 같이 부처가 되었다고 말씀하셨습니다. 그렇게 부처님이 중생을 자신의 자식으로, 불자佛子로 규정하시며 우리 모두가 연꽃을 피워 부처가 된다고 부촉附囑하신 것입니다. 그러나 중생이 부처가 된다는 것을 믿지 않고 진실로 수행에 들어가지 않으면 늘 바깥만 빙빙 돌고 인생을 낭비하며 살아가게 됩니다.

법화경의 내용을 미리 추려 개론概論한 서품 앞부분에 보면, 부처님의 두 눈썹 사이 백호에서 광명이 비추어 나왔습니다. 동쪽으로는 일만팔천 세계를 광명으로 비춰 보이시고 무량의처삼매에 드셔서는 광명을 비춰서 아래로는 아비지옥부터 하늘로는 33천까지 보여주시면서 그곳에 사는 가지가지 중생, 보살, 여러 대중들이 살아가는 모습들을 다 보여주었다고 나옵니다. 서품에서는 부처님이 한마디 말씀도 안 하시고 영화 한 편을 보여 주듯이 모든 세계를 보여 주며 법문하십니다. 영취산 법회에 있는 중생들, 인간들, 부처님 제자들, 보살들이 '이런 일은 한 번도 없었는데'라고 생각하며 부처님이 무엇을 알려주기 위해서 이런 것을 보여 주시나 궁금해 했습니다. 동쪽으로 일만팔천 세계를 동서남북 합하고, 하늘과 땅을 합하면 십만팔천 세계가 됩니다. 우리가 생각 한 번 잘못해도, 마음 한 번 잘못 먹어도 본뜻과 십만팔천 리 멀어진다고 얘기합니다. 생각과 마음으로 한 번 짓는 식견識見이 십만팔천 세계와 멀게 하기도 하고 가깝게 하기도 하는 그렇게 무서운 것입니다. 그래 순간순간 살아가며 찰나찰나가 공부임을 알아야 합니다.

부처님은 열 가지 성함을 가지고 있습니다. 여래, 응공, 정변지, 명행족, 선서, 세간해, 무상사, 조어장부, 천인사, 불세존 해서 여래 십호라고 합니다. 부처님이 열 가지 이름을 갖추고 있다는 것은 각 이름마다 가진 뜻처럼 대자대비하신 자비심으로 모든 중생을 보살피시는 능력을 표현한 것입니다. 그런 일체를 다 아시는 능력으로 중생의 처지와 마음을 다 알고 계시고 그 해결 방안을 알려 주실 수 있습니다. 사람은 생로병사 속에 살면서 고통을 느낍니다. 쉽게 표현하면 일체를 다 아시는 분이시니 중생 각자의 마음속에 무엇이 들어 있는지, 그에 따라 행복한지 울화통이 터지는지 다 안다는 것입니다.

우리는 살아있는 동안 생활 속에서 복덕도 짓고 악업도 집니다. 부처님은 생활을 비유로 들어 법화경을 우리가 이해하기 쉽게 말씀하셨습니다. 법화경에 나오는 이야기를 풀어 보겠습니다.

사람은 태어나면 제일 먼저 가족과 인과관계가 맺어집니다. 누구는 큰딸로 누구는 작은딸로, 큰아들, 작은아들로 태어납니다. 제일 먼저 만나는 부모와 형제간에 알게 모르게 갈등과 알력이 생깁니다. 지금은 가족 간에도 법률에 따라 재산을 나누지만, 예전에는 큰아들이 부모님의 재산을 거지반 상속받았습니다. 우리 사회 통념으로 큰아들은 집안을 이어가는 대들보로 많은 혜택을 받습니다. 그러다 보니 대개의 장남은 어딘가 모르게 자기중심적이 되기 쉽습니다. 집안에도 서열이 있어서 아버지 다음 자리가 장남입니다. 그러니 작은아들들은 알게 모르게 체념을 하거나 반대로 악착스럽게 생존본능이 강해지는 경우도 있습니다. 그러니 철이 들면서 이대로 가만있으면 부모 재산이 전부 형에게 갈 것 같으니 사업이다 뭐다 하여 부모가 돌아가기 전에 제 몫을 챙기려 합니다. 그렇게 재산 일부를 떼어 가지고 사업을 해서 잘 되면 문제가 없지만, 문제가 생겨 더 투자를 해야 하면 또 부모님에게 손을 벌리게 될 겁니다. 결국 폭삭 망하면 가족 볼 면목이 없으니까 연락을 끊고 잠적합니다. 이때 형제자매들은 재산을 날린 막내아들을 원망하겠지만 부모님은 아마도 밤새워 막내 생각에 눈물 흘릴 겁니다. 이것이 부모 마음입니다.

우리는 이 마음을 본성本性이라 하고, 이런 부모의 마음이 곧 부처님 마음입니다. 연락도 안 하고 고생하며 떠돌이 생활을 할 것이 분명한 작은 아들 생각에 부모님 마음은 찢어질 겁니다. 그렇게 못난 자식이라고 남들은 손가락질해도 부모는 속상해하고 힘들어하고 괴로워합니다. 잘 잊어버리고 머리 나쁜 사람을 닭대가리라고 비하해서 말합니다. 닭을 보고 머리가 나쁘다고 하지만 병아리를 낳은 어미닭 옆에는 못 갑니다. 병아리 데리고 다닐 때는 사람에게도 독수리같이 물려고 달려듭니다. 닭도 기르는 엄마 입장일 때는 그와 같은 힘이 나옵니다. 벌레 한 마리를 잡아도 먼저 병아리에게 먹이려고 하는 것이 부모의 마음이고 본성입니다. 그 마음이 부처님이 중생을 보는 마음으로 이해해야 합니다. 사업이 망해 노숙자로 떠돌던 막내아들이 집으로 돌아오면 부모는 어떻게 하겠습니까. 오랜 노숙 생활로 악취가 나는 아들을 제일 먼저 목욕시키고 집에 있는 가장 좋은 옷을 입히고 예전에 막내가 좋아하던 음식을 한 상 차려 줄 것입니다. 막내가 집으로 돌아오지 않고 오랫동안 밖으로 떠돈 이유를 잘 생각해야 합니다. 사업을 실패했다는 부끄러움과 집에 찾아갈 염치도 없으니 고통 속에 떠돌아다닌 것입니다.

부처가 되기 전 중생은 늘 실수하게 되어 있습니다. 끝없이 윤회를 해오며 우리는 매번 실수를 반복합니다. 인간 자체가 실수이고 이 세계가 언제 허물어질지 모르는 불타는 집입니다. 그때마다 법화경 비유품에 나오는 것처럼, 불난 집에 갇혀서도 장난감 가지고 노는 데 정신 팔린 자식들을 구하기 위해 제일 먼저 나오는 아이에게 신기한 물건을 한 수레 주겠다는 거짓말까지 방편으로 쓰는 것이 부처님의 마음입니다. 불타는 집은 인간이 끝없이 윤회하며 고통 받는 이 세계입니다. 불타는 집에 있으면서도 장난감 놀이에 빠져 있는 아이들에게 거짓말로 나오게 해서 다 탈출하게 한 다음 어떻게 하셨는가 하면, 모든 자식에게 똑같이 보배를 한 수레씩 주었습니다. 그 대자대비하신 부처님이 영원한 우리의 부모님이십니다. 그런 부모에게 빨리 돌아와야 합니다. 거리를 떠돌며 고통 받지 말고 실수를 인정하고 부모님의 마음을 알아 하루라도 빨리 집으로 돌아와야 하는 겁니다. 고향집으로 돌아온 아들은 이제 부모에게 효성과 공손과 공경과 예의로 봉양하며 십악十惡을 멀리하고 십선十善을 행하며 착하게 살면 됩니다.

어린애에게 막대사탕을 주면 참 맛나게 먹습니다. 모든 걸 다 잊고 사탕 맛에 빠져 쭉쭉 빨고 있는 걸 보면 몰아의 경지가 보이죠. 그런 아이가 귀여워 사탕을 준 아빠가 한 입만 주라고 장난을 칩니다. 아빠의 장난에 아이의 반응이 어떠냐 하면, 대개의 아이들은 싫은 표정을 지으며 손사레를 칩니다. 사탕에 욕심을 내서 사탕을 준 사람이 아빠인 걸 잊고, 아빠에게 한 박스의 사탕이 있는 줄 모르고 그 짓을 합니다. 우리도 그와 다를 바 없습니다. 대부분의 사람들에게 세상에서 최고의 가치를 주는 재물은 아이의 사탕과 다르지 않습니다. 사탕 하나에 목숨을 걸고 사는 겁니다. 부처님께 공양을 올리거나 다른 사람을 도울 때 인색하게 머리로 금액을 계산하면 아빠에게 막대사탕을 한 입 줄까 말까 고민하는 아이와 같습니다. 지금 아빠는 사탕 한 박스도 있고 아이에게 평생 사탕을 사 줄 수도 있는데 아이는 사탕 한 입에도 인색합니다.

부처님 전에 공양하면서 아까워하고 거지나 이웃을 도우면서 아까워하는 것은 공양과 보시를 안 하는 것보다도 더 나쁜 것입니다. 부처님 당시에 이런 일이 있었습니다.

어느 가난한 여인이 부처님께 작고 초라한 등잔을 공양 올렸습니다. 다음 날 새벽 다른 등잔은 다 꺼졌는데 가난한 여인의 등잔은 계속 켜 있었습니다. 부처님 제자들이 아무리 끄려 해도 등잔은 꺼지지 않았습니다. 그때 부처님이 "그 누구도 가난한 여인이 진심으로 올린 등잔을 끌 수 없다"고 말씀하셨습니다. 사람은 누구나 부자로 잘 살고 싶어 합니다. 마음이 부자면 재물의 많고 적음에 관계없이 부자이고, 마음이 인색하면 재물이 아무리 많아도 막대사탕 하나에 목숨 걸고 사는 겁니다.

일체지혜와 자비와 복덕을 완벽히 가지고 계신 분이 우리 어버이 부처님이십니다. 때문에 예불할 때에 만중생萬衆生을 하나도 버리지 않고 친자식처럼 사랑하고 아껴주시는 나의 아버지이며 근본 스승이신 석가모니부처님, 사생자부四生慈父 시아본사是我本師 석가모니불釋迦牟尼佛이라고 우리가 아침저녁으로 예경하는 것입니다. 스승이기 이전에 먼저 나의 아버지처럼 모든 위험과 실수도 감싸안아 주시는 어버이 부처님께 신심으로 귀의해야 합니다. 믿음이 한 마음으로 모아질 때에 스스로가 아버지 부처님 같은 마음이 되어, 세상에 대자비의 보리심을 쓸 때는 아미타불 부처님과 관세음보살이 되고, 지혜로움은 석가모니부처님과 문수보살님이 되는 것입니다.

불자는 늘 참회하고 기도하며 닦아 나아가야 합니다. 자식이 잘못했다고 용서를 빌면 용서하지 않을 부모가 어디 있겠습니까. 관세음보살과 석가모니부처님 앞에 진심으로 참회하며 매일매일 우리 스스로 시간을 정하여 기도하고 착한 일을 정성스럽게 하며 방일하지 않으면 그것이 제대로 가는 삶이자 바른 공부입니다. 열심히 기도하면 기도한 만큼 이루어지게 돼 있는데, 어리석게 막대사탕 하나에 목숨 거는 아이처럼 어리석은 탐심으로 허망한 재물에 귀한 인생을 걸고 있지나 않은지 부처님 법에 비추어 보아야 하고, 스스로 저지른 잘못과 실수를 부처님 앞에 참회한 다음 내 스스로 용서하고 이해하고 받아들여야 합니다. 그러나 자기가 지은 죄와 실수로 받는 고통은 기꺼이 감내해야 합니다. 그러면서 더러운 진흙에서 연꽃이 피듯이 이 세상을 살아내야 합니다.

우리는 부처님의 자식이어서 부처님의 지혜와 복덕과 큰 자비심을 상속 받을 수 있습니다. 먼저 우리는 불타오르는 이 세계에서 믿고 의지할 것은 부처님과 부처님의 말씀밖에 없다는 사실을 믿고 부처님을 공경하고 찬탄하고 예경해야 합니다. 그러면 고통과 괴로움과 힘듦과 어려움에서 벗어날 수 있습니다. 그 다음 불법을 밝히고 닦고 생활로 적용해 살다 보면 구경에는 극락을 가든지 니르바나, 완전한 열반을 얻든지, 이것까지 책임을 지는 것이 부처님의 삶이다라고 하는 설법이 구원실성 법화경이요 구원실성 묘법연화경입니다. 이 서품에 수많은 신들이 나오고 수많은 보살이 나오는데, 가엾고 불쌍한 우리 중생들을 위해 신심으로 듣고 보고 깨우치는 길을 알려 주기 위해 부처님이 사바세계 우리 곁에 오셔서 이 법화경을 설하신 것입니다.

합장하겠습니다.
대자대비하신 부처님 감사합니다. 오늘 이렇게 법화경을 가지고 신행생활을 다시 시작하게 되었습니다. 많은 고통과 어려움을 겪고 있는 우리 불자들을 위해서 어려움을 해결해 주시는 부처님, 슬픔을 이겨 나가게 해주시는 부처님, 힘들고 고난 속에 놓인 우리와 늘 함께 하시는 부처님의 그 진실된 거룩함을 믿고 항상 의지하고 받들며, 우리가 제자로서 영원히 살 수 있는 그런 모습이 되기를 간절히 기도드립니다. 오늘도 부처님과 함께 동수정업 할 수 있는 이런 불제자로 살아가게 해주셔서 감사합니다.

나무 석가모니불 나무 석가모니불 나무시아본사 석가모니불

2

드넓은 대지 위에 불성의 종자를 뿌리며(만남)

방편품

붓다의 길을 따라가는 법화신행 제2 방편품은 근기에 따라 방편으로 드넓은 대지 위에 불성의 종자를 뿌리는 이야기입니다. 방편이라는 것은 말 그대로 가지가지 방편이 있는데, 부처님이 이 방편품을 설하신 이유는 중생 모두에게 각각 근기에 맞게 설하신다는 뜻입니다.

사리불이 법문을 청하자 부처님은 미묘한 이 법은 말해도 모를 것이므로 법문을 사양합니다. 부처님의 법문을 기다리던 대중들 중에 오천 명은 증득하지 못한 것을 증득했다고 착각하는 증상만이 있어 의심을 지우지 못하고 법회를 떠나갑니다. 그들이 떠나자 부처님은 이제 알짜 열매만 남았다 하시고 설법을 하십니다. 백천만억 불국토에 계시는 모든 부처님들은 인연과 근기에 맞게 한량 없는 비유와 무수한 방편으로 중생을 위하여 설법하신다고 전제하고 말씀을 시작하셨습니다.

오천 명은 떠나고 남은 사리불과 대중들이 부처님의 법문을 들을 수 있었던 것은 부처님을 만났기 때문입니다. 부처님을 만나도 자기가 깨달은 줄 아는 착각도인들 오천 명은 복덕이 없어 떠나갑니다. 어리석어 교만하고 잘난 척하는 사람은 제 발등 제가 찍듯이 미묘하고 희유한 부처님 법을 듣지 못합니다. 그래 모든 일은 잘 만나야 합니다. 우리 인생은 어머니 태에 들어가 어머니를 만나고 출생하여 가족을 만나고 차츰 범위를 넓혀가, 이렇게 평생 만나는 일이 전부입니다. 만남이 다 좋지는 않아서 만나면 바로 헤어지고 싶은 사람도 있고 사회생활에서 만남에 치이다 보면 때에 따라선 사람 자체가 징글징글하기도 합니다. 만남은 가장 가까운 사람에게 상처를 받습니다. 부모자식 간에, 형제자매 간에, 친척 간에 상처를 받습니다. 결혼도 그렇습니다. 저 사람이 제일이라고 생각하고 만나서 처음 한 일 년은 즐겁다가 그 이후는 매일 이혼하고 싶은 마음이 하루에도 여러 번 올라온다고 합니다. 세상이 급하게 변하며 가족에 대한 가치가 돈에 밀려 둘이 만나 애 낳고 살려면 현대는 뭐니 뭐니해도 돈인데 그만큼 못 벌 것 같으니 결혼하지 않으려는 것이 젊은이들 풍속이 되었습니다.

우리는 다행히 이번 생에서 부처님 법을 만났습니다. 좋은 사람은 자주 만나고 싶지 않습니까? 부처님 법을 우리는 매일매일 순간순간 만나야 합니다. 왜 그러냐면, 우리 인생이 앞서 말했듯이 만남 그 자체라면 만나는 그 인연들에게 충실하고 진실하여 선업을 만들어야 하기 때문입니다. 그러기 위해서는 윤회를 꼭 믿어야 합니다. 가짜로 믿는 척해서는 안 됩니다. 진짜로 믿어야 합니다. 우리가 매일 만나는 모든 사람을 전생에 한 번은 내 어머니였고 또는 내 자식이었다고 생각하면 어느 누구를 싫어하고 미워할 수 있겠습니까. 이런 뜻이 부처님 경전에 있습니다. 이런 보살심을 가진다면 늘 만나는 사람의 행복을 위해 노력하고 기도할 겁니다. 술 취해 망나니짓을 하는 아버지를 둔 자식이 윤회를 믿는다면 저번 생에 내가 저렇게 해서 그대로 받는 내 업이구나 하며 아버지를 이해하고 보살필 겁니다. 속 썩이는 남편이나 아내를 대하는 태도도 윤회를 믿으면 달라집니다. 모든 인간관계를 윤회의 관점에서 보는 것은 훌륭한 삶의 태도를 가지게 합니다.

그리고 사람 관계 깊이 사귀지 마시기 바랍니다. 깊이 사귀다 보면 필히 집착하기 때문입니다. 인간은 자기가 우선이라 남에게 해준 만큼 받고 싶어 합니다. 그것이 돈이건 사랑이건 그 무엇이건 준 만큼 안 오면 분노가 올라오는 경우가 많지요. 대부분 사람은 감정에 상처 받으면 앙갚음을 합니다. 남자들은 주먹다짐을 하여 몸에 상처를 주고 여자들은 거짓이든 참이든 소문을 만들어 자기에게 상처를 준 사람에게 똑같이 상처를 주곤 합니다.

자존심이 상하는 상처를 받을 때 윤회의 법칙을 아는 건 훌륭한 치료법이 됩니다. 세상에 태어나 우리가 부처님 만난 것을 깊이 다행으로 생각하지 않을 수가 없습니다. '부처님, 저는 세상사 인간관계에 끌려 다니며 삶에 지쳐 있을 때 부처님을 만나 문제를 해결했습니다. 부처님 감사합니다.' 이런 마음이 진짜 힐링이고 이런 마음으로 하루하루를 살아가다 보면 스스로 눈이 밝아져 눈이 떠지고 귀가 떠지고 가슴이 부처님 세계에 한 발짝 들여 놓는 것입니다. 그러면 부처님 자식(佛子)에서 부처님 제자(佛弟子)가 되는 겁니다. 그 다음에는 한마음으로 한 발 한 발 정진해 나가는 것입니다.

부처님과의 만남을 빼고는 인간사 만남은 허망한 거예요. 회자정리會者定離 생자필멸生者必滅, 만나면 헤어지고 살아있는 건 죽음으로 돌아간다는 말입니다. 믿고 의지하던 부모님이 살아계실 때 효도하지 못한 걸 후회하지만 되돌릴 수 없습니다. 애지중지 키운 젊은 자식을 먼저 보내는 심정에서 허망함을 느끼고, 할머니를 먼저 보내고 쓸쓸히 장례식장에 앉아 있는 주름진 노인을 보면 인생무상이 느껴집니다. 그래 인생은 생로병사 고통의 바다입니다. 이런 허망하고 무상한 인생에서 딱 하나의 만남만이 의미가 있습니다. 그것은 바로 부처님과의 만남입니다.

인간으로 태어나서 인생의 쓴맛 단맛을 보는 것도 만남입니다. 쓴맛 단맛을 알려면 맛을 보아야 하고, 고통을 알아야 집착이 원인임을 알아 도를 닦게 되는 것입니다. 그래서 쓰든지 달든지 만남은 소중히 해야 되고 숭고해야 되니 만나서 원수가 되고 서로 원망하는 원흉이 되거나 괴로움이 되고 고통이 안 되게 우리는 노력해야 하는데, 그 처방은 모든 중생이 윤회에서 한 번은 내 어머니였다고 인식하는 것입니다. 윤회를 바탕으로 하는 보리심을 닦는데 인간관계의 쓴맛 단맛이 도움을 준다고 생각해야 합니다. 저런 놈의 인간을 내가 왜 만났는가 하는 생각으로 관계를 원망하게 되면 인생이 실패할 위험이 많습니다. 원망이 많은 사람을 누구도 옆에 두고 싶지 않기 때문입니다. 서로 원망 안 하려면 첫 번째가 만나서 예쁜 말을 해야 하고, 두 번째는 상대를 칭찬해야 합니다. 옆 사람을 가만히 살펴보면 하다못해 코가 복코로 좋다거나 어떻게 저렇게 걸음이 빠르지 등등 칭찬 받을 거리가 한두 개는 누구나 있습니다. 천수경 첫머리가 정구업진언淨口業眞言, 입으로 지은 구업을 없애는 진언인 이유는 사람의 주둥이가 사람을 잡고 세상을 잡고 결국은 자기 자신까지 잡을 수 있기 때문입니다. 사람을 만나면 좋은 말만하고 예쁜 말만 하고 칭찬도 많이 해도 상대가 진심을 몰라준다면 만나지 말아야 현명한 것입니다. 왜 그러느냐 하면, 그런 사람의 굳은 마음은 열기가 힘들기 때문으로 그렇게 마음이 닫힌 사람은 일반 사람이 감당할 수 없기 때문입니다.

제발 아파트 윗집 아랫집 살면서 아이들이 뛴다고 쫓아 올라가 싸우지 마세요. 소리든 뭐든 신경 쓰기 시작하면 한정 없이 커지는 것입니다. 위아래 살면서 이해하고 용서하고 화해하고 살아야 되는 거지, 아이들 뛰는 소리로 살인까지 벌어지는 대한민국의 현실은 말도 안 되는 개판입니다. 개만도 못합니다. 이제 밑에 사는 사람은 윗사람 생각하고 윗사람은 밑에 사는 사람 생각하면서 살았으면 좋겠어요. 모질고 비뚤어진 자기 마음으로 잣대로 삼아 자기 마음대로 하는 사람들이 없었으면 좋겠습니다. 윗집 아랫집 가까운 이웃으로 함께 부처님을 믿는 도반도 될 수 있고, 평생을 함께해서 이웃사촌이라 하는 것입니다. 예전 가난할 때 우리는 그런 성품으로 이웃과 동고동락하며 살았습니다. 하지만 빠르고 빠른 21세기 사람살이는 이웃과 융합하여 화목하게 살아가기 어려운 세상입니다.

이 세상 어려움을 풀어내는 것이 마음 한 번 돌리면 된다고 합니다. 다른 종교도 문제를 푸는 법을 제시하지만, 어려움에 직면한 모든 상황과 상황에 맞게, 사람들 각각의 근기에 맞게 특효약을 주는 건 부처님뿐입니다. 만남이 중요한 만큼 만남이 행복이 되고 축복이 되고 서로가 상생하고 공생하고 화합하는, 이렇게 이루어져 나가는 일이 많은 사회가 건강한 사회입니다. 그게 실다운 사람살이입니다.

그런데 열심히 노력하며 살고, 돈도 많이 있건만 행복해질 수 없는 경우도 많습니다. 열심히 사는데 왜 행복하지 않나요? 물어보면, 행복에는 여러 조건이 필요하고, 각 개인의 원인과 결과, 즉 그 업에 따라 복덕이 달라지니 할 말이 없는 겁니다. 또한 열심히라는 단어도 기준을 어디다 두겠습니까. 행복과 불행, 진보와 퇴보는 만나는 인연에 따라 달라집니다. 불가에서는 될 수 있으면 인연을 짓지 말라는 소리를 하는 연유는, 얽히고설킨 실타래로 꼬여 풀지 못하는 숙제로 이번 세상에서 다 못 풀면 다음 세상까지 가서 풀어내는 일이다 그런 뜻입니다. 그렇다고 인연을 맺지 말라는 것이 아닙니다. 이 세상 어떻게 인연을 맺지 않고 살겠습니까. 불가에서는 인연이 된 사람은 소중이 여기고 쓸데없는 인연을 만들지 마라는 것입니다.

이리저리 뛰어다니면서 쓸데없는 인연을 만나면 그 인연 때문에 골치 아픈 일이 생기고 후회할 일이 있고 법적으로 또 문제가 되는 일도 있고 괴로움이 있고 어려움이 많습니다. 부처님을 시기하고 여러 번 살해하려 한 제바달다와 부처님의 인연을 보면 신기하기도 하고 무섭기도 합니다. 부처님께서는 전생 여러 겁 동안 왕의 자리에서 위없는 깨달음의 원인을 심기 위해 육바라밀을 부지런히 행하였습니다. 그러면서 항상 실다운 법을 설해 주는 스승을 만나기를 간절히 원하였습니다. 그러던 어느 날 한 선인이 나타나 법을 전수해 주었습니다. 그 경이 묘법연화경이었습니다. 전생의 부처님은 묘법연화경을 부지런히 닦아 성불하였습니다. 그 선인이 금생에는 부처님 사촌동생 제바달다로 태어났습니다. 과거세에 깨달은 선인으로 부처님의 스승이기도 했던 사람이 윤회의 바다에서 어떻게 그 지경이 되었는지 모르지만, 다행히 법화경 제바달다품에 보면 나중에 제바달다는 부처가 된다고 수기를 받았습니다.

그렇게 부처님을 죽이려고도 하고 때에 따라서 부처님을 욕보이고 능멸하려고 했지만, 그것마저도 부처님은 인욕으로 수행하였듯 우리는 원수가 나를 향상시키는 스승이라고까지는 여기지 못하더라도 용서는 해야 합니다. 하물며 가장 가까운 내 남편, 내 아내, 내 자식, 내 친척과 갈등이 있다면 먼저 사랑하고 포용하고 용서해야 부처님 자식이라 할 수 있습니다. 자식이 어려우면 빚을 내더라도 자식을 도와주려고 하는 그게 부모 마음 아닙니까. 몸의 부모도 그런데 대자대비하신 우리 어버이 부처님은 무엇을 아끼겠습니까. 자식의 형편 근기에 맞추어 가지가지 방편으로 도와주시는 것입니다.

내가 진실로 기도하는 마음에서, 진실로 일어나는 넋두리가 기도가 되어서 절 방석이 다 젖도록 눈물을 흘려가면서 부처님을 찾

으며 절한 적이 있으십니까? 그렇게 하면, 큰 업력이 아니면 거의
다 해결됩니다. 인생살이 만남들은 허망할지언정 내가 이 세상에
와서 천하에 둘도 없는 부처님과의 만남은 결코 허망하지 않고 진
실되고 복되고 지혜롭고, 끝끝내는 니르바나 열반이라는 것까지도
생각할 수 있고, 일생의 성불까지도 생각할 수 있기 때문에 부처님
을 믿고 의지해야 하는 것입니다.

안빈낙도安貧樂道는 가진 것에 만족하여 사는 모습을 말합니다.
지금 대한민국은 가난이 문제가 아니라 만족을 모르는 게 문제입
니다. 만족해야 즐거울 것이고 즐거워야 행복할 것입니다. 만족한
즐거움은 어디서 오는가 하면, 부처님을 만나 믿고 따르고 의지하
는 마음에서 나옵니다. 그 다음에 발원을 해야 합니다. 먼저 모든
중생들이 행복하기를 원하는 자慈, 비悲, 희喜, 사捨의 사무량심四無
量心 발원을 해야 합니다. 모든 중생에 우리가 포함되기 때문에 중
생을 위한 기도를 해야 하는 것입니다. 그 다음, '부처님, 제 처지가
이렇습니다'라고 발원을 자꾸 하다 보면 말문이 터지게 돼 있습니
다. 자연스레 말문이 터지면 머리도 열려요. 머리가 열리면 가슴이
열려요. 가슴이 열려 따뜻한 눈물이 나오면 스스로 참회하며 기도
가 마무리되는 것입니다. 진실한 마음을 드러낸 그 자리가 부처님
을 바로 믿고 바로 의지하는 시작점입니다. 이것이 새로운 21세기
에 지향해야 될 불교이고 마음속에 새롭게 가져야 될 불교입니다.

합장하겠습니다.

거룩한 부처님 감사합니다. 오늘도 이렇게 방편품을 가지고 함께 공부하고 함께 희로애락을 찾아보고 맛보았습니다. 힘닿는 대로 부처님을 믿고 따르고 의지하고 찬탄하고 공경하고 공양하면서 저희들의 삶이 부처님의 삶으로 거듭나게 해주시고, 저희 주위에는 항상 부처님의 우주광명이 충만하여 많은 불제자들이 근기대로 이끄시는 부처님 방편으로 기도하는 삶이 되게 하여 주시기를 바랍니다. 힘들고 괴롭고 어렵고 고통스러운 중생들 모두가 이고득락離苦得樂하게 하여 주옵소서.

나무 석가모니불 나무 석가모니불 나무시아본사 석가모니불

3

가지가지 시련을 약으로 삼아
극복하며(진실)

비유품

완연한 봄입니다. 오늘 보니까 꽃이 만발했습니다. 특히나 벚꽃이 한창이어서 많은 사람들이 벚꽃놀이의 유흥을 즐기러 다니더군요. 일본 국화인 벚꽃은 길어봐야 4,5일이면 다 떨어지고 없습니다. 그와 달리 우리 꽃 무궁화는 이름대로 은근과 끈기로 꽃이 피면 오래 가고 졌다 싶으면 또 피고, 거지반 가을까지 꽃을 볼 수 있습니다. 그게 우리 한국 민족의 근성이라고 합니다. 우리들 마음도 긴 마음, 장영심長永心으로 하루아침에 피었다 지는 벚꽃이 되지 말고 은근과 끈기를 가진 무궁화꽃이어야 합니다. 부처님을 따라가는 길은 화들짝 피워 요란하다 끝나는 벚꽃이 아니라 무궁화꽃처럼 길게 마음을 내야 합니다. 부처님을 따라가는 길에는 가지가지 시련이 찾아옵니다.

제3 비유품은 가지가지 시련에 굴복하지 않고 이를 명약名藥으로 삼아 극복하여 진실한 부처님 뜻을 깨달아 알게 하는 것입니다. 지금 우리 현실은 고통스럽고 괴롭고 힘든 것이 한두 가지가 아닙니다. 남에게 말 못할 어려운 집안의 문제부터, 부끄러워 남에게 말 못하는 비밀도 많이들 가지고 괴로워하며 그렇게들 살아가고 있습니다. 우리 인생이 무엇인가? 부처님은 비유품에서 화택중생火宅衆生이라 했습니다.

우리는 불타는 집안에 있는 것과 같은 삶을 살아가는데, 불타는 집은 이 세상을 비유합니다. 또 하나의 불이 있습니다. 가슴속에서 하루에도 여러 번 일어나는 천불이 그 불입니다. 어쩌면 가슴속 천불 때문에 온 세계가 불타오르는지도 모르겠습니다. 회사 동료나 윗사람이 하루에도 열두 번씩 이래라 저재라 하며 스트레스를 주면 가슴에서 천불이 납니다. 마음에 드는 사람을 만나고 현실적으로 나하고 동하는 사람을 만났을 때는 천불이 아니라 가슴에 훈훈하니 봄바람이 불지요. 인생이 미칠 것 것은 늘 행복과 불행으로, 천불과 봄바람으로, 시계추마냥 끝없이 왔다 갔다 하기 때문일 수도 있습니다. 우리는 좋아하는 사람을 만나면 즐겁고 싫어하는 사람을 만나면 괴로우니 이런 이원성二元性이 근본적으로 우리를 화택중생으로 만드는 요인일 것입니다. 그것을 부처님이 일일이 비유하신 것이 비유품입니다.

우리가 사는 지금 21세기 이 세상도 불타는 집이니 부처님 말씀인 경전을 우리 생활에 맞게끔 잘 적용하여 살아야 불타는 집에서 빠져 나올 수 있는 겁니다. 불타는 집에 들어 앉아 장난감 가지고 노는 데 정신 빠진 우리를 중생이라 합니다. 밖에 불타는 세상과 우리 속에서도 하루에도 여러 번 천불로 올라오는 그 번뇌의 불덩이를 119로 전화하여 소방차 호스로 시원하게 꺼야 합니다. 불이 나면 제일 먼저 119에 전화를 하는 것은 발심發心이라 할 수 있습니다. 119로 전화하면 불을 끌 수 있다는 믿음이 발심이고, 소방차는 방편이고, 호스에서 품어 나와 불을 끄는 물은 부처님 말씀입니다. 부처님 말씀으로만 안팎에서 일어나는 불을 끌 수 있습니다.

우리가 화가 한 번씩 나면 "까"가 올라옵니다. 죽어버릴까 살까, 헤어져버릴까 말까. 노름할 때 마지막에 패를 깐다고 한답니다. "까"라는 글자는 마지막 결정하기 전 단계라고 할 수 있습니다. 자식이 속 썩이며 내 마음에 차게 행동하지 않으면 '나가 죽어라' 소리가 저절로 나오고, 그 다음에 제 가슴을 치며 '저런 원수덩어리가 어디서 나왔나'라고 하는데, 자식에게 저주를 퍼붓는 그 입이 달린 그 몸에서 나온 겁니다. 친정부모에게 좀 괴로운 소리만 들어도 '나는 부모도 없는 존재야' 이렇게 생각하고 혼자서 괴로워하고 머리 쳐박아 가면서 고민을 합니다. 남편 형제들과의 문제, 동서와의 문제 등, 우리는 하루 종일 문제꺼리에 묻혀 가슴에 천불을 일으키는 겁니다. 그 마음 고통이 심해지면 덩달아 몸에 이상이 옵니다. 오장육부가 기운을 잃고 쪼그라들고 뒤집혀져 암이 생기는 경우가 많습니다. 건강하려면 먼저 마음을 다스려야 하는데, 그게 쉽지 않지만 부처님 경전을 읽고 참구하고, 절이나 집에서 하루 108배 절을 하고, 주위 어려운 사람을 도울 줄 알고, 이렇게 하루하루 살다 보면 마음을 다스릴 수 있습니다. 다스려진 마음이 무엇이냐면 평상심平常心입니다. 평상심이 도라는 여러 옛 어른들의 말씀대로 그 정도면 안팎의 불이 꺼져 불난 집 중생은 면한 것입니다.

스트레스가 많아 속에서 천불이 나면 남자들은 술을 많이 마십니다. 매일 아내와 싸우고 자식들은 아버지를 무시하는 집에 일찍 들어가고 싶지 않은 가장은 밤늦게까지 그냥 부어라 마셔라 합니다. 매일 그렇게 술을 마시다 보면 회사 일에 소홀해져서 압박감과 스트레스는 나날이 커지고 술 마시는 횟수와 양은 많아집니다. 이제 건강이 나빠져 조금 마셔도 취기를 이기지 못하지만 오기를 부려 더 마시는 사람들이 있습니다. 그 다음은 오장육부가 뒤집혀 죽는 겁니다.

왜 스님들이 신도들에게 술을 마시지 말라고 하느냐면, 술을 마시다 보면 자기가 아니라 술이 술을 먹고, 앞에 말한 대로 결국에는 술이 사람을 잡아먹기 때문입니다.

부처님 당시에 법석을 펴고 법문을 하는데 제자들 한 무리가 부스스한 모습으로 늦게 와 뒷자리 말석에 앉는단 말이에요. 법회가 끝나고 난 뒤에 제자들이 늦은 이유가 간밤에 술을 많이 마셨기 때문임을 알고 '먹을 게 못 된다. 그거 먹지 마라'고 계율로 정하신 것입니다. 부처님 자식이고 제자인 우리는 어버이이고 스승의 명대로 술을 마시지 말아야 합니다. 어떤 이들은 담백하게 마시고 취하지만 않으면 된다는 핑계거리를 만들어 술을 마신다고 합니다. 그러나 술을 포함하여 중독은 술 한 방울 십 원짜리 화투판에서 시작되는 것입니다. 의지로 안 되는 문제가 많습니다. 그리고 집안 내력이나 전생에 술이나 노름을 좋아하는 종자種子가 있어 업력이 작용하면 이번 인생은 그냥 망가지는 것입니다.

술이나 노름만 중독이 있는 것이 아닙니다. 집에서 텔레비전 드라마를 매일 보는 것도 중독입니다. 하루 드라마를 못 보면 이야기가 어떻게 되었을까 궁금해 하며 친구에게 물어보는 것도 중독입니다. 요즘은 홈쇼핑 중독도 심각하다고 합니다. 이제 사회가 텔레비전과 쇼핑과 노름과 술과 잡된 귀신들에 중독이 돼서 불타는 집 안에 앉아 장난감을 가지고 노는 아이들과 같습니다.

스트레스를 받으면 매운 음식 등 먹는 걸로 풀려는 사람들이 많다고 합니다. 과식을 하면, 예를 들어 몸무게가 5키로 정도 불으면 혈관이 25미터나 더 늘어난다는 통계가 있답니다. 25미터 늘어난 혈관으로 피를 돌리려면 작은 심장이 펌프질해 주기가 어려워 중풍이 오고 뇌졸중이 오고 그 다음에 심근경색이 오는 것이라 합니다. 우리가 요즘 먹고 사는 게 너무 풍부해서 과유불급過猶不及으로 성인병이 옵니다. 고혈압, 당뇨 등 한번 성인병이 생기면 평생 죽을 때까지 고질병으로 약을 먹으며 안고 살아가야 한다고 합니다. 건강하게 살려면 과음하지 말고 과속하지 말고 과식하지 말고, 사람 살이에 지나친 것은 독이 되니 적당히 부족하고 적당히 가난하다면 참고 사는 편이 넘치는 것보다 좋은 것이라 마음먹어야 합니다.

가끔 생각해 봅니다. 머리 깎지 않고 세상에 살았으면 어떻게 살고 있을까 하고 말입니다. 삶에는 가정假定은 없다고 하니 '세상에 살았으면 어땠을까?' 하는 제 생각은 망상일 뿐입니다. 슬쩍 지나가듯 망상 떠는 것은 뭐라 할 수 없지만, 과거에 어땠으면 지금 사는 모습이 다를 텐데 하는 어리석은 생각에 분란을 일으키는 사람도 있습니다. 부모가 잘났으면 내가 이렇게 살지 않을 터인데, 아내가 부자면, 그때 땅을 안 팔았으면, 수많은 '~면 ~면 ~면'을 곱씹으며 주위를 원망하고 제 운명을 탓합니다. 이 또한 불타는 집안에 있는 우리 중생들이 실제를 거꾸로 보는 전도몽상顚倒夢想입니다. 지금 이 모습이 가장 좋다고 할 때 전도몽상에서 깨어나는 것입니다. 그래서 저는 부처님이 내려 주시는 밥을 먹는 지금이 좋습니다. 전에도 이 일을 한 것 같고, 죽었다 깨어나도 또 스님 역할을 할 것 같습니다. 지금 하는 모든 일은 본인이 가장 잘 할 수 있는 일이라고 생각해야 합니다. 모든 사람이 대통령 하고 싶고 판사, 의사, 변호사를 한다면 이미 세상 사회는 깨져 있을 겁니다. 그래서 직업에는 귀천이 없다는 말이 있는 것입니다. 바람이 있다면 빈부격차, 즉 직업 간의 소득격차를 줄여 진짜로 직업에 귀천이 없는 사회를 만들었으면 합니다. 돈, 명예, 권력을 가진 사람들이 솔선수범해야 합니다. 그러나 나머지 힘들게 사는 사람들도 불타는 세상에 큰 기대하지 말고, 자기가 맡은 일을 억지로 하는 게 아니라 즐겁게 일하는 것이 불난 집에서 빠져 나오는 길 중의 하나로 알아야 합니다.

살면서 언뜻 지금 이 모습이 예정되어 있었던 일이구나 하고 느껴질 때가 있습니다. 이미 아시고 부처님이 머리 깎으라고 하신 것 같습니다. 그래서 머리 깎은 출가자로 대중들을 만나고 있고, 이렇게 함께 동수정업同修淨業하고 살고 있는 것입니다. 이와 같이 사람은 현명하게 자기 직업에 긍지를 가지고 살아야 합니다. 그러기 위해서는 개념과 분별을 넘어서, 본인이 하는 일이 많은 이들에게 도움을 주고 또 도움을 받으며 더불어 살기에 무슨 직업이든 귀하다고 생각해야 합니다.

가만 보면 인생살이가 욕심 부려도 얻어지는 게 없고, 욕심 부릴 게 아무 것도 없는데, 욕심에 그냥 욕심을 더하니 우리의 힘든 고통을 연료 삼아 불타는 세상이 되는 것입니다. 밖의 불과 마찬가지로, 속에서 나는 천불도 마찬가지입니다. 그러니 안과 밖 이 세상에 화택 아닌 곳이 어디 있겠습니까? 사바현장이나 삼계가 다 화택입니다. 내 속에서도 하루에도 천불이 나고 만불이 일어나고 것이 세상살이입니다. 뉴스를 보고 듣다가 수십 번 욕이 나오고, 좋은 일이라 찬탄할 일은 가뭄에 콩 나듯 합니다. 우리가 불자라서 부처님의 가르침대로 믿고 따르며 행하고 칭송하고 찬탄하고 공경하고 공양하면서 살아가려 해도, 스트레스가 기름이 되어 작은 일에도 천불이 일어나니 그야말로 우리가 부처님이 말씀하신 화택중생이라는 소리입니다.

오래 같이 산 남편을 세 덩어리로 부른다는 재미난 말을 들었습니다. 집에서는 불안 덩어리고, 같이 나가니 진상 덩어리고, 마주 앉아 보니 원수 덩어리라고 한답니다. 그냥 재미있다고 하기에는 씁쓸합니다. 그래서 요즘 황혼 이혼이 많은지도 모릅니다. 남편들이 젊었을 때 속 썩인 앙갚음인지 모르지만, 늙어서 이혼은 하지 말아야 합니다. 인생의 가치는 자기에게 닥친 문제를 인욕으로 참으며 지혜롭게 풀어가는 것입니다. 이 점 또한 불타는 집에서 빠져 나오는 방법입니다. 불타는 이 사바세계가 우리의 삶이요 지금 처한 현실입니다. 어디를 가야 진정한 살길이 있고, 어떻게 해 나가야 진실된 믿음으로 부처님 법을 의지하여 다시는 육도중생 하지 않겠는지 늘 마음을 다잡아야 합니다.

집에 불이 붙어 타오르고 있는데 장난감 놀이에 빠져 나올 생각이 없는 자식들을 구하려 하지만, 입구가 좁아 아이들을 한꺼번에 구할 수 없자 부처님은 아이들 근기에 맞춰 먼저 나오는 아이에게 큰 수레 가득 장난감을 주겠다고 거짓말을 합니다. 장난감을 잔뜩 주겠다는 아버지 말에 아이들이 불타는 집에서 앞 다퉈 달려 나옵니다. 그렇게 아이들을 다 구한 아버지는 제일 먼저 빠져나온 아이뿐 아니라 나머지 아이들 전부에게 똑같이 큰 수레를 선물로 줍니다. 이것이 비유품을 통해 거짓말까지도 근기에 맞춰 방편으로 쓰시는 대자대비하신 부처님 뜻을 말하는 것입니다.

우리는 가지가지 번뇌에 하루 종일 시달리며 삽니다. 부처님을 믿고 의지하며 법에 따라 사는 현명한 사람은 하루 24시간 중에 시간을 정해서 경전을 보고 기도를 하고 짧게라도 마음을 들여다보며 편안히 앉습니다. 수행은 머리 깎은 스님들만 하는 게 아닙니다. 역사적으로 보아도 중국의 방거사 가족이나 우리나라의 부설거사 가족 등 온 가족이 수행을 잘한 예가 많이 있습니다. 수행은 본인들이 하는 겁니다. 수행 잘한 스님에게 공양 올리는 것도 좋은 일입니다만, 그 보시는 복덕 이상도 이하도 아닙니다. 지금도 드러내지 않고 공부 잘하는 재가 불자들이 있습니다. 그런 분들은 눈빛만 봐도 편안함을 주고 안락함이 생기고 내 모든 고민을 다 털어놓고 싶고 위로받고 싶어집니다. 오탁악세, 불타는 집에서 빠져나오는 길은 부처님을 믿고 의지하며 수행공부 잘 하는 방법밖에는 없습니다.

공부의 처음은, 끝없이 육도윤회를 하며 불타는 집에서 고통 받는 것이 지긋지긋하다는 염리심厭離心을 가져야 합니다. 그래야 화택중생에서 벗어나려는 마음을 일으키기 때문입니다. 지긋지긋하다는 염리심을 가지라 하면 그 당시는 고개를 끄덕이고 마음을 냅니다만 그뿐인 경우가 많습니다. 하루도 못되어 돈, 명예, 권력, 그 장난감에 빠져 세상은 즐겁다고, 불타는 집안의 아이들처럼 장난감 놀이에 정신 줄을 놓습니다. 돈, 명예, 권력이 나쁜 것이 아니라 그것에 집착하는 중생이 나쁜 것입니다. 윤회의 직접적 원인인 집착을 놓으라고 하면 우리는 집착이라는 글자를 생각하지 않으려고 할 뿐이지 집착이 무엇인가는 생각을 하지 않으니, 염리심을 가져야만 집착을 알아차릴 수 있습니다. 지옥만 지옥이 아니라 내 인생이 지옥인 겁니다. 우리가 지옥 속에 있으면서도 지옥인 줄 모르는 것은 이 세상 장난감들의 성능이 너무도 좋기 때문으로, 불타는 집안에 앉아 뜨거워도 그 재미에 푹 빠지는 겁니다.

부처님이 왜 사바세계에서 고통 받는 중생들을 내 아들딸이라고 안타까워하시냐면, 부처님도 중생으로서 수많은 전생을 윤회하며 갈고 닦으셔서 부처님이 되신 것이므로, 우리 중생도 부처가 될 수 있는 걸 아시기 때문에 우리를 아들딸이라 하는 것입니다. 우리들이 그걸 믿고 진실로 따르고 의지하면, 부처님 앞에 공양하고 예경하고 예불하고 기도하면 불타는 집에서 정신 차리고 빠져 나올 수 있다는 사실을 법화경 비유품으로 명확히 이야기하신 것입니다.

부처님이 우리들에게 유용하고 이익 되게 가지가지 비유를 방편으로 삼아 근기에 맞춰 말하고자 하는 것은, 우리 중생 모두가 석가여래 부처님의 자녀로 모두가 부처가 될 수 있다는 믿음을 가지라는 것입니다.

합장하겠습니다.

대자대비하신 부처님 감사합니다. 오늘도 비유품으로서 사바세계 화택중생들의 고통과 괴로움을 부처님의 고통과 괴로움으로 받아들이시고, 우리 중생들을 자식으로 받아들여 불타는 집에서 빠져 나오도록 하시고 큰 수레의 선물까지 주시니, 부처님은 삼계의 구원자로서 분명히 허망하지 않고 진실하십니다. 거룩하신 부처님, 오늘도 이와 같이 비유법으로서 모든 중생을 살펴 아우르시고 모두 구제하고자 애쓰시는 그 마음에 늘 감사드리고 그와 같은 자식으로 살아가기를 서원합니다.

나무 석가모니불 나무 석가모니불 나무시아본사 석가모니불

4

믿음의 뿌리는 더욱 세력을
증장해 간다(지극한 마음)

신해품

인생사 무상해서 세월은 가지 말라고 붙들어도 자꾸만 가며, 주름살로 시간의 깊이를 더해 갑니다. 주름살은 참으로 애닲은 물건입니다. 일만 번 이상 찡그려야 생긴다고 하니, 그 주름살 하나가 고민하고 힘들어하고 혹은 즐거워하며 생긴 인생의 번뇌의 덩어리입니다. 누구에게나 주름살이 번뇌의 표상인 것은 아닙니다. 부처님 말씀대로 잘 살아낸 노인에게는 인생의 훈장일 수 있습니다. 마음 잘 쓰고 밝게 늙어서, 늙으면 늙을수록 향기가 나는 그런 삶이 되도록 노력해야 합니다. 그 노력은 부처님을 믿고 의지하는 길밖에 없습니다. 법화경 신해품은 믿음의 뿌리가 세월이 갈수록 더욱 힘을 얻어 세력을 증장해 가는 방법을 알려 줍니다.

우리는 마음을 바르게 하여, 정직하고 강직하고 도도하게 흘러가는 물처럼 살아가는 그런 삶들이 되어야 합니다. 그러한 마음의 힘을 키우는 방법을 제시한 것이 신해품이라고 저는 보았습니다. 마음의 힘을 키우는 첫 번째 방법은 직심直心으로, 길게 가는 마음長永心을 가져야 합니다. 처음에는 마음을 내어 부처님 뵈러 일요일마다 절에 오다가, 여차저차 해서 한두 번 못 오게 되면 다시 옛날로 돌아가 텔레비전과 골프 등 여타 세상 장난감들과 놀기에 정신없어집니다. 그러면서 어쩌다 부처님이 생각나면 '나는 불자다' 하고 경건한 표정을 짓지요. 그건 부처님과 세상 장난감에 양다리를 걸치고 있는 겁니다. 양다리 걸치는 건 오래 못가서, 어느 때 한 쪽을 정해야 할 때가 옵니다.

그런데 불타는 집에서 장난감 가지고 노는 어리석은 화택중생이 부처님으로 결정하여 살겠다는 것은 확률로 보면 천만 명 중에 복 있는 몇 사람뿐일 것입니다. 그렇게 세상 재미 끊기 어려워, 솔직히 말하면 대부분 불자들은 양다리 걸치고 설이나 추석 명절 쇠듯 일 년에 서너 번 절에 비시시 얼굴을 보입니다. 일 년에 몇 번 절에 오는 것도 부처님 뵈러 오는 것이 아니라 복 빌러 옵니다. 모든 중생을 다 아시는 부처님이 바보인가요? 복덕과 공덕도 바른 마음이 있어야 지어지는 것입니다. 큰 돈을 절에 보시하고 교만해 보았자 덕이 없습니다. 보시든 공양이든, 부처님 당시 가난한 과부의 초라한 등잔을 누구도 꺼트리지 못한 것처럼, 지극한 마음이 있어야 하는 것입니다. 부처님을 믿고 의지하는 지극한 마음은 흔들리지 않고 올곧은 한마음으로 길게 가야 합니다. 양다리 걸치고 왔다 갔다 흔들리며 살면 늙어 후회할 수밖에 없습니다.

　요즘 마음의 장애로 몸에 일어나는 당뇨, 고혈압 등 성인병과, 마음의 장애로 정신에 직접 생기는 가벼운 우울증과 무거운 정신분열증 등 현대병이 큰 문제라고 합니다. 몸에 생긴 성인병이나 정신에 생기는 병이나 모두 마음 상태가 문제인 것입니다. 물론 두 가지 병이 다 문제지만 드러나지 않게 우울증을 앓는 사람이 많고 점점 더 많아진다고 합니다. 웰빙이니 힐링이니 답답한 영어로 자꾸 혀 안 돌아가는 말을 하지만, 성인병과 정신병 모두 답은 부처님 가르침에 있습니다. 웰빙을 간단히 말하면 복고로 돌아가 고기 적게 먹고 농약 안 준 음식 먹는 거라 한다면, 오래 전부터 절집에서는 된장부터 고추장, 간장을 만들고 텃밭에서 자연스럽게 채소를 길러 먹었습니다. 현대 성인병은 과유불급으로, 음식을 많이 먹는 게 문제지요. 절집에서는 한상 가득 차려 먹는 게 아니라 발우공양이라 하여 조금 먹습니다. 또한 오후 불식이라 하여 아침 점심만 먹어 정신을 맑게 하는 수행법도 있습니다.

　단언하건대 절에서 스님들과 일주일만 생활하면 성인병이 많이 호전되는 것을 느낄 겁니다. 힐링이라 해서 요가로 몸을 움직이고, 명상으로 마음을 치료한다고 하는데, 효과가 없지는 않지만 근본 치료법은 아닙니다. 요즘 재가불자나 일반 사람들이 이삼 일 절에서 묵어가는 템플스테이에 참여하거나 단기출가라 해서 대략 한 달가량 안거하며 절에서 지내기도 합니다. 참으로 좋은 일입니다. 그렇게 절에서 생활하다 보면 마음 닦는 법을 알 수 있어 진정한 힐링이 되는 것입니다. 기간에 관계없이 절에 지내며 얻은, 부처님이 가르쳐 주신 마음 닦는 방법을 가지고 집으로 돌아와 직심과 장영심으로 놓치지 않고 살아간다면, 그것이 수행이요 마음공부로 이 한 세상 잘 살아갈 수 있는 것입니다.

대한민국 오천만 명이 사는 작은 나라가 전 세계에서 일등 하는 것들이 많지만, 자살율이 세계 최고라는 건 우리네 각박하고 모진 삶을 대변해 주고 있는 것입니다. 2013년 통계로 보면 36분마다 한 사람이 자살을 한다니 떠올려보기만 해도 끔찍합니다. 개똥으로 굴러도 저승보다는 이승이 좋다고, 자기 목숨이 제일 우선하는 세상에서 어떤 이유로 자살하는지 사람들의 면면은 알 수 없지만, 그 처음 증세는 우울증이었을 겁니다. 미친 듯이 즐거워하는 것을 조증躁症과 누구와 대화하지도 않고 병적으로 우울해 하는 우울증憂鬱症의 두 가지 증상을 왔다 갔다 넘나드는데, 그 불안한 심리가 별거 아니라고 생각할지 모르지만 자살에 이르는 사람들이 36분에 한 명입니다.

또한 시대가 변할수록 젊은이나 심지어 어린 학생들도 자살을 많이 한다고 합니다. 젊은이가 '내가 없어도 잘 지내라'고 하는 말이 인터넷이나 에스엔에스(SNS)에 떴다고 하면 십중팔구 자살할 징조라 한답니다. 40대나 50대가 우울증에 걸리면 술을 돌파구로 찾는다고 합니다. 그냥 이유 없이 무조건 밤낮없이 술 먹고 취해 살며 말도 하기 싫고 사람들 꼬락서니 보기도 싫고 만나기도 싫고, 이 놈의 세상 그냥 술병 껴안고 살다가 죽겠다는 알콜중독도 우울증에서 비롯된다고 합니다. 60대, 70대 등 노인 분들이 자살을 하는 것은 가난 때문으로, 자식에게 버림 받아 앞날 사는 게 캄캄할 때 자살로 돌아가는 방법을 택한다고 합니다. 어리건 나이가 많건 간에 자살은 가슴 아픈 일로 우리 모두와 사회가 책임감을 느껴야 합니다.

외로움과 사람 관계의 단절로 우울증이 온다고 합니다. 그런 면에서 우리 스님들을 필두로 종교로 밥 먹는 성직자들은 반성해야 합니다. 근래 들어 심리학자나 뇌 과학자들이 이야기하는 것이, 부처님 법 이상으로 인간 문제를 해결하는 방법이 없다고 합니다. 다른 종교의 교리로는 인간 문제의 근본을 해결할 수 없다는 결론을 내린다고 합니다. 그런 관점에서 우리가 부처님 제자라면 고통받는 이웃을 부처님 앞에 데려와야 합니다. 그래서 우리 모두 함께 업을 정화하여 함께 불타는 집에서 빠져 나와야 하는 것입니다. 바른 부처님 법을 이웃에 전하는 것이 보리심을 증장하는 보살의 역할인 것을 명심 또 명심해야 합니다.

과거, 현재, 미래 삼세의 구원자 부처님 법 앞에 이웃도 중요하지만, 가장 먼저는 나와 한집에 사는 가족을 이끌어야 합니다. 절에 와 봉사도 많이 하고 절도 많이 하는 보살님인데, 집에 가면 남편을 원수로 본다면 그건 잘못된 것입니다. 싸우지 않더라도 부부간에 대화가 없고 부모 자식 간에도 대화가 없이 소 닭 보듯 사는 것도 잘못입니다. 아버지는 늘 밤늦게 들어오고 쉬는 날에는 텔레비전 리모컨만 꾹꾹 눌러대고 있으면 어떻게 부자유친이 되겠습니까. 보살님들은 그런 남편이 보기 싫다고 싫은 소리만 쏟아 부으면 갈수록 남편은 집에 정이 안 가 밖으로 돌게 마련입니다. 자식이 아버지가 와도 내다보지 않고 아버지에게 싫은 표정을 지으면 자식을 불러 앉혀 꾸지람을 해야 합니다. 그보다 먼저 가장으로서 남편의 권위가 서려면 부인이 자식들 앞에서 남편을 공경해야 아이들도 아버지를 어려워하는 것입니다. 부부끼리 싸울 일이 있으면 안방에서 이불 뒤집어쓰고 조근 조근하며 싸우십시오. 부모 싸우는 거 보고 자란 아이가 가정이 좋다는 걸 어찌 느끼고 알겠습니까. 싸우는 거 보고 자란 아이는 커서 시집 장가를 가도 싸운다고 합니다.

때문에 남편이나 아내가 가정을 안돈安頓시키려면 인격이 성숙하고 세상 이치를 어느 정도 알아야 합니다. 그 바른 앎이 부처님입니다. 그런 가정의 모습을 만드는 건 보살님들 몫입니다. 그래 아내를 안주인이라 하지 않습니까. 그러면 부처님 뵈러 절에 가자 하면 말 안 해도 따라 오고, 더 나아가 온 가족이 부처님 바른 법을 수행한다면 중국의 방거사나 우리나라 부설거사 가족처럼 온 가족이 깨달아 성불하는 것입니다. 우선 우리 보살님들이 바뀌어야 합니다.

얼마 전 신문을 보다가 '이것이구나' 하는 감동에 무릎을 탁 쳤습니다. 어떤 박사의 이야기인데요, 어렸을 때 시험을 친다 하면 어머니가 꼭 연필을 깎아 가지런히 필통에 넣어 주었답니다. 그 박사는 지금도 어머니 마음이 담긴 낡은 연필통을 소중이 간직하고 있다고 합니다. 그분은 평생 죽는 날까지 연필통을 간직할 것입니다. 어쩌면 손자도 아버지의 뜻을 알아 할머니의 연필통을 귀하게 여겨 대대손손 가보로, 큰 가르침으로 여길지도 모릅니다. 이렇게 어머니가 한마음 내는 것이 자식의 평생을 좌우하는 겁니다.

우리 보살님들은 자식을 기르고 훈육하는 마음이 어떤지 묻고 싶습니다. 어느 부모나 자식이 성공하여 행복하기를 바랍니다. 남보다 우월한 명예와 권력으로 세상을 좌지우지하며 살기를 바라는 것이 현대 대다수 부모의 바람일 겁니다. 그것이 꼭 잘못되었다고 할 수는 없겠지만 현명하지도 못합니다. 우선 단어를 바꾸어야합니다. 자식이 성공하여 행복하기를 바라는 것이 아니라 행복하게 성공하기를 바라야 합니다. 아마도 그분의 어머니는 그렇게 바른 마음으로, 기도하는 마음으로 자식의 연필을 깎아 주었을 것입니다.

우리 현대의 부모님들은 아이를 위해 어떻게 기도하는지 궁금합니다. 자식이 성공해서 행복하기를 바라는 순간 본질과는 천리만리 떨어지기 시작합니다. 따져 봅시다. 이 세상에서 속세의 잣대로 성공하는 사람이 얼마나 되겠습니까. 그리고 그 나머지는 실패한 인생이라는 것은 얼토당토하지 않은 말입니다. 요즘 어느 부모나 아이가 크게 성공하기를 바라지만 그 인원이라는 것이 몇 사람으로 한정되어 있습니다. 그 경쟁을 강요해서 성공하여 행복하라는 엄청난 부담감을 받으면 자식들은 부모나 사회의 기대에 눌려 우울증에 걸리고 마음 잘못 먹으면 자살하는 겁니다.

아이의 영혼을 위해 좋은 책을 사주거나 함께 기도하지 않고, 비싼 과외 시키려고 어머니가 파출부를 나가는 이런 세상은 잘못돼도 많이 잘못되어 있습니다. 어머니가 파출부로 일하고 아버지가 회사 퇴근하여 대리 운전기사로 돈을 벌어 공부를 시킨다면 그 부담감이 어쩌겠습니까. 그리고 그 부모의 인생은 또 무엇입니까. 그런 모든 흐트러진 가치관을 바로 세우는 것도 부처님의 법을 알아야 합니다. 법을 알기 전에 왕국의 부귀영화를 버리고 출가하여 위없는 최고 가치를 깨달음으로서 본을 보이신 부처님이 걸어간 길에서 먼저 교훈을 얻어야 합니다. 돈, 명예, 권력이 가치 있는 물건이라면 왜 부처님이 다 버리고 출가하셨겠습니까?

법화경 신해품 첫장을 보면 해명제일인 수보리존자와 마하가전연, 마하가섭, 마하목건련존자 등이 '부처님, 참으로 저희가 어리석었습니다'라는 참회와 새로운 세계를 보여주신 부처님을 찬탄하고 예경합니다. 내용은 '저희가 어리석어, 열반을 얻었으니 더 할 일이 없다고 공과 무상과 무작만 생각하며 자만하여 아뇩다라삼먁삼보리를 구해야 하는 줄 너무도 너무 몰랐습니다! 저희는 성문승으로, 연각승으로, 보살로 이렇게 삼승이 있는 줄 알았고, 부처님의 말씀하신 거를 듣고 나는 이미 깨달았다고 생각했는데 오늘에 와서 부처님의 말씀을 들어보니 깨달은 바가 하나도 없군요. 그런데 오늘 부처님 말씀을 듣고 보니까 부처님 말씀대로 결국 일불승(三乘歸一一佛乘)입니다' 이렇게 고백하며 대자대비하신 부처님을 비유해서 이야기합니다.

예를 들어, 어떤 사람이 어린 나이에 아버지와 헤어져 이 나라 저 나라를 오십 년이라는 긴 시간 동안 떠돌며 살았습니다. 나이도 많고 할 일도 없는 사내는 거지로 빌어먹으며 떠돌다 자기도 모르게 태어난 나라에 도착하였습니다. 그 아버지는 아들을 잃어버린 그 날부터 오십 년 동안 늘 아들을 찾고 있었습니다. 그리고 그 아버지는 천하에 없는 것이 없는 최고의 부자였습니다. 그렇지만 재물보다 오십 년 전 잃어버린 아들을 찾는 마음이 더 컸습니다. 그때 품

팔이로 전전하던 아들은 아버지가 사는 집에 우연히 이르게 되었습니다. 빈궁한 아들은 큰 집의 호화로움을 보고 그 가운데 위엄 있게 앉은 사람이 아버지인 줄 모르고 두려운 마음이 들어 황급히 물러나려 했습니다. 사람이 근본이 좋아도 곤궁하고 빈궁한 지경에 오래 있으면 기운도 쪼그라들어 밥 한 그릇에도 눈치를 보는 법입니다. 아들은 아버지를 알아보지 못하지만 부모는 오십 년이 지났어도 자기 자식은 알아보는 법인가 봅니다. 대문에 들어오다 두려워하며 급하게 나가는 아들을 보고는 하인들에게 빨리 데려오라 하니, 하인에게 붙잡힌 아들은 겁에 질려 용렬하게도 정신을 잃고 기절합니다. 현명한 아버지는 이렇게 해서는 안 되겠다고 방법을 생각해 냅니다. 부귀한 아버지를 잃고 오십 년 동안 살며 몸도 마음도 거지가 된 아들을 먼저 가르쳐 적응시킵니다. 그래서 아버지는 자기 신분을 숨기고 더럽고 험한 일을 함께 합니다. 그러면서 자연스럽게 세상 이치와 지혜를 가르칩니다. 그렇게 신분을 숨기고 아들을 가르치던 아버지는 때가 되자 신분을 밝히고 아들에게 모든 유산을 물려줍니다.

해명인 수보리존자는 이런 비유 이야기를 하며 현명한 아버지인 부처님의 아뇩다라삼먁삼보리와 삼승귀일三乘歸一 일불승一佛乘 가르침을 찬탄합니다. 쉽게 말하면 '제가 아버지 부처님 마음을 진작 몰랐습니다! 부처님 죄송합니다. 제가 이렇게 어리석었습니다' 이렇게 참회하고 찬탄하는 것입니다.

육도 윤회하는 우리 중생들이 아무리 지혜가 있다고 하더라도 부처님을 믿고 의지하고 기도하며 살지 않으면서 도통했다는 건 전부 거짓말입니다. 그런 거짓말하는 인간들은 자기가 무슨 신통이 있는 것처럼 행세하며 사람들을 속입니다. 부처님 당시도 그렇고 지금도 외도外道들이 많습니다. 바른 법을 공부하지 않은 외도들은 자기 혼자 도 터진 소리를 하는데, 거기에 속아 넘어가는 사람들도 있습니다. 예를 들어 손가락을 튕겨 불을 일으키는 신통을 보면 '아!' 하고 폭 빠지는 사람도 있겠지만, 몇 백 원 주면 라이터를 사는데 쓸데없는 그런 불장난이 무슨 신통한 일이겠습니까. 날아다니는 신통을 닦았다 해도 지금 21세기 세상은 비행기로 어디든지 날아갈 수 있는데 그 신통 닦으려고 오랜 세월 시간 낭비한 것입니다. 부처님 상수제자들의 신통이 얼마나 뛰어났습니까? 신통제일 목건련존자도 함께 참회하고 찬탄하는 부처님 법은 마음으로 가는 길이라고 법화경 신해품에서 밝히고 있습니다.

부처님 법의 바른 수행은 행주좌와行住坐臥 어묵동정語默動靜입니다. 걷거나·서거나·앉거나·눕거나·말하거나·침묵하거나·움직이거나·조용하거나·항상 부처님을 믿고 의지하며 부처님을 닮고자 노력하며 기도하는 것 이상 이하도 아닙니다. 왜냐하면 부처님 없이 내가 내 스스로 의지하고 내 마음에 의지하면 사견이 생기고 독사보다 더한 견해가 생기기 때문으로, 그걸 보고 아상이라 합니다. 아상我相이 있으면 바르게 보지(正見) 못해서 바른 공부와는 천리만리 멀어지는 것입니다. 내가 있다는 견해가 바로 외도外道입니다.

부처님을 진실되게 믿고 의지하며 살려면, 맨 먼저 매일매일 잠들기 전에 참회를 해야 합니다. 참회를 잘하면 업력이 정화되고 업식業識이 맑아져 공부 길에 속력이 붙습니다. 참회가 주는 또 하나의 장점은 갈수록 잘못을 덜면서 겸손해져 하심下心공부가 된다는 점입니다. 그 다음은 경전 하나를 정하여 늘 읽고 외워서 버스 타고 갈 때나 어디서든 되풀이하여 그 뜻을 마음에 새겨야 합니다. 절에서 사시불공 할 때 반야심경과 천수경 한 번 읽고 땡 하면 안 되는 겁니다. 개인적으로 경 읽고 기도하면 안과 밖이 조용해지고 편안해져서 세상일에 끌려 다니지 않습니다. 그 다음은 본인 하기에 따라 이번 생에서 깨닫느냐 못 깨닫느냐 결과가 달라지는 것을 알게 되어 하지 말라고 해도 생활이 부처님과 하나가 되고 행복해집니다. 부처님과 함께 하는 내 마음에서 늘 즐거움이 증장되니 가는 곳마다 암흑 천지를 그냥 빛 천지로 만드는 보리심으로 절 보살이 아니라 진짜 보살이 됩니다.

밖을 빛 천지로 만드는 보살이 가정에서야 오죽 잘하겠습니까. 그러면 남편은 아내를 존경하고 사랑해주며, 그 다음에 자식은 부모를 공경할 줄 알고 부모는 자식을 자애롭게 대할 줄 아니 이렇게 이상적인 가정이 됩니다. 거기서 마무리가 아니라 온 가족이 부처님 법을 수행하며 잘 살면 아파트 302호가 집은 집이로되 부처님 도량道場인 것입니다.

기도 중에 사무량심 기도만한 것이 없습니다. 중생인 내가 고통받는 중생을 위해 자慈, 비悲, 희喜, 사捨의 마음과 중생의 행복을 위해 간절히 기도한다면 보살의 서원을 하는 것과 같습니다. 그 다음은 자식을 위한 기도입니다. 우리 자식 성공해 잘 살게 해 달라는 촌스러운 기도보다 이왕이면 우리 아이가 세상 모든 사람을 행복하게 해주는 사람이 되게 해달라고 기도하세요. 많은 사람을 행복하게 해주는 사람이면 이미 성공한 것 아닙니까. UN 반기문 사무총장을 보세요. 어머니가 그렇게 기도했고 그 할아버지도 그렇게 기도했다고 합니다. 바른 기도는 그만큼 복력이 커지는 것입니다.

　기도는 실상을 드러나게 하는 힘입니다. 우리의 삶이 매일 기도로 시작하여 기도로 마무리한다면 성공한 것이요, 법화경에서 부처님이 모든 중생은 내 자식이니 언젠가 꼭 부처가 되리라는 수기受記처럼 붓다를 이루는 씨앗을 뿌리는 겁니다. ‘우리가 어떻게 부처가 돼. 어림 반 푼 없는 말이지’ 하고 고귀한 아버지를 몰라본 용렬한 아들처럼 비럭질하며 살지 말고 첫째도 믿음이고 둘째도 믿음이고 셋째도 믿음, 이렇게 믿고 의지하고 섬기며 삽시다. 우리들이 이처럼 살면 절하는 것도 기도고, 천수경을 읽어도 기도고, 금강경을 읽어도 기도고, 먹고 자고 일상생활도 기도가 되는 것입니다. 이렇게 믿고 따르고 의지하고 칭송하고 찬탄하고 공경하고 예배하는 것이 살아있는 불교입니다. 마음 깊이 부처님을 믿으면 기도가 곧 실상이기 때문에 우리들의 생활은 결코 미혹된 생활이 아니라 지혜와 복덕이 증장하는 생활로 바뀌어진다고 볼 수 있습니다.

　합장하겠습니다.
　거룩하신 부처님 감사합니다. 오늘도 법화경 신해품을 이렇게 믿고 따르고 의지하라는 그 말씀에 너무나도 감사함을 느낍니다. 늘 우리 삶 속에 부처님의 뿌리가 곳곳에 뻗어서 부처님의 불국정토가 하루빨리 이루어지기를 간절히 서원합니다!
나무 석가모니불 나무 석가모니불 나무시아본사 석가모니불

5

부처님의 가르침을 근기로 삼아
천차만별의 색깔을 지어나간다

|

약초유품

|

부처님이 팔만사천법문을 하신 연유는 모든 중생의 근기에 맞춰 팔만사천 방편을 쓰려는 대자대비하신 마음 때문입니다. 부처님은 모든 우리 중생을 잃어버린 자식으로, 불타는 집에서 장난감 놀이에 빠져 사는 아이들로 어여삐 보살펴서 한마디 한마디 배려하고 고려하고 사려하여 말씀하십니다. 어떤 종교를 보면 무조건 자기들은 이겨야 된다고 소위 성전을 벌입니다. 사람 죽이는 잔혹한 일에 성스런 전쟁이란 있을 수 없는 입입니다. 우리 불교는 온 세계가 화해하고 공생하고 화합하여 서로가 상생하여 함께 살자라는 도리입니다.

부처님 자식이라 하지만 깨달아 알기 전까지는 이원성二元性에 빠져 있어서 우리의 근본에 선악이 함께 존재합니다. 한편으로 '저 사람 좀 살려주자, 참 불쌍하다, 힘들겠다, 저렇게 사는데 도와주자' 하고 다른 편은 '도와주긴 뭐 하러 도와줘, 지가 못나서 지 팔자대로 저렇게 사는 거지' 이런 식으로 두 가지 마음이 늘 대립하고 있습니다. 그래서 중생인 우리를 위해 부처님의 가르침이 나타난 것입니다. 부처님은 '착함은 자꾸 키워 증장시켜 가고 악은 돌아보지 않으면 된다'고 열 가지 선한 행위(十善)를 행하고 열 가지 악한 행동(十惡)은 하지 말라고 계율로 정하셨습니다. 하지 말아야 할 열 가지 악행은 살생殺生·도둑질〔偸盜〕·삿된 음행〔邪〕과 거짓말〔妄語〕·이간질하는 말〔兩舌〕·험한 말〔惡口〕·꾸며내는 말〔綺語〕, 그리고 탐욕(貪欲)·성냄〔瞋〕·삿된 견해〔邪見〕입니다.

우리가 꼭 행해야 하는 열 가지 덕목은 첫째는 불살생이니 산 것을 죽이는 행위를 하지 않을 뿐 아니라, 산 것을 놓아주는〔放生〕 선행도 포함합니다. 다음은 불투도이니 남의 것을 훔치지 않음에서 나아가 널리 보시를 행하고, 불사음은 부적당한 상대와 성행위를 하지 않는 것 뿐 아니라 모든 존재를 공경하는 선행을 하는 것입니다. 불망어는 거짓말을 하지 말고 진실된 말을 하도록 하는 것이고, 불양설이란 양편을 이간시키지는 말을 하지 말고 화합으로 나아가는 선법을 행하여야 하며, 불악구는 욕설을 하지 말고 부드러운 말을 하는 것입니다. 십선은 행하고 십악은 멀리하라는 계율은 칠불통계七佛通偈에 나옵니다. 칠불통계는 과거 부처님 일곱 분이 공통으로 말씀하신 계율로 꼭 지켜야 하는 절대계율입니다. 모든 부처님이 행하라는 열 가지 선행을 행하고, 하지 말라는 열 가지 악한 행위를 멀리한다면 우리는 부처님 제자로 온전한 삶을 살 수 있습니다. 깨달음은 둘째 치고 우선 착하게 살아야 합니다. 그러려면 부처님 법밖에 없습니다.

법화경 약초유품에서 보면 마하가섭존자를 칭찬하신 후 부처님은 모든 중생을 삼천대천세계의 풀들로 비유하십니다. 부처님의 수승한 법을 삼천대천세계에 내리는 비로 표현하시며, 한 땅에서 자라나고 똑같이 비를 맞더라도 초목들은 각각 차별이 있다고 말씀하십니다. 또한 커다란 구름이 일체 초목과 숲속 모든 약초들에게 비를 뿌리면 약초들은 그 종류와 성질에 맞게 흡족히 비를 맞으며 제각각 다르게 자란다고 하셨습니다. 이 비유에서 부처님은 삼천대계에 똑같은 것은 하나도 없다는 결론을 내리십니다. 당연히 지구에서만 보더라도 똑같은 사람 없고 똑같은 나무 없고 똑같은 풀도, 모래 알갱이 하나까지 같은 것은 없습니다. 이름만, 명색만 같을 뿐 똑같은 것은 없으며 똑같이 보일 뿐입니다. 모래 한 알갱이도 현미경으로 들여다보면 다 각각 모양이나 무게는 다를 것입니다. 이렇게 부처님 말씀의 빗줄기를 한 땅에서 마셔도 각각 성장이 다르다는 것은, 부처님이 중생의 근기에 맞게 팔만사천 방편을 쓰시는지를 표현하시는 것입니다.

우리는 자식들 중에도 공부 잘 하고 말 잘 듣는 자식을 편애합니다. 자기 배로 낳은 아이들 중에도 가리고 분별하는데, 세상이나 다른 사람에 대해서는 어떻겠습니까. 그러나 우리 부처님은 약초유품에서 빨리 자라고 늦게 자라는 근기를 살펴 중생을 깨달음으로 이끌기 위하여 가지가지 방편을 쓰시는 것을 비유로 말하십니다.

이런 부처님을 믿고 의지하지 않으면 무엇을 의지하겠습니까?

세상에 태어나기 전에 제일 안전했던 곳이 어머니의 뱃속이면, 그같이 편안한 모태 속이라면 그냥 그렇게 살지 왜 태어나는 걸까요? 그 속을 벗어 나와야 인생의 힘듦과 괴로움과 어려움이 있어도 진정으로 도전할 수 있고, 도전해야 성공할 수 있기 때문입니다. 도전은 더러운 진흙 오탁악세에서 연꽃을 피우려는 노력이고, 성공은 깨달음의 연꽃을 피우는 것입니다. 우리가 육도윤회의 끝없는 고통 속에 있지만 부처님이 걸어가신 대로 따라가면 결국 부처가 될 수 있기 때문에 모태를 벗어나 육도 중생하는 겁니다.

모태에서 열 달 동안의 삶이 우리의 백 년의 삶을 준비하듯이 지금의 삶은 다음 세상을 준비하는 것입니다. 다음 세상에도 인간으로 태어나는 선근을 심으려면 열 가지 선한 행위를 기본으로 해야 합니다. 부처님을 믿고 의지하며 정진한다면 성장이 느리던지 빠르던지 열매를 맺을 겁니다. 부처님 길을 따라가면 어려운 일들이 많습니다. 계율을 지키려면 일반인들이 보편으로 생각하는 술 먹고 노름하는 등등의 놀이를 하지 못해서, 사회생활이나 대인관계가 힘들어지고 이래저래 남의 입에 오르내리는 구설수도 많을 겁니다. 이런 모든 것을 전생이나 전에 내가 뿌린 씨앗이 이제 고통으로 돌아온다고 내 탓으로, 자업자득自業自得이고 자작자수自作自受라는 생각을 가지고 수용하고 받아들이는 삶을 살아야 합니다.

우리가 살아 있으니 먹어야 하고, 벌거숭이 몸을 가리려면 입어야 하고, 추위와 더위를 피하려면 집이 있어야 합니다. 의식주, 이세 가지가 해결되어야 생존할 수 있습니다. 혼자든 가족이든 지금 시대는 스스로 농사를 지어 먹지 않고 옷을 만들어 입지 않으며 스스로 집을 짓지도 않습니다. 이 세 가지를 해결하려면 돈이 필요합니다. 돈을 벌려면 어떻게든 일을 해야 합니다. 남 보다 많이 벌며 잘 사는 사람을 보면서 부럽고 돈에 집착이 생깁니다. 요즘 차 없는 집이 드문데, 차 끌고 다닐 만큼 돈이 없어도 외상으로 차를 사서 끌고 다니는 것이 지금 세상입니다. 사람들이 물질이 다인 양 그것이 전부인 양 그쪽으로 쏠려 버리니 물질 만능주의가 된 것입니다. 누구나 다 부자일 수 없으니, 결국엔 따라가지 못하니까 집착 병으로 정신 줄 놓고 낙오가 되는 거예요. 정신이 낙오가 되니 우울증이 오고 조울증이 오고 나중에는 정신분열증이 오거나 자살을 합니다. 우리가 참으로 불쌍한 중생입니다. 육신은 멀쩡해 보이는데 요즘 같은 세상에 정신이 병 안 든 사람이 과연 몇이나 되겠습니까? 부처님의 믿음에 의지해서 물질의 부족함을 마음으로 다스리는 부처님 제자여야 제 정신 차리고 살 수가 있습니다. 불타는 집안에서 장난감 놀이가 대단하여도 부처님 따라 굳세게 살아야 화택중생을 면하는 겁니다.

근기에 따라 세상을 이기는 힘이 다른데, 부처님은 그 그릇을 따져 상근기, 중근기, 하근기로 나누었습니다. 크게 세 가지 근기라지만 그 속에는 대략 팔만사천 종류로 근기를 나눌 수 있습니다. 그릇의 모양도 크기도 제 각각이지만 쓰임새도 전부 다릅니다. 물 푸는 바가지로 차를 마실 수는 있어도 제 격이 아니듯 부처님이 나누어서 말씀하신 것 자체가 방편으로 합당한 것입니다. 우리 스스로가 다 잘났습니다. 대한민국에 제일 못나고, 제일 못생기고, 사는 것도 제일 못 살고 제일 어렵지만 부처님을 믿고 의지하며 사는 마음만큼은 내가 부자라고 생각한다면 제일 잘난 겁니다. 왜냐면 나와 똑같은 물건은 나밖에 없고, 나를 위해 부처님께서 한 가지 방편을 가지고 가르치신다고 생각해 보십시오. 나보다 귀한 존재가 그 어디 있습니까? 바가지는 바가지대로 찻잔이면 찻잔다운 도리를 하고 역할을 하며 사는 겁니다. 불자로서 내가 찻잔이라면 거기에 걸맞는 분수를 알아 그에 맞도록 살아간다면 그 사람은 불행한 사람이 아니고 늘 새록새록하게 행복한 날을 살아갈 수 있습니다.

그런데 그렇게 살지 못하고 차 사발로 태어나서는 큰 사발을 이야기하고, 큰 사발이 못된 것을 한탄하고 원망하고 괴로워하고 힘들어하면 차 사발로서의, 찻잔으로서의 기능도 못하고 큰 잔의 기능도 못하니 결국은 원망하고 분노하고 자기 혼자 까불며 한 평생을 낭비하는 것입니다. 세상사는 게 어렵고 힘들고 고통을 달랠 길이 없어 부처님한테 쫓아와서 기도하고 참회하고 스스로를 밝힌 사람은 부처님 아들딸로 거듭 나 스스로 자기가 차 사발인 줄 알고 자기 분수 그릇대로 살아가는 거예요. 하근기라도 분수를 지키고 그 그릇에 맞도록 살면 상근기와 같은 하근기가 되는 것입니다. 내가 이렇게 조그만 찻잔의 그릇으로 타고났더라도 아름다운 사람이 차를 마실 때 찻잔으로서의 소임을 다한다면, 그 찻잔은 거기에서 진가가 나타나는 거예요.

자기 그릇만큼 살아야 하는데, 우리 보살님들 중에는 찻잔이면서 세수 대야처럼 사는 경우도 있어 보입니다. 남편은 회사 구내식당에서 돈 아끼려고 된장찌개, 김치찌개 하나 먹고 가족을 위해서 열심히 일하는데, 아줌마들은 할부로 산 자가용 끌고 삼삼오오 교외에 있는 분위기 좋은 카페에 가서 비싼 커피 마시며 노닥거리다 점심때가 되면 비싼 식당에 가서 몇 만 원짜리 밥을 먹는 게 요사이 아줌마들의 풍속이랍니다. 된장찌개 김치찌개 남편들이 다음 생에는 아줌마로 한번 태어나고 싶다고 쓸쓸한 농담을 한답니다. 가장으로 사는 게 힘이 드니 그런 소리를 하는 겁니다. 남편이 짐승같이 버는 돈을 귀족처럼 쓰는 게 요즘 아줌마들이라 합니다. 이건 자기 분수를 모르는 것입니다.

경전에 보면 권속眷屬이라는 얘기가 많이 나옵니다. 부처님 권속이라는 말은 가족이라는 뜻입니다. 부처님 권속인 우리에게 당연히 부처님이 가장이십니다. 현명한 보살님들은 한 집안의 가장인 남편을 부처님 모시듯 합니다. 남편은 개방귀로 보면서 절에 와서 '부처님, 우리 아버지' 하고 부르면 부처님이 입술에 침 바르라고 합니다. 위선 떨지 말라는 얘기지요. 남편을 부처님 모시듯 하면 아이들은 부모님을 존중하고 남편도 고생을 고생인지 모르고 즐겁게 일하며 아내를 부처님처럼 모십니다. 이런 보살님 자식들은 어려서부터 앉을자리 설자리 알고 부모 공경하고 사람들과 정직하고 솔직하게 스스로가 유대하고 관계할 줄 압니다. 직장에 가도 역시 마찬가지로 직장 내 모든 동료들을 수용할 수 있는 힘이 생기고, 사회에 나오거나 군대를 가도 자기 도리를 다하고 사는, 사람다운 삶을 살게 되어 있는데, 그 첫 번째 요인이 남편을 부처님처럼 모시는 보살님 마음입니다.

남편 무시하는 아주머니들이 자식한테는 껌벅 죽어 자식이 해

달라는 대로 다 해줍니다. 자식이 필요한 거는 엄마가 다 사주니 아이에게 아빠는 그다지 중요하지 않은 존재가 되는 것입니다. 기본적인 가정교육이 없으니 이놈들이 부모도 모르고 형제도 모르고 아래 위도 모르고 거꾸로도 모르게 되어, 제일 먼저 게임 중독이 되고, 그 다음 어른이 되면서 술, 노름, 여자 등등 중독이란 중독은 다 거쳐 결국은 부모도 때리는 망종이 됩니다. 이런 불행은 어디서 왔는가 하면, 남편을 부처님처럼 모시지 않고 개방귀처럼 취급한 아내에게 있는 것입니다.

가정교육을 잘 받아 훈계와 훈습으로 버릇이 든 자식들은 반듯하게 성장하지만, 훈계 없이 자란 아이들은 자식 도리를 할 줄 몰라 나중에 부모도 내버리고, 심지어는 게임중독이 되어 자기 자식도 버리는 말세의 중생으로 살아가게 되니, 이렇게 되는 것을 바라지 않는다면 부처님 앞에 통곡하며 참회하고 온 가족이 부처님을 믿고 의지하여 평온한 집안을 만들어야 합니다. 우선 남편을 부처님으로 모시는 연습을 해 보시기 바랍니다.

절에 와서 절하는 불자들을 보는 것만큼 행복한 것이 없습니다. 자기 바라는 바를 간절하게 염하며 절 올리는 불자들도 있지만, 다른 한편으로 아상 인상 중생상을 덕지덕지 발라 상만 높아 부처님께 '부처님, 제 절 받는 거 영광으로 아세요!' 하듯 고개 빳빳하고, 얼굴에 '내가 누군데!' 하는 표정이 담긴 사람이 절에 오면 불쌍하기도 하고 재미나기도 합니다. 그 정도 악취는 참을 만합니다. 오히려 머리 깎은 스님이랍시고 수자상에 착 붙어 있으면서 상이라는 것이 있다는 것도 없다는 것도 다 상인 줄 모르고 선방에 드나들며 참선을 해서 확철대오廓徹大悟한 것처럼 행세하며 절집을 드나드는 꼴을 보면 그 악취가 여간 아닙니다.

그 마음이 얼마만큼 하심하고 부처님을 공경하고 찬탄하고 공양하고 예배하고 자기 스스로 부처님 앞에 기도하는지는 행동을 보면 대략 압니다. 진정 불자로서 살아가고 불자의 도리를 하고 살아가고 결국 구경에는 부처가 되겠다는 생각을 가지는 것이 아니라, 부처님을 돈 주는 은행이나 재앙을 없애는 무당쯤으로 알고 절에 오는 불자들이 많아 불교가 발전하지 못하고, 그래서 젊은 보살들이나 젊은 사람들이 늘어나지 않는 것입니다. 젊은 사람들을 포교하기 위해서 여러 자리에서 입이 마르도록 이야기 합니다.

믿는 사람은 더 잘 믿게 하고, 믿지 않는 자는 믿게 하는 것이 포교布教입니다. 부처님 법이 이렇게 좋기 때문에 포교를 하려는 거고, 부처님 법을 믿어서는 허망하지 않기 때문에 부처님 믿으라고 하는 것입니다. 가장 좋은 포교는 우리들 불자들이 생활 속에서 향기를 내고 지친 이웃을 보리심으로 보듬어 본을 보이는 겁니다. 주위에서 '야! 저 사람을 보면 왜 그런지 마음이 편하고 내 어려움을 상의하고 싶어' 이러한 마음이 든다면 가장 좋은 포교입니다.

말로 하는 포교는 한계가 있습니다. 부처님이 약초유품에서 초목을 키우는 비로 부처님 자신을 비유했듯이 우리도 부처님 제자로 세상에 단비처럼 쓸모 있는 사람이 되어 많은 사람들을 가장 수승한 부처님 법좌 아래 데리고 와서 다 같은 도반으로 함께 수행하고 업장을 정화하는 동수정업同修淨業을 해야 합니다. 우리에게 내리는 부처님의 비는 의상스님이 법성게에서 일미진중함시방一微塵中含十

方, 한 티끌 그 가운데 시방세계 머금었고, 일체진중역여시一切塵中
亦如是, 일체의 티끌 속도 또한 늘 그러하다는 것처럼 삼천대천세계
에 한맛으로 골고루 주었다는 겁니다. 모든 중생 각각의 근기에 따
라 듣고 보고 간직하는 성장 속도가 다르지만 언젠가 우리 모두 부
처님의 자식으로 성불한다고 믿고 의심하지 말아야 합니다.

　진실로 믿는다는 건 모든 것을 바쳐서 믿는 것입니다. 모든 것을
의지해서 믿는 내용이 법화경입니다. 믿음 없이는 들어가서 의지
할 곳이 없다는 것을 부처님이 최후에 법화경으로 말씀하신 것은,
불타는 집에 있는 가련한 중생들에게 믿고 의지하면 너희를 구하
겠다는 큰 선물을 주신 것입니다. 더불어 법화경에 실타래처럼 얽
히고설킨 세상살이 자체를 풀 수 있는 지혜를 설하셨습니다. 법화
경전은 우리들 삶 자체를 훤하고 밝고 안락하고 즐거운 삶으로 변
화시켜 이끌어 갈 수 있다는 믿음이기 때문에 부처님께 지심정례
하라는 겁니다. 진실된 믿음을 가지고 단 한 번 부처님을 찾더라도
영혼의 아버지요, 나의 모든 것을 알고 계시는 아버지요, 나의 모든
것을 다 지켜주는 아버지로, 내가 구경에는 아버지다운 삶이 되어
서 열반하겠다는 서원을 해야 합니다. 횟수가 아니라 단 한 번이라
도 간절하고 진실되게 부처님을 찾아야 합니다. 내가 부처님 아버
지의 목소리를 듣고 정신 차려 장난감을 내던지고 불타는 집을 빠
져나오면 조그만 수레가 아니라 큰 수레로 가득 내가 원하는 것은
모두 주시고, 나아가 그것이 끝이 아니라 열반까지 책임지고 끌고
가신다는 것입니다. 부처님 앞에서 진실로 고백하고 참회하고 기
도하면 자연스레 알아지는 것이 부처님은 우연히 오신 것이 아니

라 끝없는 전생 동안에 이 중생을 무조건 제도해야 되겠다는 서원을 세우시고 일념으로 불타는 사바현장에 오셨다는 사실입니다.

참 진리를 찾아서 스스로 부처님께 의지하는 생활 속에는 부처님이 알려주신 바른 수행이 행주좌와行住坐臥 어묵동정語默動靜입니다. 걷거나·서거나·앉거나·눕거나·말하거나·침묵하거나·움직이거나·조용하거나·항상 부처님을 믿고 의지하며 부처님을 닮고자 노력하며 기도하는 것 이상도 이하도 없습니다. 이렇게 수행하면 늘 즐겁고 행복해서 피곤하지 않다고 했습니다. 이와 같은 부처님을 진실로 믿고 의지하고 따른다면 우리들의 하루하루가 상락아정常樂我淨이 따로 없이 날마다 좋은 날로 구경에는 부처님과 똑같은 깨달음을 얻는 것입니다. 부처님을 우리가 믿고 따르고 의지하는 것이 참 가르침이라는 것을 아시고 부처님께 공양하고 찬탄한다면 절대 허망한 일이 없다는 것이 이 약초유품에서 부처님이 설하신 말씀입니다.

합장하겠습니다.

거룩하신 부처님 감사합니다. 오늘은 이 약초유품에서 부처님의 적절한 한마디 한마디 비유가 우리 중생에게 가물어 갈라진 땅에 단비와 같고 우리 삶 속에서 큰 희망이 되었습니다. 참된 도리를 알지 못한 채 우매한 중생이기에 저지른 잘못을 참회하오니 거룩하신 부처님은 마땅히 저희들을 자식으로, 제자로 섭수하여 주옵소서.

나무 석가모니불 나무 석가모니불 나무시아본사 석가모니불

6

인정받고 인정하며 서로의
의지처가 되다

수기품

우리 모두는 붓다의 길을 따라가는 삶을 살고자 합니다. 우리가 우리의 뜻으로 먼저 부처님을 의지하고 믿고 따라간다고 생각한다면 앞뒤가 바뀐 생각입니다. 내리사랑이라고 부모가 먼저 자식을 사랑하는 것이지 자식이 먼저 부모를 사랑할 수는 없는 것입니다. 부처님은 수많은 전생 동안에 뼈아픈 고통 속에서 일관되게, 모든 중생을 구제하여 깨달음에 이르게 하겠다는 서원을 세우셨습니다. 그렇게 2,600년 전 현세에서 뜻을 이루셨습니다.

법화경에서 부처님 상수제자들이 찬탄하고 얻으려는 아뇩다라삼먁삼보리심을 한자로는 무상정등정각無上正等正覺, 무상정진도無上正眞道, 무상정변지無上正知라고 씁니다. 위없는 부처님의 깨달음을 줄여 말하면 지혜와 자비입니다. 지혜는 공성空性을 바르게 제대로 깨달았을 때 일어나는 것이고, 무한대로 보리심을 내었을 때 깨달아 아는 것이 자비입니다. 지혜와 자비는 새의 양쪽 날개와 같아서 대자유 법화세계를 구현하여 중생을 구제하시는 부처님의 방편입니다.

법화세계 묘법연화경 제6 수기품은 미혹해서 불타는 집에 사는 가련한 우리 모든 중생을 부처님이 아들딸 자식으로 인정하신 것을 확인시켜 주는 품입니다. 부처님들이 제자들이나 미래에 부처를 이룰 근기가 있는 사람에게 어느 때 어느 곳에 나서 부처가 되리라고 머리를 만져 주며 예언해 주시는 것을 마정수기라고 합니다. 석가여래 부처님도 과거칠불 중 한 분인 연등부처님이신 선혜보살에게 마정수기를 받으신 후 현세에 부처님이 되셨습니다.

수기품에서 부처님은 마하가섭존자님을 시작으로 수보리존자, 마하가전연존자, 마하목건련존자 순서로 수기를 주십니다. 네가 언제쯤 부처가 되며, 그 국토는 어떠하며, 어떤 법을 펼칠 것인지, 그 법은 얼마동안 이어질 것인지 상세하게 설명해 주시니 참으로 귀한 일로 찬탄하면서도 수행자의 한 사람인 저로서는 부럽기 그지없습니다. 팔만사천법문을 적은 다른 경전에서 법을 밝히고 닦아 공성으로 지혜를 얻고 보리심으로 자비를 증장시키는 수행방법을 알려 주시고, 마지막 가르침인 이 법화경에 와서는 한 사람 한 사람씩 수기를 주십니다. 수기품을 가만히 읽고 참구하면 그 속에 모든 중생이 있는 걸 알게 됩니다. 2,600년 전 공덕과 복이 많으셔서 부처님께 직접 배운 큰 제자 존자님들에게 부처를 이룬다는 마정수기를 주시며, 그분들이 부처가 되어 모든 중생과 인간과 천신들에게 법을 설하신다고 하셨습니다.

우리는 부처님을 어버이로 섬기는 자녀입니다. 우리에게 이보다 더 귀한 존재가 있을까요? 그러나 우리 삶의 태도를 보면 어떠냐면, 불효막심도 이렇게 불효막심하게 살 수가 없습니다. 입으로는 부처님을 믿고 따르고 의지한다 하면서 생활은 개판 오 분 전, 세상 장난감 놀이에 빠져 아버지가 불타는 집 앞에서 그리 애타게 불러도 알아듣지를 못합니다. 그러나 부처님은 우리를 자녀로 받아들이시고 각각 근기에 맞는 방편으로 모든 초목에 비를 내리듯 우리를 기르십니다. 우리가 못나고 못된 자식이라도 자식과 인연을 끊을 수는 없지 않습니까. 싸움질이나 나쁜 짓을 하다 경찰서에 붙들려가면 어떻게든 자식을 구하려고 경찰들에게 머리를 조아리고 변호사를 사듯이, 우리 부모인 부처님만이 우리의 희망임을 알고 명심해야 합니다. 경찰서에서 풀려난 자식이 정신 차려 개과천선하듯이, 우리도 삶과 생활태도 전체를 변화해서 부처님을 믿고 의지하며 그 가르침을 따라 살아야 합니다. 다행히 우리는 혼자만이 부처님 자녀가 아니고 모든 중생이 형제자매이기 때문에, 부처님 앞에 함께 절도 하고 기도도 하면서 동수정업을 할 도반들이 있는 것을 큰 기쁨으로 알아야 합니다.

부모를 일찍 잃고 일가친척도 없거나, 부모에게 버림받은 고아로 자라는 것은 참으로 힘든 일입니다. 반면에 유복한 집안에서 자라는 아이들은 부모가 얼마나 귀한지 모르고 보살핌 받는 걸 당연하게 여기고, 복에 겨워 반항도 하는 어리석음에 빠집니다. 이렇듯 중생들은 대자대비하신 부처님의 뜻을 모르고 복에 겨워 못난 짓거리를 합니다. 그래서 중생입니다. 인간은 두려움이 생존본능입니다. 12연기 중 첫 번째 무명은 빛이 없거나 적다는 뜻이 아니고 어리석은 두려움을 뜻합니다. 원시시대부터 천둥치면 하늘이 두렵고, 사냥감이 적으면 굶지 않을까, 마누라가 딴 동굴 놈에게 가지 않을까, 늘 걱정하고 불안합니다. 그래서 뭉치면 살고 흩어지면 죽는다는 말처럼 끼리끼리 뭉치는 사회도 생존의 두려움으로 이루어진 것입니다. 우리가 사회에서 성공하고 잘나고 싶은 것은 생존의 유리한 조건을 가지려 하는 것뿐입니다.

사회에서 남들에게 인정받아 잘 살고 싶은 욕구가 부처님께 인정받는 것보다 더 크니 절에서도 문제입니다. 사회풍조가 보살님과 처사님들 옷자락을 타고 절에 옵니다. 둘이 모이면 다른 사람 흉보는 버릇이 절집에 들어와 못났니 잘났니 하며 패거리를 만듭니다. 자기 마음에 안 들면 상대방에게 직접 말하는 것이 아니라 옆사람들에게 교묘하게 입을 놀려 상대를 요새 말로 왕따시켜 버립니다. 처음에는 비주류로 살살 모여서 자기들끼리 그렇게 이야기하고 모함하고 협잡하여 다른 신도들을 굴복시키거나 패거리로 끌어드리거나 절에 자연스레 나오지 못하게 하고는 세력이 커지면 부처님 절집을 좌지우지하려고 합니다. 부처님을 찾아온 한 중생을 부처님과 멀어지게 하는 것이 얼마나 큰 죄인지 모르고 한다지만, 그 과보는 최소한 몇 생을 거쳐 받는 것입니다. 불타는 세상에서 빠져 나오고자 부처님을 부모로 모시고 믿고 의지하여 닦는 것이 불자인데, 반대로 불타는 세상을 부처님 집으로 끌고 오는 어리석음은 범하여서는 안 됩니다. 우리가 중생으로 세상이나 절 집이나 흉허물이 없는 사람이 어디 있겠습니까. 너도 나도 부처님 자녀로 형제자매로 대하며 흉허물을 꼭 덮어 주셔야 합니다.

남의 흉허물은 사실 삿된 견해로 본인이 보는 것입니다. 요즘도 남이 뚱뚱하고 못생긴 거도 흠이고, 옷 잘못 입는 거도 흠이고, 가난한 것도 흠으로 봅니다. 옛날에는 통통하면 부잣집 맏며느리같고 복스럽다고 했지요. 옛날도 아니고 불과 얼마 전입니다. 요즘 세상은 기준에 맞춰 얼굴을 찢고 째고 뭘 집어넣어 인조인간을 만들면 예쁘다 하거든요. 턱도 대패로 깎아 절벽을 만들면 좋아한다는데, 예전에는 하관이 마르면 복이 없다고 했습니다. 옷도 디자인이니 뭐니 해서 장사꾼들이 장사하기 위해 만드는 상술입니다. 옷 한벌 사서 오래 입으면 자기들이 돈을 못 버니 계절마다 해마다 유행을 바꾸는 겁니다.

돈 많다고 유세하는 사람들을 보면, 저러다 망하면 어찌 살려나 싶습니다. 자기가 가진 돈이 많아도 삼성 재벌들보다 많을 거며, 삼성 사람들은 마이크로컴퓨터 빌 게이츠보다 많지 않습니다. 빌 게이츠가 세계 제일 갑부라 하지만 그 순위도 매년 바뀌고, 어쩌면 매일매일 바뀌는지도 모릅니다. 돈이란 남에게 빌리러 가지 않을 정도만 있으면 됩니다. 혹 형편이 안 되어 빌리면 어떻습니까, 열심히 일해 갚아 가며 살면 되는 거지요. 대개 자기 그릇보다 많은 돈은 재앙이 됩니다. 부처님을 은행으로 아는지 돈 달라고 열심히 헛 기도하는 분들이 제가 보기에 적당히 돈이 있는데도 그런 기도를 하더란 말입니다. 그러나 가난하고 힘든 보살이, '부처님 저는 가난하지만 열심히 일하며 살겠습니다. 그런데 이번에 우리 아이가 아파 치료비가 얼마만큼 필요합니다. 빌릴 곳도 없습니다. 부처님 꼭 도와주세요.' 하는 이런 간절한 기도는 필히 들어 주십니다. 간혹 가련하지만 놓아두시는 것은 업력과 업풍으로 닥친 일이어서 고통으로 업을 정화하라는 또 다른 마음일 때라고 저는 생각합니다. 어떻게 도와주시는가 하면, 우리 중생을 쓰시는 것입니다. 어느 보살이 부처님전에 여러 기도를 하다가 한 순간 '제가 크게 부족하지 않지만 조금만 여유가 있다면 남을 돕고 살고 싶다'는 마음을 냅니다. 그런 기도는 부처님이 꼭 들어 주십니다. 그래 그 보살에게 아이가 아픈 보살님을 도와줄 필요한 만큼의 여유 돈이 생기고, 도와준 보살님은 보리심이 증장되어 진짜 보살의 씨앗을 심는 겁니다.

부처님 자녀가 된 우리는 이렇게 기도해야 합니다. '모든 중생이 고통과 고통의 원인에서 벗어나 행복하기를' 하고, 부처님 자식답게 부처님의 마음으로 기도하세요. 부처님 전생을 써 놓은 본생경本生經을 자주 읽어야 합니다. '부처가 되시고자 참말로 많은 고통과 고난을 당하시면서도 모든 중생을 구하여야겠다는 서원을 하셨구나. 감사합니다!' 이렇게 찬탄하고 공양해야 하는 거예요. 찬탄에서 마무리가 아니고 어려운 지경에서 부처님을 떠올리며 용기를 내고 어려운 가운데서 이웃들을 도우며 더불어 살려는 착한 마음을 가진다면 그 공덕과 복덕은 한량없는 것입니다. 그 씨앗으로 우리는 부처가 되는 겁니다.

인생은 후반전이 아름다워야 합니다. 뒤태가 아름다운 사람이 아름다운 사람이듯이, 인생은 전반전이 아니라 후반전이 빛나야지요. 속된 말로, 고스톱 판은 판이 끝날 때 따는 것이 장땡이라고 하지 않습니까. 뭐든지 끝에 가서 아름다워야 합니다. 젊어서 고생은, 그래서 옛날 어른들이 사서도 한다고 했습니다. 겉 얘기는 한 살이라도 젊을 때 고생해서라도 돈을 벌라는 것이지만, 제 생각은 겁 없는 젊은 나이에 많은 경험을 하라는 것으로 받아들여집니다. 재떨이와 돈은 쓰고 버려야 할 물건이지 쌓아두는 것이 아니어서 가지면 가질수록 추하고 더럽다고 합니다. 소욕지족所欲知足, 안분지족安分知足이라는 말은 작은 것에 행복할 줄 알고 만족할 줄 알아야 한다는 겁니다. 이런 달관한 마음은 노인들의 특성이지만, 재산도 있는 분이 나이 먹어서도 돈 돈 하는 걸 보면 인생의 후반전을 잘못 사는 것으로 보여 씁쓸합니다. 어느 돈 많은 노인 분과 이야기하다 '죽어서 가져 갈 수 없는 돈 어려운 사람들에게 잘 회향하고 가시라'고 했더니 하는 말이, '요즘은 저승에 있는 은행으로 송금해 놓을 수 있다'고 농담을 하시더군요. 웃고 넘어가며 진짜로 저승에 돈 쌓아두는 방법이 있다고 하자 제게 방법을 물었습니다. 부처님 제자라면 누구나 아는 방법입니다. 가져가지 못하고 남겨 놓으면 자손들끼리 분란만 일으키는 재떨이 꽁초를 어렵고 꼭 필요한 곳에 잘 쓰는 것입니다.

세상 불변의 이치가 콩 심은 데 콩 나는 원인과 결과이기에, 공덕을 쌓으면 좋은 결과를 얻을 수 있습니다. 그런 보시에도 등급이 있습니다. 부처님이 무얼 바라서 우리를 자녀로 받아들이시고 구원하시는 게 아니거든요. 남을 돕는 것도 마찬가지입니다. 내가 이것을 주면 다음 생에 돌려받겠지 하는 마음이나, 죽어서 극락정토에 태어나겠다는 이기적인 목적이면 부처님이 가르쳐 주신 보시바라밀 방법인 대가 없고 생각 없는 무주상보시無住相布施가 아닙니다. 무주상보시가 아니더라도 값이 없는 것은 아니지만 그 값어치는 떨어집니다. 양날의 칼이 돈입니다. 소가 물을 마시면 우유를 만들고 뱀이 물을 마시면 독을 만들 듯 세상 이치가 다 그렇습니다. 돈 돈 하다 돌아 버리는 사람도 있고, 돈을 잘 써 이웃을 잘 돌보는 사람도 있는 겁니다. 우리는 부처님을 믿고 의지하는 자식으로 형제자매이니 함께 더불어 살아야 합니다.

도과道果를 얻은 깨달은 수행자는 무한한 공의 도리로 살고, 우리 중생 살림은 유한 도리여서 끊임없이 탐하고 화내고 어리석은 탐진치 삼독으로 살아갑니다. 삼독을 연료로 불타는 집에 앉아 우리는 장난감 놀이에 빠져 부처님이 부르는 소리를 못 듣고 살아갑니다. 죽고 죽어 골 백번 죽어서 골 백번 불타는 집에 태어나 살아가다 죽을 때 반짝 정신이 납니다. 가져갈 것이 없고 영원한 것이 없으니 집착하지 말고 나를 믿고 의지하여 공부하고 수행하라는 부처님 말씀을 왜 따라 행하지 않았을까, 그 후회로 영혼이 아파하지만 어머니 태에 들어 잠시 후면 또 뱃속에 앉아 불타는 바깥세상을 기다리며 흥미로워 합니다. 죽으면서 아주 잘 살았다 할 정도로 우리는 부처님 자녀로 믿고 의지하며 공부하고 수행하는 삶을 살아야 합니다.

제가 시골 산간벽지 출신입니다. 지금은 그렇지 않지만 저 어릴 때만 해도 어른들이 농한기 겨울에는 노름을 많이 했어요. 이 일은 제 고향 마을에서 실제로 있었던 일입니다. 어느 해 겨울 위아래

집 영감님 둘이 노름을 했는데, 아랫집 영감님이 노름에 져서 한 3천 평 되는 논을 윗집 영감님한테 넘기게 되었습니다. 옛날에는 이렇게 자기들끼리 문서 만들어 그냥 도장 찍어서 넘겼다고 합니다. 그래 논 삼천 평 논문서가 윗집으로 넘어가 버렸어요. 그런데 아랫집 논 잃은 영감님 부인 아주머니가 대가 세고 원체 별난 사람이었습니다. 노름으로 땅을 잃는 물렁한 남편과 살려면 대가 세고 생활력이 강하지 않으면 집안이 돌아가지 않으니 그럴 수도 있을 겁니다. 남편이 논을 잃어버린 걸 알고는 온 동네를 다니며 난리를 피웠습니다. 그리고 노름판에서 잃어버렸으니 돌려달라고 윗집에 가서 떼를 쓰기도 했습니다. 그러나 그 집에서는 끄덕도 안 하고, 그 해에 모를 심었어요. 윗집에서 자기 땅이었던 논에 모를 심어 놓으니까 이 별난 아줌마가 소복을 입고 머리를 풀어헤치고 그 논바닥 옆에 가서, 어쨌든 내 논인데 여기에 나락이 들면 안 되네 하며 눈이 뒤집혀 빌고 빌었습니다. 이 논의 모는 다 썩어 자빠지라고 악담을 했던 것입니다. 그리고는 날이면 날마다 아침에도 가고 저녁에도 가고 밤 10시가 되어도 가고, 이렇게 하루에도 네댓 번씩 논에 가서 저주를 했습니다. 그렇게 그 아주머니가 얼마나 악담을 했는지 우리 동네 다른 논은 괜찮은데 그 논 나락만 홀랑 새까맣게 다 썩어버렸어요. 그렇게 되니 윗집 사람들이 무서워 논 3천 평을 다시 내어 주는 걸 보았습니다. 이건 내가 본 실화예요.

여자가 한을 품으면 오뉴월에도 서리가 내린다고 하지 않습니까. 옛날 중국 어느 고장에 한여름에 서리가 내리고 한파가 들어 농작물이 죽는 괴이한 일이 벌어졌습니다. 일관日官과 무당들이 헤아려 보니 그 동네에 너무도 억울한 일을 당한 과부 아주머니가 있었습니다. 그래 나라에서 그 여자의 한을 풀어주니 날씨가 정상으로 돌아왔다고 합니다.

앞의 얘기에서 알아야 하는 교훈은, 저주도 한마음으로 하면 저런 결과가 나오는데, 하물며 부처님에게 하는 기도가 지극하다면 무슨 일이 안 되겠습니까. 이와 같이 기도하는 거예요. 여러분이 부처님 앞에 가서 기도하고 참회하고 발원하고 열심히 기도한다면 논에 심은 모가 썩어 자빠지는 게 아니고 펄펄 자라서 올라설 것 아니냐, 이 말입니다.

일본의 어떤 박사가 밥을 랩으로 싸서 한쪽에는 그냥 칭찬만 하고, 다른 한쪽에는 욕만 냅다 하였답니다. 그러자 욕을 한 밥은 푹 썩어 버렸는데 칭찬을 한 밥은 보들보들하고 곰팡이도 적게 슬었다고 합니다.

이 이야기들은 마음의 힘이 얼마나 큰지 알려주는 것입니다. 마음을 긍정적으로 쓰든지 부정적으로 쓰든지 일어나는 마음이 핵폭발처럼 강력한 점을 염두에 두고 조심스럽게 살아야 합니다. 그러니 여러분들의 마음에 있는 것을 가져가서 부처님 앞에 가서 그대로를 진실로 이야기하고 참회하고 기도한다면 복력이 늘어나지 말라고 해도 늘어날 것입니다.

21세기를 사는 현대인들은 어떻게 하는 것이 제대로 된 기도가 되는지 잘 인식해야 합니다. 예전보다 과학문명이 발달할수록 불타는 집 장난감 성능이 좋아져 우리 중생을 미혹하는 힘이 강해집니다. 이런 때에는 과학을 방편으로 써야 하겠지만, 다른 한편으로 우리는 부처님께 더한 믿음으로 의지해야 합니다. 바른 직심直心으로 지치지 않고 길게(長永心) 일구월심日久月深으로 나날이, 날이 갈수록 부처님을 믿고 의지하고자 바라는 마음이 더욱 간절해져야 합니다. 그 수행방법이 행주좌와行住坐臥 어묵동정語默動靜입니다.

걷거나·서거나·앉거나·눕거나·말하거나·침묵하거나·움직이거나·조용하거나 항상 부처님을 믿고 의지하며 부처님을 닮고자 노력하며 기도하는 것 이상도 이하도 없습니다. 새벽에 일찍 일어나 부처님께 절하고 기도하고 출근하면 잠이 모자라 피곤할 것 같지만 그렇지 않습니다. 매일같이 아침저녁으로 집이나 가까운 곳에 절이 있다면 가서 기도하고 절하며 부처님을 믿고 의지하는 예불을 하면 즐겁고 더불어 건강해집니다. 그러면서 '부처님 못 만났으면 어쩔 뻔했는가! 전에는 내가 왜 그러고 살았지'라는 생각이 자기도 모르게 떠오르면 부처님에 대한 믿음은 더 커지고 공부의 참맛을 보게 될 것입니다.

공부의 첫 맛은 부처님의 가피를 온몸과 마음으로 체득하는 것입니다. 그러면 내 눈에 한 걸음 한 걸음 어떤 지혜라는 것이 머리에서 일어나기 시작합니다. 귀에 들리는 것만 가지고 내가 옛날에는 경솔하게 이야기했더라도 그 경솔심이 없어지고 상대방의 흉허물이 아니라 장점이 보이기 시작하며, 칭찬하고 격려하여 상대를 좋은 방향으로 갈 수 있게 합니다. 그러면서 본인이 믿고 의지하는 부처님의 대자대비하신 마음을 닮아 그 사람을 부처님 앞으로 함께 이끌어 도반이 됩니다. 이 정도 되면 부처님께 부끄럽지는 않아서 부처님 아들딸로 철이 들었다 할 수 있습니다.

한 집안 자녀들이 밖에서 잘 못하면 누가 욕을 먹는가 하면, 먼저 부모가 욕을 먹습니다. 자녀들은 사랑하는 부모님 욕 안 먹게 하려면 늘 행동을 조심하여 예의규범을 지켜야 합니다. 부처님 권속으로서 우리는 밖의 사회생활과 내면 수행생활의 조화를 잘 이뤄야 합니다. '부처님 믿는다면서 어떻게 저럴 수가 있어!' 이런 손가락질을 일반 사람들에게 받아서는 안 됩니다. 부처님의 자식이 된 우리가 부처님을 욕되게 해서는 안 됩니다.

욕심을 줄이고 성내는 걸 참고 어리석지 않아야 진짜로 사회생활을 잘하는 것입니다. 욕심을 줄이라는 건 돈을 벌지 말라는 말이 아닙니다. 돈에 집착하지 말고 적당히 벌라고 하면 적당히가 어느 정도일지 궁금해 하는 분들도 있을 겁니다. 그 사람 형편이나 여건에 따라 돈의 양에 차이가 있을 수 있으니 본인이 어리석지 않아야 적당을 알 수 있겠지요. 대충 이야기하자면 가정을 꾸려나가는데 빚질 정도 아니면 되고, 급한 사람 도와줄 수 있으면 적당이라 할 수 있지 않을까요. 예를 들면 절에 오는데 일주문 앞에서 어떤 사람이 집에 갈 차비가 없다고 차비를 빌려 달라고 했을 때 부처님 앞에 올릴 예물 외에 차비 정도는 그냥 줄 수 있으면 적당하지 않을까요.

우리 주위에 화를 잘 내는 사람들이 있습니다. 화 잘 내고 불평불만 많은 사람 옆에는 누구도 오래 있고 싶지 않습니다. 언제 또 화를 낼지 모르니 불안하고 불편하기 때문입니다. 그런 사람들은 충고도 잘 안 듣고 본인이 화를 쏟아 붓는 대상에게 같이 동조를 안 해주면 분노의 대상을 우리에게 돌립니다. 화는 억겁의 공덕을 태워 버리니 조심해야 합니다.

욕심과 화를 자제하려면 지혜가 있어야 합니다. 어리석으면 지혜가 없어 집착에 끌려갈 수밖에 없습니다. 돈의 적당한 양이나 성내는 허망함을 알아 고쳐나가는 것도 어리석지 않아야 하는 것입니다. 부처님이 세상을 불타는 집으로 표현하셨는데, 불타는 연료가 욕심과 성냄과 어리석음을 합한 집착입니다. 우리가 부처님의 권속으로 이번 인생 잘 사는 방법은 부처님 욕 먹이지 말고 부처님 뜻을 따라 하루하루 열심히 사는 것입니다. 그 뜻대로 다짐해서 법에 맞춰진 삶을 살려고 노력한다면 지혜와 자비심이 생기고 날로 우리들 살림살이가 밝아지기 시작하는 것입니다. 부처님 자녀로 수기 받은 우리는 얼마나 귀한 존재인지 자부심을 가지십시오.

부처님 자식으로 부처님을 믿고 의지하여 인생을 맡긴다면 인간사 걱정할 것이 없습니다. 우리가 꼭 해야 하는 것은 부처님께 100퍼센트 믿음을 내는 것입니다. 100은 자신의 전체를 말합니다. 그 믿음은 이미 믿음 자체가 되어 '나'라는 물건도, 불타는 세상도 없는, 부처님과 하나되어 부처가 되는 겁니다. 이렇게 얘기하면 쉽게 들리겠지만, 우리가 108염주를 일심으로 돌린다고 하지만 몇 개 안 돌리고 오늘 저녁 반찬은 뭘 하지, 게임에 빠진 아들은 지금 무얼 할까, 집을 팔아야 하나 말아야 하나 등등 108염주를 돌리는 순간에도 108번뇌에 끝없이 휘둘립니다. 그러는 중생이 100퍼센트 부처님을 향한 믿음을 내는 것은 불가능할지도 모릅니다. 그러기에 매 순간순간 한 마음을 내려고 연습하고 노력해야 하는 것입니다. 그것이 수행이고 마음공부입니다. 부처님께 믿고 의지하는 마음 없이 천 날이고 만 날이고 앉아있는다고 깨달아 알아지는 것이 아닙니다. 부처님을 믿고 의지하는 마음 없이 깨달았다고 큰소리 치는 그런 것은 자기 최면에 빠져 있거나 외도外道입니다.

부처님 제자가 된 우리는 어제는 5퍼센트, 내일은 6퍼센트, 이렇게 죽는 날까지 한 발 한 발 나아가려고 죽을힘을 다해 노력해야 합니다. 이번 인생에 100퍼센트에 다 이룰 수 없으면 다음 생에 거듭하여 나아가는 것입니다. 부처님도 수많은 전생을 통해 노력하고 노력해서 붓다를 이루셨다는 그런 교훈을 우리에게 주고 계십니다. 이번 생에 100퍼세트를 향하여 가는 거 허망하고 소용없는 일이 아닙니다. 씨 뿌린 대로 거두듯이 이번 생에 부처님 자식으로 바르게 뿌린 씨앗은 하나도 없어지지 않고 실답게 다음 생에 복덕 자량으로 가져가는 것입니다.

법화경은 일승 성문과 이승 연각과 삼승 보살 공부를 방편상 나누었을 뿐이고, 실제는 하나라고 삼승귀일三乘歸一 일불승一佛乘법을 말하시고 위없는 아뇩다라삼먁삼보리심을 종지終止로 마무리하셨습니다. 일불승으로 정리한 이 요점이 우리에게 준 부처님의 가장 큰 가르침입니다. 일승 성문을 동남아시아 등 남쪽에 있다 하여 남방불교라고도 하고 근본불교라고도 합니다. 일승 수행 방법은 위파사나라고 하여 한 순간 한 순간 마음을 알아 차려 마음을 밝혀 아라한과果를 얻는 공부입니다. 이승 연각緣覺은 부처님 법이 드러나지 않았던 시절이나 법이 못 미친 곳에서 혼자 인연을 관찰하여 12연기법을 알아내어 아라한과를 얻는데, 홀로 깨달았다 해서 독각으로 불립니다. 삼승 보살 공부는 12연기법과 육바라밀 보시, 지계, 인욕, 정진, 선정, 지혜바라밀을 닦아서 보살지경에 이른 분들을 말합니다.

　우리들이 삼승 공부가 결국 하나란 것을 알고 공부를 지어나가면 구경에는 성불할 수 있다는 것이 이번 수기품에서 말하는 것입니다. '모든 것은 좋은 인연으로 마무리 된다'고 수기품에서 부처님이 말씀하십니다. 나를 해치고 음해하려는 사람이나 마라 등 마구니들 또한 우리의 공부를 위해 있다는 말씀입니다. 부처님도 보리수 밑에서 마지막으로 마라에게 시험을 받았듯이, 우리도 우리에게 오는 난관을 극복해야 구경에 부처를 이룰 수 있어서 원수를 스승으로 삼으라는 부처님 말씀을 명심해야 합니다. 일이 잘 되어갈 때 너무 기뻐하지 말고 일이 어려울 때 낙담하지 않으며, 부처님을 믿고 의지하고 살면 우리 가정이 밝아지고 내 삶이 밝아지게 됩니다. 부처님의 권속으로 수기 받은 대로 부처님 품속에서 사는 삶이 아름답고 행복한 삶이라는 것을 알아 하루하루 매순간 잘 살면 구경에는 아뇩다라삼먁삼보리를 얻어 꼭 성불하리라고 믿어야 합니다.

　　합장하겠습니다.
　　거룩하신 부처님 모든 제자들과 모든 중생을 자녀로 수기해 주셔서 감사합니다. 오늘 수기품에서 어질고 착한 이만이 부처님의 자식이 아니라, 못나고 힘들고 가난하고 괴롭고 어렵게 사는 우리 모두가 부처님의 자식인 줄 알았습니다. 저희에게 힘든 고난과 고행이 오더라도 부처님께서 이 고난을 능히 이겨나갈 수 있는 힘과 용기를 주시며 항상 저희와 함께하시는 줄 알겠습니다. 부처님을 믿고 의지하오니, 부처님의 거룩함을 따라 오늘의 이 모든 고통 받고 괴로움 받고 어려워하는 중생들의 삶이 보다 높은 부처님의 삶으로 이어지기를 간절히 기도합니다.

나무 석가모니불 나무 석가모니불 나무시아본사 석가모니불

7

모든 것을 보시고 아시고
인도하시는 부처님

화성유품

21세기 현대 사회를 표현하는 말 중에 경박단소輕薄短少라는 말이 있습니다. 가볍고 얇고 짧고 작다는 말입니다. 요즘 전자제품도 부피가 작고 가볍고 얇은 것이 인기라고 합니다. 전자제품이야 그러하다 하더라도, 사람 인품은 경박단소하면 믿을 만한 구석이 없어 어디에도 쓸 자리가 없습니다. 지금 현대인들의 정신이 경박단소합니다. 법화경 제7 화성유품은 지난 옛적 한량없이 머나 먼 아승기 겁 전에 굳센 의지로 아뇩다라삼먁삼보리심을 얻어 붓다가 된 대통지승부처님 이야기입니다. 굳센 믿음과 의지가 있어야 흔들리지 않는 법입니다. 세종대왕 때 발간한 용비어천가를 보면, 뿌리 깊은 나무는 바람에 움직이지 아니하므로 꽃이 좋고 튼실한 열매도

열리며, 샘이 깊은 물은 가뭄에도 그치지 않고 소와 내가 되어 바다에 이른다고 읊었습니다.

뿌리 깊은 나무라는 문장을 떠 올리면 무언가 묵직하고, 세월과 고난을 이기는 모습이 떠올라 마음이 뭉클합니다. 마치 힘든 고난을 헤치고 이어나가는 우리 민족이 떠오르기 때문인지도 모릅니다. 뿌리를 근기根基라고 합니다. 뿌리가 약하면 작은 바람에도 흔들리고 뿌리가 얕게 자리 잡으면 조그만 바람에도 뿌리째 뽑혀서 날아갑니다. 그러나 뿌리가 깊은 나무와 샘이 깊은 물은 강한 태풍과 오랜 가뭄에도 마르지 않습니다. 사람도 중생도 각각 근기가 다릅니다. 깊은 뿌리를 가져 흔들리지 않는 사람도 있고, 작은 바람에도 뽑혀 팔랑개비로 날아가는 사람도 있습니다. 그렇기에 부처님은 아버지의 마음으로 각각 다른 근기의 중생들에게 알맞은 방편을 찾아 보호하고 이끌어 주십니다.

부처님은 상, 중, 하 세 가지로 근기를 말씀하셨습니다. 상근기는 뿌리가 깊어 흔들리지 않고 부처님 말씀을 단박에 알아듣는 지혜가 출중합니다. 중근기는 웬만한 바람에는 쓰러지지 않고 몇 번 들으면 부처님 법을 이해합니다. 하근기는 작은 바람에도 뿌리가 뽑혀 날아가고 수백 수천 수만 번을 들어야 알 수 있습니다. 하근기 사람은 불쌍하게 장애가 있는 경우가 많습니다.

친형이 부처님께 출가하자 동생인 주리반특가도 부처님께 나아갔습니다. 그는 하나를 알면 둘을 까먹어서 '바보 주리반특가'라고 불리었습니다. 이 주리반특가가 설법을 들어도 아무것도 알아듣지 못하니 어느 날 한쪽 구석에서 찔찔 울었습니다. 자기 처지가 답답하여 울고 있는 주리반특가의 처지를 알고 있는 부처님은 그를 불러 매일 사람들의 신발을 닦고 빗자루로 쓸며 '내 마음의 먼지를 닦고 세상의 먼지를 닦자!' 이 말을 늘 마음으로 외우라고 시켰습니다. 사실 주리반특가는 전생에 똑똑한 힌두교 사제 브라흐만이었는데 잘난 척하고 교만한 과보로 바보로 태어난 것입니다. 그래서 업력을 정화시키려고 부처님은 남을 받드는 청소를 시키신 것입니다. 매일 매순간 남의 신발을 닦고 청소를 하며 "먼지를 닦자"는 염불을 하던 주리반특가는 한순간 펑 터져 아라한과를 얻었습니다.

우리가 제대로 믿음 한 번 가져보지 못하고 불타는 집안에서 장난감 놀이만 하다 한 생을 마치고 과보에 따라 천신으로 살기도 하고, 짐승으로도 나고, 사람으로도 나고, 지옥에서 뿌린 만큼 고통받는 등등 육도윤회하는 중생으로 무한 반복하고 있는 것이 대부분의 수레바퀴입니다. 믿고 싶지 않지만 이것이 우리가 고통에서 고통으로 건너가는 삶의 연속성입니다. 한번 옷을 벗고 나면 벗는 그 즉시 어디를 가서든지 태어나게 돼 있는데, 천상에서부터 지옥, 아귀, 축생, 수라 세계든지 인간 세계든지 간에 여섯 세계를 못 면하니, 아무리 선업을 짓고 복력을 닦아 참 좋은 데로 가도 하늘이잖아요? 천당이라 해도 거기도 성욕, 식욕, 명예욕, 수면욕, 재물욕 다섯 가지 오욕락五慾樂이 있습니다. 오복을 다 누리고 나면 다시 윤회에 떨어집니다. 불교를 믿으면 첫째 윤회를 믿어야 되고, 육도 중생하는 것을 철저하게 우리가 알아야 됩니다. 그렇게 함으로서 우리가 다시는 육도중생 하지 않는 것, 그것에서 벗어나는 삶이 곧 열반의 삶이고 니르바나의 삶이라고 목표를 인식해야 합니다. 아라한과를 얻어야 육도윤회에서 벗어날 수가 있다고 합니다. 아라한이면 거지반 공부 끝난 분들입니다.

삶을 대하는 태도가 진득함이 없고 끈기가 없고 뿌리 내리지 못하고, 부평초나 개구리밥이 연못을 떠다니는 것처럼 경박단소하게 그냥 저냥 살아가는 것이 21세기 지금 중생의 모습입니다. 가르침이 가르침대로 실천되지 않는 시대를 말법시대라고 합니다.

현대는 과거 몇백 몇천 년 동안 발전할 과학이 몇십 년이면 발전한다고 보면 된다고 합니다. 가면 갈수록, 물질이 풍요로울수록 정신세계 가치는 거기에 따라가지 못하는 겁니다. 과학의 발전으로 몸이 편해지면 바로 서야 할 정신도 쾌락으로 흩트러집니다. 말법시대가 끝나면 가르침 자체도 들을 수 없는, 불법이 멸한 법멸法滅의 시대가 온다고 합니다. 지구 시간으로 따져 먼 후일이겠지만 법이 사라져 없는 법멸시대는 인간이 돼지처럼 먹고 자고 싸는 정신 없는 시대일 것입니다. 그래서 그런 시대가 오기 전에 우리는 불타는 집, 이 세상에서 벗어나야 합니다. 중생이 자력으로는 불타는 세상에서 장난감에 미혹되어 빠져 나올 수 없는 걸 아시고 부처님께서 우리 중생을 믿고 의지하는 방편으로 이끄시는 것입니다.

화성유품은 처음 법화경을 설법하신 대통지승여래 부처님 이야기입니다. 이 부처님이 어떤 분인가 하면, 이 세상 그러니까 삼천대천세계가 나타나기 전에, 우리가 요즘 말로 하면 지구가 빅뱅하기 이전, 아승기 겁 이전에 출현하신 분으로, 현세 석가여래 부처님이 그 일대기를 설하시는 것입니다.

대통지승부처님은 지구가 빅뱅하기 이전 백천만억 아승기 겁 이전 한량없는 과거에 출현하신 분이다 보니까 삼천대천세계가 현상계에 나타나지 않았습니다. 출현해서 보니 불법을 펼칠 세계가 나타나질 않아 아뇩다라삼먁삼보리심 얻는 걸 뒤로 미루고 10겁이 지나도록 가부좌를 틀고 앉아 계셨습니다. 대통지승여래 부처님이 10겁이라는 세월 동안 선정에 들어 계시자 부처님의 가르침을 얼른 듣고 싶은 하늘 천신과 범천들이 하늘 꽃으로 꽃비를 내려 부처님 주위를 감싸며 아뇩다라삼먁삼보리심을 얻으셔서 설법해 주시기를 청하였습니다. 부처님이 앉으신 보리수좌 밑에 하늘 꽃을 꽃비로 흩뿌리고, 꽃이 시들면 향기로운 바람으로 불어서 버리고 새 꽃으로 또 꽃비를 내려 10겁 동안 오랜 세월 쉬지 않고 공양을 올렸습니다. 사천왕들은 10겁 동안 쉬지 않고 북을 쳐서 공양하였습니다. 모든 범천왕들은 동서남북 상방사유에서 대통지승여래 부처님께 공양을 올리고 자기의 보탑이라 찬탄하였습니다.

우리들은 불타는 집에 앉아 장난감 놀이에 중독되어 집이 불타는 줄도 모릅니다. 세상살이가 모두 중독입니다. 21세기 지금은 인터넷이니 핸드폰이니 텔레비전이니 취향에 따라 즐길 거리가 너무도 많고 정교해져 자기가 중독인 줄 모르고 삽니다. 술, 노름, 경마 이런 것들은 드러나 있기 때문에 치료하기가 쉬울 수도 있습니다. 더 무서운 것은 본인들이 중독되었는지 모르게 중독되어 시간을 낭비시켜 부처님을 믿고 의지하는 삶에 쓸 시간이 없게 만드는 앞서 말한 인간문명의 이기들입니다. 그래서 그걸 보고 화택중생이라고 하고, 그걸 보고 고해중생으로 고통이 연속적으로 일어나는 바다와 같다고 부처님이 중생을 정의하신 것입니다.

여자 아이들이 예전에는 사기조각이나 작은 돌로 소꿉장난을 하였지만 요즘은 아마도 정교하게 플라스틱으로 만든 소꿉놀이 세트를 아이들에게 사 줄 겁니다. 아이들이 소꿉놀이하는 걸 보면, 아이들은 자기 부모가 사는 모습대로 싸우기도 하고 맛있게 음식을 만들어 먹는 모습을 연출하는 것을 보면서 이 세상 사는 것도 저런 게 아닐까 생각한 적이 있습니다. 모두가 마음이 전생이나 금생에 잠재된 성향이 일으키는 환상으로 중독되어 세상이 불타고 있는 줄 모르고 살아갑니다. 마음은 잘 다루면 약이 되어 부처님 권속으로 살지만 잘못 쓰면 불타는 집에서 끝없이 나고 죽으며 고통을 당합니다.

불자님들이 여러 자식을 낳고 키워봤을 테지만, 자식 중에도 믿음이 가는 자식이 있고 어디 갖다 놓아도 불안스럽고, 거짓말로 부모의 눈을 속이려는 자식도 있습니다. 그렇다고 잘난 아이만 내 자식일 수 없습니다. 못난 놈도 내 배로 열 달 키워 세상에 나온 자식으로 옛말처럼 깨물어 안 아픈 손가락이 없는 것입니다. 말 안 듣는 자식을 걱정만 하고 있으면 아무 소용이 없습니다. 부처님 앞에 엎드려 기도도 하고 달래기도 하고 야단도 치고 여러 가지 방법을 쓰는 것입니다. 그러다 자식이 돈을 훔쳐 도망가면 자식을 찾는데, 돈을 되찾자는 게 아니라 안전한 집에서 정신 차리게 하려고 하는 것일 겁니다. 도망갔던 자식이 돈 다 쓰고 거지꼴로 돌아오면 용서하고 이해하고 받아주는 게 부모 마음입니다.

그런 부모 마음보다 더 절실하게 우리를 찾는 부처님을 생각해 보세요. 대자대비하신 부처님 목소리를 들으려면 부처님을 늘 믿고 의지하는 생활을 해야 합니다. 세상 장난감으로 나만 잘났고, 나만 좋으면 됐고, 나만 편하면 됐고, 권세 있으니 됐고, 돈 많으니 됐고…… 허망한 망상을 떠는 번뇌 덩어리 우리 속을 보시는 부처님 앞에 우리는 얼마나 부끄럽습니까. 놀이터에서의 소꿉놀이는 엄마가 부르면 파하게 되고 밥 노릇 하던 진흙덩이만 남습니다. 그 진흙밥은 말라 흩어지듯 사람 목숨은 바람이 불면 꺾어지고, 열흘 이상 붉은 꽃이 없고 때때에 따라 그냥 사라지는 것입니다.

우리 중생들은 소꿉놀이에 목을 매고 난리를 피우고 그거만 주면 세상이 다인 것처럼 설쳐서 성공이 목표인 사람은 성공을 하고 나면 빠르든 느리든 허망하게 돼 있는 겁니다. 산꼭대기까지 올라가면 내려갈 수밖에 없습니다. 산이 높으면 골짜기는 깊고 바람도 세요. 높은 산을 목표로 삼으면 평안한 삶이 안 됩니다. 히말라야 산 같은데는 중턱에 올라가다 내려오는 사람도 많습니다. 바람이 너무 쎈 데다가 산소가 적어 고소증이 나타나고 머리가 깨지게 아파서 내려올 수밖에 없습니다. '성공하여 높은 데 올라가면 좋겠다!' 남들이 다 칭송하고 우러러봐주고 존경할 것이라 생각하지만 돈, 권력, 명예를 가진 인물보다 인격 좋고 인품이 좋아 향기 있는 사람을 존경합니다.

자기 자신으로 인생이 꽁꽁 묶여 누구 하나 수용하지 못하고, 원융하고 화합하고 상생하고 살아야 할 이 세상에서 목소리 큰 놈이 이긴다고 우격다짐으로 틀린 방법을 강요하는 사람들이 대부분 성공했다는 부류입니다. 이런 사람들은 부처님을 어버이인 줄 모르고 알려주어도 받아들이지 않을 확률이 높습니다. 우리들은 부처님을 믿고 의지하는 마음으로 생활에 부처님 법을 습득하고 체득하는 공부에 매진해야지, 세상 소꿉놀이에서 성공하려는 허망한 짓거리에 세월 낭비하면 안 됩니다. 불자라고 하는 우리들이 집에서 시간을 정해 절하고 반야심경이나 천수경을 외우고, 부처님 탄신 초파일이나 부처님 성도일이나 초하루나 보름, 관음재일이나 지장재일에 절에 가서 부처님께 삼배를 하는 것이 부처님 권속으로 정성을 보이는 겁니다. 누구보다도 나를 다 아시는 부처님이고, 누구보다도 나를 보시는 부처님인데, 거기에서 어쨌든 삼계 육도 윤회하는 중생을 벗어던지도록 만들고 무명업장을 녹이는 그 과정이 절이고 기도입니다. 절하고 기도하며 법장法藏이 채워지며 어떤 업력이라도 녹이는 겁니다. 업력이 녹으면 업장이 녹고, 부처님을 찾는 진실된 그 마음으로 부처님과 하나가 되어 갑니다.

이렇게 참회기도하세요. '부처님, 제가 오늘도 부처님을 찾아왔지만 제 머릿속은 온갖 번뇌 망상으로 차 있어, 부처님 앞에 마음까지 오롯하게 와야 하는데 천지사방으로 한 마음은 둘째 자식 따라가고, 한 마음은 남편 따라가고, 한 마음은 부모 따라가고, 건성 절하고 기도하는 이 마음 그대로는 제 인생이 낭비이며 부처님 자식 노릇을 제대로 못하니 부처님 가피력으로 저를 바른 길로 이끌어 주시기 바랍니다'라는 기도를 먼저 해야 합니다. 믿고 의지하려면 숨김없이 솔직히 부처님께 자신의 상태를 고해야 합니다. 세상 사람은 속여도 부처님을 속일 수는 없습니다.

가피는 돌봐준다는 것입니다. 가피가 없으면 우리가 내일 뜨는

해를 못 볼 뿐더러 제대로 된 불자로 살아가기 힘듭니다. 부처님이 늘 나와 상주하시고 돌보아 주신다고 믿고 의지해야 가피를 받습니다. 부처님이 자녀들이 앞에 와서 참회하고 기도하고 서원하면 얼마나 예쁘고 기쁘겠습니까. 부처님도 눈에 넣어도 안 아픈 자식으로 여기실 겁니다. 몸에서 제일 예민하여 작은 티끌만 들어가도 아픈 눈에 다 큰 자식을 '눈에 넣어도 안 아프다'는 말에서 부모의 기쁨이 얼마나 큰지 알 수 있습니다. 부모가 자식을 사랑하는 말 중에 '보기조차 아까운 자식'이라는 말이 있습니다. 우리가 매일 바르게 기도하고 바르게 절하고 계율도 잘 지키고 이웃을 도우며 잘 살면 부처님이 눈에 넣어도 안 아프고, '보기조차 아까운 우리 자식' 하며 우리 머리를 쓰다듬어 주십니다. 부처님이 내 머리를 쓰다듬는 광경을 떠올려 보세요. 얼마나 가슴 벅찬 일입니까. 부처님 품에서 자식 노릇 잘하는 우리 모두가 됩시다.

믿는 마음이 우선이 되어야 합니다. 부처님을 믿는 마음이 처음이자 마지막입니다. 끝없는 무시무종無始無終 중생의 가련한 육도윤회에서 처음과 끝에 방점을 찍는 것이 부처님에 대한 믿음입니다. 믿음은 가장 강한 힘입니다. 참선도 좋고 명상도 좋고 염불도 좋고 간경도 좋지만 우선 부처님을 얼마만큼 믿는 신심信心이 있느냐에 따라 결과는 달라집니다. 그 믿음이 확고히 딱 바로 서 가지고 그 믿음이 불성의 주춧돌로 아주 단단히 암반 같은 그런 모습이 된다면, 그 위에 수행의 집을 지어도 뿌리 깊은 튼튼한 집을 짓는 것입니다. 믿음이 올곧지 않으면 바람 앞에 왕겨 날아가듯이 다 날아가는 거예요.

법화경에서 부처님이 삼승귀일三乘歸一 일불승一佛乘이라고 마지막으로 정리하셨으니, 어떤 법이 좋다 나쁘다 하지 말고 자기에 맞는 수행법을 찾아 꾸준히 하면 됩니다. 중생이 업력에 미혹되어 자기 자신에게 속아서 이 수행이 좋다고 하다가 진전이 없으면 다른 수행법들로 옮겨 다닙니다. 수행법이 쇼핑도 아니고 죽을 판 살판 다람쥐가 쳇바퀴를 돌 듯 아무리 돌려봐도 제자리걸음으로 진전이 없는 것입니다. 화성유품에 보면 대통지승부처님은 10겁 동안 앉아 계셨다 하니, 뿌리 없어 작은 바람에 날려가지 말고 뿌리 깊은 나무가 될 때까지 한 가지 법을 묵묵히 수행하여 뿌리를 깊게 내려야 합니다.

부처님 자식으로 아버지의 수승한 법을 믿고 따라 공부하지 않으면 보배 중의 보배인 줄도 모르고, 세 살 먹은 애 손가락에다가 다이아 반지 끼워 준 거나 똑같습니다. 애들 소꿉장난 놀음하고 있는 것 같은 우리들의 살림살이에서 제발 좀 벗어나고, 지견을 넓게 가지고 한 번을 봐도 세상을 바로 볼 줄 알고 부처님의 지혜를 가져와서 부처님의 살림살이로 바꾸어 나가는 겁니다. 아이가 자라 몸집이 커지고 나이만 먹는다고 어른이 되는 건 아닙니다. 사리를 분별하여 옳은 결정하는 것을 철났다고 합니다. 철이 난 어른은 사리 판단을 알아 다이몬드 반지를 세 살 아이 손가락에 끼워주지 않습니다. 철이 나 소꿉장난을 하지 않습니다. 재미란 것이 유치하기 때문에 소꿉놀이에서 벗어나는 것입니다.

철들자 죽는다는 속담이 있습니다. 참으로 의미심장한 말입니다. 그 말 그대로 보면 우리 중생은 철나자마자 죽는다는 말이고, 철 못

나고 죽는 사람도 많다는 뜻일 수 있습니다. 몸뚱이는 커지고 쇠락하며 나이는 해마다 자꾸 먹다 보니 육체는 어른이고 노인이지만, 70대 노인도 마음은 아직 어리거든요. 그래 마음은 나이를 먹지 않는다 하니, 몸만 어른이지 우리는 죽을 때까지 불타는 집에서 소꿉놀이 장난감에 빠져 사는 것입니다. 생각 생각들이 아직도 깨어나지 못하고 마음 어디가 망상인 줄 모릅니다. 부처님은 이런 어린 나를 아시고 인도하여 철나게 하려는데 부처님 뜻도 모르고 말귀를 못 알아듣고 살아가는 겁니다.

철나지 않은, 나이 먹어 몸만 큰 어린 아이인 우리 중생을 부처님은 이렇게 비유하셨습니다.

황량한 사막에서 수많은 사람을 이끌고 가는 대장 가이드가 부처님입니다. 처음 출발 전에 사람을 모을 때 대장이 "내가 큰 보물 있는 곳을 안다! 모두 나를 따라 보물을 찾으러 가자"고 하니까 모든 사람들이 따라 나섰습니다. 산도 넘고 강도 건너고 사막에 들어서니 모래에 발이 빠져 걷기 힘들고 낮에는 덥고 밤은 춥고 먹을 물도 부족하고 밤이면 여기저기에서 귀신이 나올 것 같았습니다. 그래 사람들이 불만을 품고 불평하기 시작했습니다. 보물이 있다는 저 대장 말이 거짓말일 거라고 돌아가자고 부추기는 사람도 생겼습니다. 돌아가려고 하는 그 용렬한 꼬락서니를 보고 대장이 물었습니다. "보물을 포기할 만큼 그렇게 힘드냐?" "지금은 힘들고 더 이상은 피로해서 못 가겠습니다." 사람들이 이구동성으로 대답하였습니다. "그러면 좋다. 저기 고비 하나만 돌아가면 너희들이 좋아하는 그런 세상이 있으니 먹고 마시며 쉬다 가자." 너희가 원하는 것이 다 있으니까 저기 고비만 돌아가자는 그 소리에 힘을 내서 사람들은 대장 가이드를 쫓아갔습니다. 한 고비를 넘자 대장 말대로 큰 오아시스가 있는 도시가 있었습니다. 사람들은 몇 날 며칠을 오아시스에서 수영도 하며 잘 먹고 잘 쉬었습니다. 그러자 대장은 "자, 이제 푹 쉬었으니 출발하자"고 하여 사람들을 이끌고 길을 떠납니다. 대장 가이드는 사람들을 위로하기 위한 방편으로 신통으로 만들었던 도시를 변화로 없애 버리고 길을 나섰습니다. 대장 가이드 부처님은 사람들이 지쳐 포기하려고 할 때마다 여러 가지 방편으로 이끌어 사막을 건너고 바다를 건너고 높은 산을 넘어 우리 중생들을 결국엔 보물이 있는 곳까지 끌고 가십니다. 나무 석가모니불 나무 석가모니불 나무시아본사 석가모니불!

이렇게 중생들의 근기에 맞춰 수많은 방편으로 우리를 깨달음까지 이끄십니다. 힘들어하고 고통스러워하는 사람들, 즉 돈 때문에 힘든 사람, 자식이 취직이 안 돼서 어려워하는 사람, 병고가 든 사람들 모두 다 아들 딸이니, '너희들이 원하는 대로 치료해주고 도와주고 돈이 없으면 필요한 만큼 있게 해주고 다 해줄게 따라오기만 해라!' 그러니까 거기까지가 기도해서 여러분들이 받는 가피입니다. 그런 작은 가피를 받고 우리 부처님은 복 주시는 분이고, 은행이고…… 이러면 안 됩니다. 예를 들어 아버지가 무엇이든 원하는 대로 들어주시는 분인데도 '아버지, 죄송하지만 짜장면 한 그릇 사먹게 돈 좀 주세요. 제 소원입니다' 하는 바보 아들과 매 한가지입니다. 부처님께는 '깨달아 대자유에 이르게 해달라'고, 이 정도 큰 소원을 발원해야 합니다.

부처님 제자들 때도 그랬다고 합니다. 부처님 재세 시에 제자들도 화엄경이나 아함경이나 방등반야경이나 이것들이 다인 줄 알았습니다. 그러다 법화경을 설하자 사리불존자, 수보리존자, 마하가섭존자 등 부처님 상수제자들이 한목소리로 '아, 부처님 이것이 정말 다인 줄 알았는데 이게 아니었습니다. 어리석고 제가 참 몰랐습니다', 이렇게 부처님 앞에 가서 참회하고 삼승귀일 일불승법과 부처님이 얻으신 아뇩다라삼먁삼보리심을 찬탄하고 찬탄하며 위없는 깨달음을 꼭 얻겠다고 서원했던 것입니다. 이렇게 부처님은 우리 중생들의 작은 소원이나 존자님들이 무상정등정각無上正等正覺 얻으려는 큰 소원이나 동일하게 다 들어 주시고 원하는 것은 다 이루어 주십니다. 그런 부처님께 짜장면을 말하면 들어 주시지만 안타까워합니다. 우리 중생들이 진실로 믿고 의지하면 중생들을 니르바나라는 열반까지도 데려 가시고 무상정등정각으로 이끌어 주십니다. 믿고 의지하는 것이 부처님의 보편타당한 모든 곳에 내리는 비와 같은 가르침입니다. 이런 믿음으로 부처님께 의지하여 매일매일 한 발 한 발 부처님의 가르침에 따라 실천 수행하는 참 불자로 거듭나길 바랍니다.

합장하겠습니다.

거룩하고 대자대비하신 부처님 감사합니다. 대통지승부처님을 뜻으로 편 화성유품에서 우리를 보고 아시고 인도하시는 부처님을 뵈었습니다. 저희 중생들을 아시고 보시고 인도하시는 부처님, 오늘도 이렇게 중생들이 미혹에 빠져 헤매며 갈애를 느끼고 있으니, 부처님의 지혜 복력으로 이 모든 미혹을 걷어내 주시고 중생들의 삶이 부처님의 삶이 될 수 있도록 도와주시고 인도하여 주시길 바랍니다. 나무 대자대비하신 석가모니부처님, 우리는 이와 같이 함께 공부하고 함께 동수정업하면서 매일매일을 이렇게 살아가고자 합니다. 부처님께 늘 감사하고 항상 부처님을 모시는 불제자로 거듭나기를 서원하며 기도드립니다.

나무 석가모니불 나무 석가모니불 나무시아본사 석가모니불

8

보배 중에 보배가 부처님의 권속이 된다

오백제자수기품

부처님 제자라면 이 점은 늘 기억하고 살아야 합니다. 부처님은 중생 하나하나의 처지와 고통을 보시고 아시고 들으시고 근기에 맞춰 수많은 방편으로 인도하여 결국 구경에 이르도록 이끌어 주신다는 사실입니다.

그런 부처님이기 때문에 우리는 믿고 따르고 의지해도 절대 허망하지 않습니다. 스스로 원하고 이루려고 하는 모든 일들은 부처님이 그 복력과 지혜로서 이루어 주시고, 구경에는 니르바나에 이르는 그런 길로 인도하시는 분이 부처님이십니다. 부처님께 수기를 받은 중생들은 당연히 부처님을 믿고 의지해야 합니다.

제8 오백제자수기품을 보면 미다라니의 아들 부루나존자님이 처음에 나옵니다. 부처님 제자 중 10대 제자를 꼽으면, 수제자인

두타제일 가섭존자, 다문제일 아난존자, 지혜제일 사리불존자, 신통제일 목련존자, 해공제일 수보리존자, 설법제일 부루나존자, 천안제일 아나율존자, 지계제일 우팔리존자, 논의제일 가전연존자, 밀행제일 라홀라존자입니다.

오백제자수기품 첫 머리에 나오는 부루나존자는 설법을 제일 잘한다고 부처님이 인정한 분입니다. 이분을 또 포교제일이라고도 합니다. 설법을 잘한다는 것은 듣는 이들에게 잘 이해시키고 마음을 변화시키고 바른 법으로 이끌어 부처님 앞으로 데려 온다는 뜻입니다.

쿠시나가르에서 부처님이 열반에 든 다음 부루나존자는 포교하려 여러 곳을 다녔습니다. 그러다 지금의 파키스탄과 이란 국경 쪽에서 이교도들에게 순교합니다. 부처님 실제 얼굴이라고 해서 수염 기르고 긴 머리가 굼실굼실한 부처님 그림을 본 적 있을 겁니다. 그 그림이 근대의 고고학자들이 부루나존자님의 무덤을 발굴하여 품속에서 찾아서 복원한 그림이라고 합니다. 그분이 품에 소중히 간직했다면 실제 부처님 초상화라고 추측하는 것입니다. 지금 얘기하는 오백제자수기품에서 부처님은 부루나존자님을 "나의 가르침을 보호하고 지키며 나를 도와 법을 연설하고 펼쳐서, 사부대중에게 잘 보여주고 가르쳐 이롭고 기쁘게 한다"고 했습니다. 또 부루나존자가 현세에 이런 도과道果를 얻은 것은 지난 과거세상 구십억 여러 부처님 처소에서도 정법을 보호하고 지켰으며, 부처님을 도와 정법을 연설하여 펼친 결과로 지금에 이르렀다고 말씀하십니다.

부처님이 부루나존자를 이렇게 칭찬하고 검증한 이유는 묘법연화경을 들으며 찬탄하고 찬탄하며 오직 부처님 세존만이 우리들의 마음속 깊이 자리한 근본 서원까지도 능히 아실 수 있다고 발원하였기 때문입니다. 우리들도 이러한 마음을 내어 부처님의 수승한 법을 기쁘게 찬탄하고 찬탄해야 부처님께 특별한 수기를 받고 가피를 받아 공부가 수월해지는 겁니다.

부처님은 부루나존자에게 점점 보살도를 구족하여 아승기의 오랜 세월이 지나서 어느 때에 아뇩다라삼먁삼보리심을 얻어 부처가 되리라고 수기를 주셨습니다. 그 부처님이 다스리는 세계를 설명하시며, 그 세계 중생들은 두 가지 음식을 먹는데 법의 기쁨에서, 선정의 기쁨에서 오는 음식이라고 하셨습니다. 떠올리기만 해도 희유하고 기쁜 세계입니다. 우리가 이번 생에 단박에 무상정등정각 위없는 깨달음을 얻어 부처님이 되는 분이 없다고 할 수는 없지만, 부처님 당시 십대제자 한 분이던 설법제일 부루나존자 같은 분도 아승기를 지나 부처를 이룬다 했으니, 아직도 불타는 집에서 빠져 나오지 못한 우리 중생의 근기로는 참으로 길게 보고 가야 할 길임을 명심해야 합니다.

우리도 부처님 제자로서 그 말씀에 따라 살다 보면 즉각적으로 알아지는 것들이 있습니다. 지혜가 증장되는 한 단면일 뿐인데 어떤 수행자들은 그것을 깨달음으로 착각하여 할을 하고 방을 하고 어깨에 힘이 들어갑니다. 그건 자기 최면일 경우가 많습니다. 혹여 우리들에게 그런 경계가 온다면 어리석은 교만으로 드러내지 말고 부처님 경전에서 근거를 찾아 밝히고 안에서 바른 마음으로 증장시켜야 합니다. 우리들도 깨달았다고 큰소리치는 사람에게 현혹되면 안 됩니다. 현혹 안 되는 것이 그런 착각도인들을 도와주는 것입니다.

영취산 법화경 법회에 있던 마음이 자재한 천이백 명의 아라한들은 부처님이 부루나존자에게 마정수기를 주시는 걸 보고는 기뻐하고 찬탄하며 자신들에게 부처님이 수기를 주시면 얼마나 좋을까 발원합니다. 그런 아라한들의 마음을 아시는 부처님은 대중 가운데 큰 제자 교진여 비구에게 앞으로 보명여래 부처님이 될 것이라는 수기를 주십니다. 아악교진여존자는 부처님이 싯다르타 태자 시절 왕궁을 나와 힌두교 수행으로 난행고행을 할 때에 함께 수행을 했던 다섯 수행자 중의 한 분입니다. 고행을 포기한 싯다르타 태자를 버리고 떠났던 다섯 수행자는, 사르나트 녹야원에서 부처님께 고집멸도 사성제四聖諦 첫 설법을 듣고 귀의하여 처음 승가僧家를 이룬 분들입니다. 교진여존자는 부처님 앞에서 깨달음을 검증받을 때에 본인이 아라한으로 깨달아 아는 수행 방법을 객진청정자성신客塵淸淨自性身으로 하였다 밝히셨습니다. 객진은 손님과 먼지로, 이 분은 번뇌를 객진으로 보았습니다. 손님은 잠시 머물다 떠나가지만 주인은 그곳에 있고, 먼지는 햇빛에 비쳐 허공에 가득하지만 가라앉혀서 걸레로 닦으면 없어지듯, 마음을 닦아 스스로 청정한 경지를 깨달았다고 합니다. 이런 수행으로 교진여존자는 다섯 비구 중에 제일 먼저 깨달았습니다.

부처님은 교진여 비구를 시작으로 천이백 아라한들에게 수기를 주시는데, 오백 명에게만 수기를 주신 것으로 나옵니다. 이렇게 부처가 된다는 수기를 받은 분들을 우리들은 오백 나한이라 해서 나한전羅漢殿에 모시는 것입니다. 여기서 우리가 집고 넘어 가야 할 것은, 천이백 아라한 중에 오백 나한을 제외한 700분들은 왜 수기를 못 받았느냐는 것입니다. 아마도 때가 이르지 않거나 다른 이유가 있을 것입니다만, 우리도 부처님을 말씀대로 믿고 의지하며 계율을 지키고 남에게 보시하고 살지 않으면 다음 단계로 나가지 못하고, 700아라한처럼 진급 못하고 유급되는 겁니다. 회사에서 입사동기들은 진급하는데 자기만 만년 대리면 참 죽을 맛일 것입니다. 그렇게 되기 전에 하루하루 부처님을 믿고 의지하며 열심히 살아야 합니다. 부처님을 믿는 마음, 신심제일信心第一은 자기 자신을 믿는 것입니다. 자기 자신이 부처님 자녀로 부처님 아버지의 유전자를 가지고 있고 아버지의 모든 것이 내 것이라는 확신을 가져야 합니다.

부처님께 수기 못 받은 700아라한들은 아마 의기소침하였을 것이고, 몇몇 분들은 울었을지도 모릅니다. 농담이지만 아라한과를 얻었다 하더라도 인간 몸이면 진급 탈락한 분들이 운다고 무슨 흠이 되겠습니까. 물론 제 농담입니다. 마정수기, 부처를 이루리라는 제일 기쁜 일에 오백나한들은 자신들의 어리석음과 부처님의 마음을 비유로 찬탄하고 참회합니다.

가난한 사람이 친구를 찾아갔다가 술에 취해 잠이 들었습니다. 새벽에 일을 나가며 집주인 친구는 깊이 잠든 가난하고 불쌍한 친구 품에 값으로 따질 수 없는 귀한 보배구슬을 넣어 주었습니다. 잠에서 깨어난 가난한 친구는 세상을 돌아다니며 자기 품에 귀한 구슬이 있는 줄도 모르고 밥을 빌어먹으며 살았습니다. 걸식이 잘 된

날은 기뻐하고 걸식이 안 되는 날에는 배고픈 고통에 시달렸습니다. 그렇게 세월이 지나다 보배를 준 친구를 다시 만나게 되었습니다. 여전히 걸식하며 고생하는 친구를 보고는 한탄하여 말합니다.

"이 한심한 사람아! 어찌 아직도 옷과 밥을 빌어먹고 사는가. 내가 자네를 고생 그만하고 편히 살라고 보배구슬을 자네 옷 안주머니에 넣어주지 않았던가. 자네는 그것도 모르고 이리 고생하며 궁색하게 살고 있으니, 아 정말 바보가 따로 없지 않은가! 지금 당장 이 보배를 팔아서 쓰고 싶은 만큼 맘대로 쓰면서 행여 부족한 것이 없도록 하게나!"

우리 중생도 마찬가지로, 우리 안주머니 속에 부처님이 주신 여의주 같은 귀한 보물이 있는데도 불구하고 문전걸식, 밥 빌어먹는 게 우리 중생살이입니다.

오백나한들은 덧붙여 "부처님은 늘 저희들에게 일체지를 알아야 한다고 마음을 내셨지만 저희는 늘 잊어버리고 알지 못하고 깨닫지도 못한 채, 이미 아라한 도를 얻었으니 공부 다 끝났다고 착각하였다"고 고백하고 참회하였습니다. 그러자 부처님은, "너희들이 얻은 것은 궁극의 완전한 열반이 아니고, 너희들에게 부처를 이루는 선근善根을 심게 하려고 방편을 써서 일부러 열반의 상태를 보여 주었을 뿐인데, 너희들은 실지로 열반을 얻은 줄로 착각했다"고 말씀하십니다. 이런 말을 하시며 부처님도 제자들이 철난 걸 보고 기뻐셨을 겁니다. 아라한과를 얻은 것이 착각이 아니라, 거기가 끝이라는 어리석음에 속아서 착각을 일으킨 것이 잘못이라는 부처님 말씀입니다.

부처님이 어떤 분이시냐 하면, 때가 되어 스스로 알기를 기다리는 부모의 마음입니다. 초등학생에게 대수학이나 기하학을 알려주어도 알 수 없으며, 때가 되어야 알 수 있는 것입니다. 우리 중생이 부처님을 믿고 의지하고 한 발 한 발 나아가며 우선 급하게 불타는 집에서 빠져나와야 합니다. 아라한과를 얻은 분들은 이미 윤회의 사슬을 끊은 분들입니다. 그런 분들도 700명이나 부처님에게 수기를 못 받고 자신들이 얼마나 어리석었는지 참회합니다. 우리가 기도나 절, 참선 좀 하고 살짝 맛본 것을 전부인 줄 알아 어리석은 교만에 빠져 어깨에 힘이 들어간 순간 그 사람은 부처님의 바른 공부 길에서 삼천대계만큼이나 멀어져 누누漏漏 생생生生, 이제까지 힘들게 온 험난한 길을 되풀이해야 합니다. 그 얼마나 불쌍합니까. 법화경 오백제자수기품을 통해 우리 중생에게 주시는 가르침은 어리석게 교만, 자만하지 말고 수행해야 한다는 것입니다. 앞서 수차례 말했듯이, 우선은 불타는 집에서 장난감 소꿉놀이에 빠져 살지 말고 부처님 아버지의 빨리 나오라는 목소리를 들을 수 있게 정신을 꼭 차리고 살아야 합니다.

우리가 흔히 부처님을 따라서 살겠다고 늘 갈망하고 열망하며 그렇게 살고 싶다고 하지만 사실은 다릅니다. 불타는 세상의 장난감 성능이 좋아서 우리 바른 의식을 전도시켜 바꾸는 것은 일도 아닙니다. 명품 가방 들고 비싼 외제 차 끌고 다니며 '난 너희들과 달라!' 하며, 교만한 얼굴로 물질에 혹하여 사는 것을 세상은 성공했다고 합니다. 이런 게 세상 장난감 소꿉놀이입니다. 우리가 솔직히 그렇게 사는 사람들을 부러워하고 막 쫓아가고 따라하고 싶다면 우리도 이미 마음은 장난감 놀이에 빠져 사는 것입니다.

 그런 잠재성향은 삶의 가치를 왜곡시키는 불타는 세상 장난감의 힘입니다. 마음의 부자로 떵떵거리며 살고 싶은 거지가 현재 아무 것도 없다고, 나는 무소유의 삶을 살고 있다고 하는 것이 얼마나 우습습니까. 그런 거지가 우연히 로또복권 같은 걸로 횡재를 한다면 큰 집을 사고 큰 차를 끌고 매일 잘 먹고 살 겁니다. 우리 중생 속에 잠재된 어리석은 탐욕은 상황이 주어지면 불타는 연료로 세상과 함께 타오르는 것입니다. 부처님 제자로 살려면 바르게 세상을 살아야 합니다.

 돈이 나쁜 게 아닙니다. 인간의 편리한 생활을 위해 개발된 것이 돈입니다. 집착하고 탐착하는 사람이 문제입니다. 드물지만 모은 재물을 잘 쓰는 멋진 부자들도 간혹 있습니다. 자기들 사는 동네 일원에는 굶는 사람이 없어야 한다고 곳간을 개방하여 쌀을 나누고 구휼하는 가훈을 가진 경주 최 부잣집이 그렇고, 독립운동하려고 어마어마한 모든 재산을 정리하여 만주로 간 석주 이상룡 선생님 집안도 있고, 근래 들면 유한양행을 만든 유일한 선생도 있습니다. 돈은 남을 위해 쓸 때 가장 값어치를 가집니다. 몇 백만 원 하는 비싼 명품 가방 들고 구걸하는 사람 옆을 본체만체 폼 잡으면 지나가는 인생이 불쌍합니다. 우리가 술, 노름, 쇼핑, 명품 자랑질 등등에 중독자가 생기는 이유는, 사는 게 허망하고 외롭고 힘들고 사람들과 갈등하고 어디로 갈지 방황하고 자기 자신을 찾지 못하기 때문입니다. 외롭다 힘들다 좋았다가 웃었다가 우울증이 되고 조울증이 되고 헛소리를 하고 난리를 피우다가 자살하는 사람도 많습니다. 우리나라에서 36분에 한 명 꼴로 자살을 한다니 이런 나라에서 사는 책임을 느낍니다.

마음이 문제고 마음을 다스리는 삶의 해답은 부처님 법이 가장 빠른 즉효약입니다. 정신치료를 해주는 곳이 바로 불당이고 법당이고 부처님의 가르침입니다. 고요하고 고즈넉한 절에 와 혼자 가만히 절하고 기도하며 부처님의 가르침대로 살다 보니 마음에 양식이 쌓이고, 이제까지 세상을 삐딱하게 보고 모든 일에 부정적이고 갈팡질팡하던 사람이 밝아지고 맑아져 모든 일에 희망을 가지고 긍정적으로 바뀝니다. 이게 요즘 말하는 힐링입니다.

부처님을 아직 모르거나 다른 종교의 신자라도 세상 스트레스에 머리 아프고 미칠 것 같으면 술을 마시거나 다른 짓거리로 풀려고 하지 말고 고즈넉한 절에 오면 고요한 풍경에 알게 모르게 미친 말처럼 뛰던 마음이 덩달아 고요해집니다. 시내에 절이 있지만 대개 산에 있는 사찰들은 오르내리는 길 풍광이 좋습니다. 절하기 싫으면 법당에 안 들어가고 인사 안 해도 됩니다. 그래도 마음에 걸리면 부처님께 처음 뵌다고 살짝 목례하세요. 스님 만나도 합장 안 해도 됩니다. 마찬가지로 고개 숙여 살짝 인사하세요. 그런다고 뭐라고 말할 스님들 없습니다. 요사채 어느 마루에 앉아 바람이 지나가며 덩그렁대는 풍경소리를 들어 보세요. 그리고 우연히 공양시간이면 밥 한 그릇 하세요. 고기반찬은 없어도 대개 직접 농사지은 야채와 직접 담은 장으로 손 맛 좋은 보살님들이 만든 건강한 밥 한 그릇 꼭 드시고 가시기 바랍니다. 이게 마음에서 몸으로 이어지는 진정한 힐링입니다.

몸에 병이 오기 전에 정신에서부터 병이 먼저 온다고 하고, 정신보다 먼저 마음의 힘을 잃으면 정신에 병이 든다고 합니다. 쉽게 말하면 번뇌 망상이 많으면 안팎으로 병이 든다는 말입니다. 의사들이 말하는 게, 암세포는 모든 사람이 가지고 있다고 합니다. 어떤 이유로 암세포가 백 개가 넘어가면서 불어나기 시작하면 초기증상이 나타나는 것이랍니다. 그러나 사람은 자가 치유능력이 있어서 잠을 푹 자거나 즐겁고 행복하면 신경 전달 호르몬인 도파민이 형성되어 암세포를 늘어나지 않게 하거나 사라지게 한다고 과학자들이 이야기합니다. 암의 요인인 암세포를 백 개 이하로 유지하면 건강하게 사는 거고, 더 늘어나면 암에 걸리는 겁니다. 실제 건강하려면 암세포가 활성화 안 되게 건강 조건을 만들어야 합니다. 스트레스로 짜증이 나고 힘이 들고 괴롭고 갈등하여, 우리 표현으로 허파가 뒤집어지면 암세포가 활성화됩니다. 즐겁고 행복해야 나오는 도파민이 적거나 안 나오니 암세포가 기하급수로 번식하는 겁니다. 도파민이 많이 나오게 해야 합니다. 물론 공장에서 만드는 합성 도파민이 있지만 이런 종류는 효과도 적고 우리 머리에서 행복감으로 만드는 것에 비할 바가 아니라고 합니다.

그러면 인간은 어느 때 가장 행복할까요? 먼저, 술 먹고 마약하고 노름하면 잠시 행복하지만 술 마시면 뒷날 그보다 더 많은 스트레스가 오고 마약도 깨고 나면 금단증상에 괴롭고 노름도 잃으면 스트레스 엄청 받습니다. 명품 가방 사 들고 자랑하러 다니는 것도 며칠이면 시들해지고, 남이 든 새 가방 보면 질투 나고 또 사고 싶어 스트레스를 받습니다. 칭찬은 고래도 춤추게 한다는 말이 있듯이, 인간은 남에게 인정받고 성취감을 느끼며 행복해합니다만 성취감은 시간이 지남에 따라 사라지고 세상의 인정을 받는 것도 시간 따라 흘러가는 겁니다. 이는 사업을 하거나 직장에서 일하는 부류입니다. 그래도 술 먹고 노름하고 마약하고 명품 가방 사는 것보다는 윗길입니다. 그 다음 단계는 불타는 세상에서 종교에 가까운 작업, 음악, 미술, 문학 등등 몰입하는 창작 작업은 성취감이 큽니다만, 작업이 안 될 때 그리고 자신이 애착하는 창작물이 비판 받고 비난 받을 때 환장하여 자살하는 예술가들도 있습니다. 그 다음 단계는 남을 위해 봉사하며 사는 분들입니다. 고아원을 하고 장애인을 돌보고 등등, 이런 일을 업무로 하는 분들은 대부분 종교인들이 많더군요. 자기를 버리지 않으면 할 수 없는 보살행입니다만, 어떤 이유인지 원생을 학대하는 인간들도 있지만 옳고 바르게 봉사하며 보살행을 하는 분들이 많다고 믿습니다. 남을 돕고 보살필 때 기쁨과 행복이 두 번째로 큽니다. 그러면 어떤 일을 할 때 사람은 가장 행복하느냐? 신神에게 의지하는 천주교, 기독교, 이슬람교, 힌두교는 신과 합일하면 가장 행복할 것이고, 신이 없음을 아는 부처님 제자들은 부처님의 법을 깨달았을 때 가장 행복할 것이니, 그 기쁨과 환희는 경험해 본 사람만 알 수 있습니다.

이렇듯 인간은 누구나 최고로 행복할 수 있는 존재로서 권리와 조건을 다 가지고 있습니다. 그 이유는 부처님이 신神이 아니라 인간의 몸으로 위없는 깨달음을 성취하셨기 때문입니다. 나와 똑같은 인간의 몸으로 성불하신 부처님이기에 진실로 우리가 그 길을 따라 가는 것입니다. 그런 분을 내가 믿고 따르고 의지하고 거기서 찬탄하고 공경하고 공양하면 그것이 최상의 행복인 줄 우리는 알아야 합니다. 이런 삶의 태도가 앞서 제6 수기품으로, 수기를 받고 제8 오백제자수기품에서 높은 경지의 수기를 다시 받은 겁니다. 의심은 믿음의 적입니다. 믿고 의지하는 것은 모든 것을 내 맡기는 것입니다.

부처님 앞으로 가려면 내가 사는 세상을 먼저 알아차려야 합니다. 불타는 세상에서 장난감 소꿉놀이를 하고 앉아 있는 걸 알아차려 첫 번째 염리심厭離心과 출리심出離心을 내어야 합니다. 끝없이 육도윤회하며 끝없이 고통 받으면서도 배고픈 아귀가 자기 살을 뜯어 먹는 것처럼 불타는 집에서 벗어나지 못하는 자신에게 지겨운 염증을 내고 이곳을 벗어나 탈출해야 한다는 마음을 간절히 가져야 합니다. 염리심은 죽는 것보다 더 지겹고 지겨움을 말합니다. 염리심의 염자는 싫을 염厭이지만 소금 염鹽자를 더하여 염염리심鹽厭離心이라 해도 무방하고, 뜻이 더 확실할 듯합니다. 소금이 만들어지는 염전에 한여름에 가면 지옥이 따로 없습니다. 그 뜨거움 속에 엉겨 떠다니는 소금을 모으는 작업을 하는 사람들의 고된 노동을 보면 염염증鹽厭症이 나더군요. 출리심은 그런 불타는 세상에서 벗어나 탈출하겠다는 의지를 말합니다.

우리는 가끔 철새를 탑니다. 철새가 무슨 새인가 하면 비행기를 말합니다. 철로 만든 새 아닙니까. 옛날에 어느 스님이 한소식 하셔서 무쇠소가 하늘을 난다고 오도송悟道頌을 하셨는데, 아직 무쇠 소는 날지 못하지만 쇠로 만든 새는 한 번에 대략 오백 명씩 싣고 다닙니다. 누구도 부인할 수 없게 과학과 물질의 도道가 터진 시대입니다. 티베트에 불교를 전한 연화생蓮花生 파드마 삼바바 구루 린포체는 1,200년 전에 쇠로 만든 새가 하늘을 날고 쇠로 만든 말이 땅을 달릴 때 티베트 사람들은 개미처럼 흩어지고 얼굴 빨간 사람들에게 부처님 법이 전파된다고 예언하셨다고 합니다. 얼굴 빨간 사람들은 서양을 말하고, 티베트가 중국에 점령당해 달라이 라마 존자는 인도로 망명하고, 많은 티베트 스님들이 전 세계에 퍼져 불교가 전파되었습니다. 철로 만든 철마鐵馬, 기차를 타고 갈 때는 모르지만 철새를 타고 하늘을 날아가며 아래 땅을 보면 사람은 보이지도 않고 집들이 모래알 개미집처럼 보입니다. 그 속에서 산다고 뻐그덕거리고 욕보고 힘들고 지지고 볶고 싸우고 그런 꼬락서니로 복닥복닥 살아가는 인생이 참 보잘것없고 한심하지 않습니까? 철새 타면 그런 소리를 하다가도 땅에 내려오면 다 잊어버리고 지지고 볶고 사는 겁니다. 비행기에서 내려다볼 때 간직한 마음을 염리심, 출리심으로 밝혀 평생 가져가면, 부처님 권속으로 잘 살 수 있는데 그런 기회를 우리는 늘 놓치고 삽니다.

이 오백제자수기품에서 우리가 거듭 거듭 새겨야 할 것이 아라한 존자들의 참회입니다. 아라한과를 얻어 윤회의 사슬을 끊고 열반지경을 얻었으니 공부 다 했다고 자만하다가, 부처님의 위없는 깨달음에 관한 설법을 듣고 참회하고 무상정등정각을 찬탄합니다. 스스로 정신 차리기를 기다리는 부처님의 마음을 모르고 아직도 불타는 육도윤회 집에서 소꿉놀이하는 우리는, 부처님과 이웃들에게 겸손할 줄 모르고 하심할 줄 모르고 제 잘난 맛에 조그만 것 얻었다고 목에 힘주고 남 무시하고 사는 모습을 스스로 살펴보며 뼈를 깎는 참회를 해야 합니다. 이런 참회 없이는 죽을 때 후회합니다.

육도윤회 불타는 이 세상에 살고 있는 것으로도 부끄러워해야 하는데, 잘난 척하는 우리는 근기는 도대체 무엇입니까? 빨리 정신 차려 참회해야 합니다. 우리가 전생에 공부 잘했으면 태어나지 않았고, 공덕과 복덕이 많았으면 다시 세상에 와도 높은 공부하고 있을 것입니다. 부처님이 중생의 근기에 대해 층층이 이야기했습니다. 하근기, 중근기, 상근기로 나누고, 또 각각을 상중하 셋으로 나누어 3×3=9해서 구품연대九品蓮臺로 말씀하셨습니다. 최고 상근기를 상근기상품이라 해서 구품연대 상품상생이라고 하셨습니다. 아미타부처님이 계시는 극락정토로 아미타부처님이 만드신 연화세계입니다. 극락정토는 자비로운 아미타부처님이 부처님을 믿고 의지하고 염불하는 중생을 위하여 만드신 보토報土입니다. 극락정토에 왕생하는 사람이 거하는 연화대蓮花臺 세상을 아홉 가지 등급(九等)으로 나누어 중생이 죽은 후에 평생의 업력에 따라 등급에 맞는 곳으로 간다고 합니다. 상근기 상품상생은 금강대金剛臺, 상중품은 자금대紫金臺, 상하품은 금련대金蓮臺, 중근기 중상품은 연화대蓮花臺, 중중품은 칠보연화七寶蓮華, 중하품은 경에 밝혀 있지 않고, 하근기 하상품은 보련화寶蓮華, 하중품은 연화, 하하품은 금련화유여일륜金蓮華猶如日輪으로 맨 아래 하근기 하하품下下品은 큰 연꽃 집에서 산다고 합니다. 관무량수경觀無量壽經에 보면 아미타부처님 극락정토에 관하여 자세히 나와 있습니다.

이 세상 살아 있을 때 부처님을 따라 공부 잘하고 공덕과 복덕을 많이 지어야 극락정토로 가도 대우 받습니다. 구품연대는 극락정토 연화세상을 표현하면서 지금 세상사는 사람들의 근기를 두고 이야기하는 것입니다. 우리들의 지견을 보고, 어떠한 마음으로 어떻게 사는가, 이 잣대가 아마도 근기일 겁니다. 예를 들어 사는 행태가 아직 초등학생도 안 된 아이에게 집문서 땅문서 다 맡기며 집안 살림 하라고 할 수는 없지요. 사탕 하나에 집 팔고 논 팔 겁니다. 나중에 초등학생을 넘어서 고등학교, 대학교 나오고 셈을 알 때 그걸 주게 돼 있다 이거죠. 자기 근기를 아는 건 교만하지 않아야 실제가 드러납니다. 유치원생이 아버지 유산을 받겠다고 설치며 잘난 척하면 저 바보 같은 녀석이라고 혀를 끌끌 찰 겁니다. 대학교를 졸업하고 취직도 하고 결혼도 하여 한 가정을 이끌 능력이 되었을 때 비로소 유산으로 집문서 땅문서를 물려주는 것이 바른 도리 아닙니까.

제8 오백제자수기품을 보면 아라한과를 얻은 1,200분 중에서 700분은 아직 때가 아니라 더 기다리라 하고, 때가 되면 부처님으로 일가를 이룰 수 있는 500나한에게만 마정수기를 주시며 머리를 쓰다듬어 주십니다. 알에서 새끼가 나오려 할 때 어미 닭이 급한 마음에 빨리 나오라고 알 껍질을 깨면 새끼는 죽어버리든가 살아도 부실합니다. 어미는 딱 적당한 때에 알을 쪼아주어 새끼가 세상에 나오게 해야 합니다. 이렇듯 윤회를 끊은 아라한들도 때가 되어서야 부처님은 가르치십니다. 하물며 불타는 집에서 빠져나오지 못하고 소꿉놀이에 빠져 있는 우리들이 부처님 앞에서 건방을 떠는 건 유치원생이 집문서 달라는 것과 다르지 않습니다.

우리 중생은 고통을 겪을 수밖에 없는 조건을 스스로 만들어 육도윤회를 합니다. 정확히 말하면 우리가 벗어나려고 애쓰고 애써야 하는 불타는 이 세상이 우리가 공부해야 하는 학교입니다. 고통을 받아야 뼈아프게 염리심을 내고, 고통의 원인이 집착임을 체득해 알아 없애려는 굳은 결심을 하는 것입니다. 온실 속에서 자란 식물은 쭉쭉 잘 크지만 온실 밖에 내 놓으면 그 길로 시들어 버립니다. 알은 온실이고 알을 깨고 나오려는 의지가 없이 편안한 알 속에만 있으려는 새끼는 어미 새가 알을 깨 준다고 살 수 없습니다. 처음부터 들판에서 춘하추동 사시절에 비올 때 비 맞고 눈 올 때 눈 맞아 가면서 고통 속에서 힘들게 일어선 나무는 뿌리 깊은 나무가 되는 겁니다.

부처님이 인간 몸으로 위없는 깨달음을 얻으신 본을 보여 주셨기에 우리 인간 모두는 부처가 될 수 있는 종자種子, 씨앗이 있습니다. 우리 중생이 왜 부처님을 아버지라고 부를 수 있느냐면, 인간이셨기에 그리고 아승기 겁 넘어 시초부터 모든 중생을 구하여 해탈로 이끄신다는 서원을 하셨기 때문입니다. 우리는 '지금이 마지막이다, 지금밖에는 공부할 기회가 없다'고 절박한 마음을 가져야 합니다. 그래야 시간낭비, 인생낭비하지 않기 때문입니다.

공부길 수행차제는 부처님을 믿고 의지하며, 중생의 근기에 맞게 내려주신 팔만사천법문에서 자기 근기를 살펴 공부 길을 잡아야 합니다. 제5 약초유품에 보면 부처님은 삼천대천세계 모든 땅에 내리는 비로 법을 비유하시면서, 같은 땅에 자라 같은 비를 맞으면서도 자라는 것이 틀리다는 근기를 말씀하시며, 삼승귀일三乘歸一 일불승一佛乘으로 모든 공부는 근기에 맞춰하면 되는 것이지 높고 낮음이 없다고 결론을 내어 주셨습니다. 그러므로 우리는 일승, 이승, 삼승 세 가지 공부 길이 하나이니 자기 근기를 살펴 공부를 지어나가면 되는 것입니다. 부처님을 믿고 의지하여 스스로 공부 길을 잘 찾아가는 분들도 계시겠지만 어느 경전을 공부의 근본으로 삼아야 하는지, 어떻게 공부해야 하는지 궁금한 점은 스님들께 상의하는 것이 좋습니다. 처음은 부처님을 믿는 신심을 투철하게 하며 숨김없이 솔직하게 내 모든 것을 드러내 의지해야 합니다. 어린 아이는 부모를 믿고 의지하지 않으면 살아남기 힘듭니다. 누워 자라서 기어다니다 걸음마를 하고 뛰어다니고 유치원 초등학교 중고등하교 대학교를 거쳐 결혼하여 어른이 됩니다. 공부 길도 이와 같이 단계를 거쳐 올라갑니다. 그 차례를 거치지 않고 가는 수행자들은 아마도 전생에 많이 닦아 온 최상근기일 겁니다. 대부분은 우리 인생처럼 순서대로 자라는 것이 공부 길입니다.

가정에는 힘들고 어려워도 내 자식 어떻게 하든지 바르게 키우겠다는 마음을 가진 엄마가 필요한 것이고, 그런 자식이나 아내를 책임져야겠다는 마음이 남편인 가장에게 필요한 것입니다. 일가친척一家親戚의 척자는 쌓일 척입니다. 현생에 많이 만난다는 뜻도 있겠지만, 좋든 나쁘든 전생의 많은 인연으로 모인 것입니다. 내 형제로 왔고 내 부모로 왔고 내 자식으로 왔고 내 서방으로 왔고 사돈에 팔촌으로까지 인연으로 왔는데 불편한 일이 벌어졌다고 누굴 원망하겠습니까. 밖에서는 남 눈치보고 말대꾸도 못하는 사람이 집에서는 술만 취하면 아내와 아이들을 때리는 못난 인간들도 있습니다. 그래서는 안 됩니다.

수신제가치국평천하修身齊家治國平天下라는 말은 먼저 자신을 닦고 집안 간수 잘하고 그 후에 나라와 천하를 다스린다는 말입니다. 지금 세상은 자기 마음 못 닦고 집안 단속 잘못해서 패가망신하는 사람이 얼마나 많습니까. 대표적으로 정치인들이 그랬습니다. 자기부터, 그 다음 가정을 다스린 연후에 큰 뜻을 품어야 하는데, 도둑이나 사기꾼 같은 인간들이 성공할 요량으로 정치를 하니 대한민국이 이 모양 이 꼴입니다. 나라를 다스리는 정치는 관세음보살처럼 자비스럽고 문수보살처럼 지혜로움을 닮고자 마음먹고 수행하는 사람이 해야 합니다.

마음공부 잘하는 한 집안의 가장은 '모두 내 죄이고 내 업이고, 전부 내가 지어놓은 사슬과 올가미에 걸려 생긴 일이니 내가 부처님을 믿고 의지하여 해결하겠다'고 현명하게 대처해 나가야 합니다. 아내의 원뜻은 '안해'입니다. 집안의 찬란한 해라는 말입니다. 그러니 '안해'도 현명하게 모든 걸 '내 남편이 잘못한 게 아니고, 내 아버지 어머니가 잘못한 게 아니고, 내 자식이 잘못한 게 아니고, 벌어진 경계는 나로부터 일어났다'고 생각해야 합니다. 현세 석가모니 부처님을 음해하고 여러 번 죽이려는 제바달다에게 부처를 이룬다는 수기를 주시는 부처님의 대자대비하심을 우리들은 생활 속에 적용하여 모든 일들을 인드라망으로 보아서 모든 것을 용서할 줄 알고 이해할 줄 알며, 원수가 나를 키우는, 경계들이 나를 키우는 스승으로 삼아야 합니다.

말했다시피 제가 두메산골 출신입니다. 제 어머니 아버지는 묵묵하게 열심히 일을 하셨지만 그런데도 맨날 가난하고 형제들이 많으니까 보리밥도 배불리 못 먹고 살았습니다. 그렇다 보니 일찍이 저를 절에 보냈습니다. 절에서 살면서도 어려서 못 먹고 못 입고 못 산 습 때문에 눈칫밥 먹고 코치밥 먹고 자라서 아마도 제 성격이 이렇게 까칠한가 봅니다. 지금은 가난해서 밥 굶는 아이들이 그리 많지 않고, 오히려 주전부리하느라고 밥 안 먹어 걱정하는 부모들이 많은 풍족한 세상입니다.

제가 절에서 눈치코치 밥 먹고 자라서 까칠한 성격이라는 것은 거지반 농담입니다만, 요즘 가정에서 싸우는 부부가 많고 이혼율이 높으니 밥상머리에서 많이들 싸울 겁니다. 제 어릴 때는 가난하여 눈치코치 밥 먹었지만 요즘 아이들은 부모가 불화하며 싸우는 통에 눈치코치 보며 슬픔의 밥을 먹습니다. 그렇게 눈물 흘리며 자란 아이들은 마음에 상처가 오래가고 부정적인 영향이 많아 삶이 어려울 수 있습니다.

부모가 되어 자기 감정 하나, 스트레스 하나 스스로 풀어내지 못하고 가정이 불화하는 것은 몸뚱이만 자란 어린아이입니다. 우리 중생들 생활이 대부분 이럴 것입니다. 가정이 잘 돌아가면 우리 대한민국 사회가 이런 모습이 아닐 것입니다. 우리 모두가 정신 차려야 합니다. 방법은 부처님을 믿고 의지하여 참회하는 것입니다. 참회하고 반성하면 마음이 편안해지고 습관이 바뀝니다. 습관이 달라지면 생활이 달라지고, 이제 부처님이 싫어하는 일, 공덕이 되지 않는 일은 자연스레 하지 않게 되고 가족과 주위가 행복해지는 일을 즐겨하며, 부처님 앞에서 함께 공부하며 업력을 정화합니다. 부처님을 믿고 의지하는 퍼센트가 100퍼세트가 될 그 어느 때까지

지치지 말고 서두르지 말고 어리석게 자만하지 말고 교만하지 않아야 합니다. 아라한과를 얻어 윤회의 사슬을 끊고 공부 다 했다고 자만하던 오백나한들도 부처님 앞에서 참회하고 다시 공부 마음을 내는 모습에서 우리는 교훈을 삼아야 합니다.

🙏 합장하겠습니다.

거룩하신 부처님 감사합니다. 오늘도 오백제자수기품에 부루나존자를 위시한 오백제자에게 수기를 주실 때 나보다 나를 더 사랑하신 부처님이요, 나보다 나를 더 아끼시는 부처님이요, 나보다 나를 더 염려하시는 부처님을 알았습니다. 우리 중생 한 사람 한 사람을 보시고 들으시고 아시고 근기대로 인도해 주시는 부처님 앞에 지난 죄를 참회하고 찬탄 올립니다. 오늘도 신해행증을 중심으로 믿고 따르고 의지하고 찬탄하며 부처님이 가신 그 길을 도반들과 함께 동수정업하는 제자로 살아가길 서원합니다.

나무 석가모니불 나무석가모니불 나무시아본사 석가모니불

9

인생에 있어서 버려야 할 것과 잡아야 할 것

수학무학인기품, 법사품

요사이 참 좋은 계절로 장미나무들이 꽃을 피워 장미꽃이 만발하였더군요. 더불어 산 중턱마다 아카시아꽃이 우유빛 이불을 깔아놓은 듯합니다. 가득 핀 장미꽃과 아카시아꽃을 보며 모든 불자님들의 어려움들이 꽃향기에 실려 다 날아가 평안하시길 바랍니다.

원효 스님은 부처님 법을 이렇게 자연을 통해 드러내셨습니다.

청산첩첩미타굴靑山疊疊彌陀窟이요
창해망망적멸궁滄海茫茫寂滅宮이라
욕식불조회광처欲識佛祖回光處이면
일락서산월출동日落西山月出東이어라

푸른 산 첩첩 골짜기마다 아미타부처님의 동굴사원이요
푸른 바다 아득한 곳까지 모두가 부처님의 적멸궁전이라.
부처님들의 회광처를 알고자 사무친다면
서산에 해 지니 동산에 달 오른다.

스스로 그러한 자연을 보고 자연과 더불어서 동화되지 못하는
삶은 죽은 삶입니다. 우리 인간도 자연입니다. 정확히 자연을 구성
하는 한 가지 요소로 전체 퍼즐의 하나의 퍼즐조각입니다. 만물은
하나입니다. 왜냐하면 모든 존재는 지수화풍地水火風 사대요소로 이
루어졌기 때문입니다. 사람의 몸을 보면 땅은 단단한 뼈와 살·피
부·머리카락이고, 오줌·침 등 체액과 피는 물입니다. 불은 우리 몸
의 체온이고 바람은 호흡으로 끊임없이 들숨 날숨을 하며 핏줄 안
에서 피를 돌게 하고 심장을 뛰게 합니다. 이런 네 가지 요인이 함
께 어울려 몸을 이루는 것입니다.
　살아있는 중생과 나무와 풀에도 지수화풍이 작용합니다. 풀줄기
하나에도 물의 기운, 불의 기운, 흙의 기운, 바람의 기운으로 자라
고 씨앗을 뿌리고 시들어 사라집니다. 그래서 정확하게 들여다보
면 자연과 산하대지가 나와 둘이 아니고 하나라는 것을 알 수 있습
니다. 그 산하대지를 보면서 내 스스로 자연과 동화해서 살아가는
게 자연의 일부인 인간으로 당연한 겁니다. 그러나 다른 동물들에
비하여 인간은 참으로 약하게 태어나고 다 자라서도 약합니다. 맹
수처럼 강한 이빨과 발톱도 없고, 새처럼 날개도 없고, 빠르게 달리
지도 못합니다. 그런 신체적인 약점을 보완하고 극복하고자 인간

은 무리를 이뤄 살며 사회를 만들었습니다. 모이면 살고 흩어지면 죽는다는 이승만 박사의 말처럼 인간은 맘모스같이 큰 사냥감도 잡을 수 있었고 맹수들의 습격에서 서로가 서로를 지켜 줄 수 있었습니다.

모여 살며 약한 신체 대신에 머리가 발달하여 좋아진 지능을 이용하여 지금과 같은 문명을 만들었습니다. 만물의 영장으로 군림하며 동물들을 멸종시키고 자연을 파괴하는 지금 인간은 자연 속에 하나임을 잃어버렸습니다. 그래 자연이 간직한 부처님의 자연 설법도 듣지 못하고 텔레비전 화면으로 죽은 풍경 보거나 일주일에 한번 산에 올라 야호! 한 번 하고 내려와 계곡에 앉아 술 퍼먹으며 자연에서 힐링한다고 합니다. 그래도 우리 불자님들은 절에 오고 가는 길에 자연을 보고, 절 자체가 자연과 조화롭게 지어 앉혀서 고요하고, 부처님을 믿고 의지하는 마음으로 절하고 기도하니 이것이 참다운 힐링입니다. 어떻게 죽으면 잘 죽느냐며 웰 다잉 소리 할 것 없고, 어떻게 살면 잘 사느냐 소리 할 것 없이 자연스레 살면 힐링이니 치유니 할 것도 없습니다.

자연과 멀어지고 자연과 떨어짐으로서 병이 생기고 괴로움이 생기고 힘듦이 생기고, 어떻게 보면 정신적 여유가 없는 가운데서 그냥 천동만동 살다 보니까 '엄마야! 나 너무 멀리 와버렸어' 이렇게 되는 겁니다. 열심히 노력한다고 살았지만 어느 순간 오다 보니까 집을 떠나서 너무 멀리 가 버렸고, 집을 나온 지가 너무 오래되어 길을 잃은 것입니다. 진리를 알고자 하고 진실을 추구하던 스무살 무렵 즈음에는 가을 날 떨어지는 나뭇잎을 보면 슬프고, 봄날 들판에서 피는 이름 없는 조그만 꽃만 봐도 설레던 가슴이 나이가 4,50줄에 드니 문득 허망하여 인생무상을 느낍니다. 이제 내가 고향집에서 너무 멀리 나와 길을 잃어버린 것은 부처님 집에서 너무 멀어져 있다는 것입니다.

이제 고향집 이야기를 하겠습니다. 제9 수학무학인기품에서 아난존자와 라훌라존자가 부처님에게 수기를 받습니다. 아난존자는 부처님의 사촌동생으로 부처님 육신의 아버지 정반왕이 아난다로 이름을 지어 주었다고 합니다. 아난은 싯다르타 태자가 깨달음을 얻은 후 부처님이 되어 고향 카필라 성으로 돌아왔을 때 출가하였습니다. 깨달음이 늦어 부처님과 다른 제자들에게 지청구를 많이 들었습니다. 그러나 기억력이 비상하여 부처님이 하신 설법을 기억하였다가 부처님이 이 땅에서 색신을 버린 이후 제자들이 결집할 때 기억력으로 모든 경전을 만듭니다. 그래서 십대제자 중 다문제일多聞第一이라 합니다. 아난존자가 머리가 좋고 노력도 하는데 공부에 진전이 없었다고 합니다. 그리고 뛰어난 미남이라 여자들이 쫓아 다녀 피해 다녔다 합니다. 이래저래 공부가 안 되고 수행힘이 없어 한 무리를 이끌고 만행을 가면 아난존자를 따라갔던 제자들 대부분이 집으로 돌아갔다고 합니다. 다른 상수제자들은 만행을 가면 다니는 동네마다 젊은이들이 수행자로 출가를 했다니, 아난존자의 고민이 심하고 창피했을 겁니다. 그런 아난존자가 언제 깨달음을 얻는가 하면, 부처님의 의발을 전수받은 사람은 마하가섭존자로 제1대 조사입니다. 깨닫지 못해 힘들어하고 고민하는 아난존자에게 어느 날 마하가섭존자가 한마디 툭 던집니다. "그대는 가서 찰간대를 부수고 오너라!" 그 한마디에 아난존자는 한순간 깨달음을 얻습니다. 찰간대는 절 앞에 있는 기둥을 말합니다. 그렇게 아라한과를 얻은 아난존자는 마하가섭존자 뒤를 이어 2대 조사가 됩니다. 이런 아난존자는 다른 제자들과 오백나한이 수기를 받는 것을 보며 부러워하다 자기 조카이자 부처님 아들인 라홀라존자를 끌고 나와 수기를 청합니다. 부처님께서는 아난존자에게 '너는 어느 때 모든 부처님들의 동일한 깨달음인 아뇩다라삼먁삼보리심을 얻어 산해혜자재통왕여래 부처님이 될 것이다'고 수기해 주셨습니다. 그러자 법회에 있던 많은 보살들이 무슨 사연으로 한낱 성문이 마정수기를 받는지 궁금해 하자, 그런 보살들의 마음을 안 부처님이 그 연유를 말씀하십니다. '전생의 공왕 부처님 때에 나와 아난은 동시에 아뇩다라삼먁삼보리심을 일으켰는데 아난은 항상 가르침을 많이 듣는 것을 좋아하여 수행을 게을리 해서 이번 현생에 나는 부처를 이루었으나 아난은 가르침만 기억하는 것'이라고 보살들의 궁금증을 풀어 주었습니다.

라홀라존자는 부처님의 육신의 아들입니다. 라홀라라는 이름의 뜻은 족쇄가 채워졌다는 뜻입니다. 자식에게 이런 이름을 준 싯다르타 태자는 아마도, 얼른 집을 나서야 하는데 아이가 태어나자 한탄 그 자체를 이름으로 준 것입니다. 라홀라존자는 7살 어린 나이로 아버지 부처님을 찾아와 출가합니다. 어린 아이고 부처님 아들이니 온 비구들에게 사랑을 받고, 부처님을 키워 준 이모할머니도 최초의 비구니로 출가해 계시니 버르장머리가 없었다고 합니다. 라홀라존자는 열 살쯤에 사리불이 제자로 삼아 보살핀다는 조건으로 사미계를 받았습니다. 몸으로 얻은 자식을 다시 법의 아들로 받아들이는 참으로 수승한 부처님이십니다. 그런데 어린 라훌라는 장난이 심해 사람들이 찾아와 부처님이 계시냐고 물으면 계실 때는 안 계시다 하고, 계시지 않을 때는 계시다 하며, 거짓말로 사람들을 속이고 기뻐했다고 합니다. 부처님은 이 사실을 알고는 라훌라에게 물을 떠오게 하여 자신의 발을 씻긴 다음 말씀하셨다.

"너는 이 물을 마실 수 있느냐?" "없습니다." "왜 그러느냐?" "발을 씻어 더러워졌기 때문입니다."

"라훌라야, 너도 이 물과 같다. 수행에 힘쓰지 않고 마음을 청정하게 갖지도 않고 계행을 지키지도 않기에 이 물과 같다. 삼독의 때를 가슴에 안고 있어 마치 이 물과 같아 더럽혀져 있다."

부처님은 그릇의 물을 버리게 한 후 다시 물었어요. "너는 이 그릇에 음식을 담을 수 있겠느냐?" "없습니다." "왜 그러느냐?" "손발을 씻은 그릇이기 때문입니다."

"라훌라야, 너도 이 그릇과 같다. 사문이면서 거짓말을 하고 마음속에 도를 닦을 뜻이 없는 게 더러운 것이지 더러운 물과 그릇은 없느니라."

부처님은 라훌라가 일찍이 보지 못했던 준엄한 얼굴로 말씀하셨습니다. "너는 사문이면서 행동을 조심하지 않고 거짓말을 하고 사람을 괴롭혔다. 그 결과 누구에게도 사랑받지 못할 것이다. 지혜로운 자로부터 아낌을 받지 못한 채 목숨이 다하도록 깨달음을 얻지 못하고 미혹에 빠져 헤어 나오지 못하면 이 물그릇과 같이 살다 죽을 것이다"라고 따끔하게 혼을 내었다고 합니다.

이후에 라홀라존자는 어린 나이지만 자만하거나 교만심을 일으키지 않고 수행을 열심히 해서 밀행제일의 제자가 되었다고 합니다. 그런 라홀라존자가 수학무학인기품에서 어느 때 아뇩다라삼먁삼보리심을 얻어 도칠보화여래 부처님이 될 것이라고 수기를 받습니다. 이어서 부처님은 라홀라존자의 수행은 오직 여래인 부처님만이 알 수 있고 미래 모든 부처님의 맏아들로 태어나 결국 붓다가 된다 하셨습니다.

그 다음 부처님은 이천 명의 유학인과 무학인들의 부드럽고 고요하고 청정한 마음을 보고 수기를 주십니다. 유학인, 무학인은 공부단계를 말합니다. 모르는 분들은 유학이면 공부가 있고 무학은 배우지 못한 사람인데 왜 부처가 된다고 하는지 이해가 안 될 것 같아 설명이 필요합니다. 일승 성문, 이승 연각, 삼승 보살의 모든 공부에서 수행의 차제를 3단계인 견도見道・수도修道・무학도無學道로 말합니다. 부처님이 언급한 유학인은 두 번째 단계 수도를 말하고 무학인은 마지막 단계 무학도를 말합니다. 견도는 말 그대로 도를 본다는 말이지만 성인, 성자의 반열에 든 분들이 가지는 도과道果입니다. 그 다음 수도는 근본불교에서는 아라한과를 대승불교에서는 보살10지菩薩十地를 말하니, 아직 미세한 번뇌를 제거하지 못한 상태이나 엄청난 경지입니다. 무학도는 수행자의 수행이 완료되어 무학無學, 즉 더 이상 배울 것이 없는 지위로 무학위無學位라고 합니다. 완전한 깨달음을 증득한 상태라고도 하지만 수학무학인기품에서 마정수기를 받고 기뻐하는 것으로 보아 아뇩다라삼먁삼보리심은 얻지 못했다 보여집니다. 공부 안 하고 부처님 속만 썩이는 우리에게는 넓고 깊은 이야기니 희유하고, 이에 찬탄하고 부러워하며 '저도 언젠가는 수기를 꼭 받겠습니다'라고 서원하면 됩니다. 법화경에 보니 공부 하나도 안 한 무학인도 부처님께 수기를 받더라고, 더 이상 배울 게 없는 단계인 무학인과 배우지 못한 무학을 착각하면 안 됩니다.

부처님의 가르침도 어차피 자기 근기대로 받아 챙길 수밖에 없습니다. 제5 약초유품에서 온 땅에 비가 오면 똑같은 비를 맞아도 성장 속도는 각각 다르다는 말을 했는데, 이는 근기를 말합니다. 옛날에는 빗물을 받아서 많이 썼습니다. 지금은 땅도 하늘도 오염이 되어 받아 쓸 수 있는지 모르지만, 예전에는 비 올 때 마당에 그릇을 한가득 늘어놓았지요. 그러면 양동이는 양동이만큼, 세수대야는 대야만큼, 바가지는 바가지만큼 담기는 것입니다. 그릇 그릇이 사람마다 받아들이는 게 있단 말이에요. 그런데 바가지가 양동이를 부러워하며 스스로를 괴롭혀 보았자 무슨 도움이 되겠습니까. 일단은 근기만큼 노력하며 근기를 탈태환골하려는 지극한 마음을 낸다면 바가지가 양동이로 바뀔 수 있습니다.

조선시대에 술 좋아하는 어느 신하에게 현명한 왕이 금으로 만든 술잔 하나를 하사하며 매일 그 잔으로 한 잔만 마시라고 하였답니다. 그런데도 이 신하가 늘 술에 취해서 조회에 늦으니 왕이 어떻게 된 일이냐고 물었습니다. 이 술 주정뱅이 신하는 대장간에 가서 왕이 하사한 술잔을 두들겨 최대한 늘려 술을 마셨다고 합니다. 이런 애교 있는 편법으로 그릇 크기를 늘리듯, 하근기인 우리가 스스로 노력하여 두드리면, 바가지를 두들겨 양동이는 안 되어도 세수

대야만큼으로 만들 수는 있을 것입니다. 자기한테 맞춰진 어떤 그릇대로만 받아들이면 발전이 없습니다. 먼저 자기 근기를 안 다음 경전이나 여타 조사들의 행적을 읽으며 그 희유함을 찬탄하여 대근기들의 삶을 닮고자 노력해야 합니다.

그 다음에는 부처님을 믿고 의지하며 삼라만상 자연을 바르게 보는 습관을 가져야 합니다. 우리는 자연의 일부고 자연에는 스스로 그러한 부처님의 법이 있습니다. 매일 일상에서, 예를 들어 새벽에 일어나서 부처님께 절하고 잠깐이라도 앉아 경을 보든지 참선을 하고, 아침 먹기 전 동네 한 바퀴 산책하며 희붐하게 밝아오는 파란 새벽하늘을 보든, 담장 아래 핀 작은 꽃을 보든, 부처님이 보았던 새벽별 금성을 보든, 자연을 무심히 보면 우리들 마음에 다가오는 것이 있습니다. 그리고 자연은 시골에만 있다는 생각은 버리세요. 산이나 바다 그리고 들판은 때 묻지 않은 자연이고, 사람이 만든 도시는 때 묻은 자연의 일부입니다.

생활 속에서 부처님 법을 발견해야 합니다. 그렇게 다가오는 그 무엇이 우리의 삶을 풍요롭게 하며, 문득 알아지는 것을 부처님 법에 대입하여 밝히면 서서히 지혜가 생깁니다. 우주 삼라만상 이것저것 상하좌우 위아래 모든 당처當處가 부처님 진리의 세계임을 확연히 밝혀 놓은 경전이 법화경입니다. 우리가 드러난 세계의 유한한 삶에서 매일매일 한 순간 한 순간 놓치지 않고 움직이거나 멈춰서나 앉거나 눕거나 행주좌와일여行住坐臥一如하고, 말하거나 말을 안 하거나 생각을 하거나 생각을 놓거나 어묵동정일여語默動靜一如로 일상 공부가 되어 가면, 꿈에서도 몽중일여夢中一如라 하고, 잠자는 시간 전체가 공부하는 숙면일여熟眠一如가 되면 스물네 시간 하루 종일 공부입니다. 대학 가려는 수험생이 이렇게 공부하면 서울대학 아니라 하버드나 옥스퍼드대학 어디든 골라 갈 수 있듯, 이런 수행자는 참선이든 염불선이든 어느 것을 해도 깨달음을 얻습니다.

살림도 해야 하고 애도 낳아야 하고 키워야 하고 입혀야 하고 뒷바라지도 해야 되고 가족을 돌보고 주위를 돌보며 사는 재가 불자들이 일상생활 24시간을 그리 살기는 참으로 어려운 일이고 그리 사는 건 기적이다고 할 수 있지요. 그리 살려고 예비수행, 준비 없이 대들면 아마도 정신이 돌아버리거나 정신 줄 놓지 않으려 노력하다 삿된 자기최면에 빠져 깨달았네 뭐네 떠들고 다닐 수 있습니다.

그러나 24시간 그렇게 수행하여 깨달은 분들이 많이 있습니다. 경전에 나오는 많은 분들이 그렇게 수행하여 우리 중생에게 본을 보여 주신 겁니다. 재가불자 거사님 보살님들 중에도 깨달은 분들이 많습니다. 부처님 제세 시 유마거사님이나 중국의 방거사, 우리나라 부설거사님들이 제가 아는 대표적인 분들입니다.

어느 재가 보살님이 공부 높은 스님에게 "그것을 따라가라!"라는 화두를 받았답니다. 이 보살이 그것이 뭘까 무얼까 하루 종일 찾고 찾았다 합니다. 그렇게 하루 이틀 가고 해가 지나고 어느 날 새해가 되어 음식 준비를 하는데, 이 보살이 중국 사람이고 중국 음식은 대부분 기름에 볶거나 튀기는 게 많습니다. 튀김을 하려고 끓는 기름에 밀가루를 넣으니 빠지직 하며 튀겨지는 소리에 그것을 따라가라는 공안을 깨달았다 합니다. 무슨 공부든 일심으로 정성들이고 하다 보면 때가 이르러 답답한 칠통이 떨어져 한 순간 알아진다고 합니다.

　많은 어른들이 출가 공부보다 재가 공부가 어렵다고 합니다. 사회 일상생활에서 지지고 볶는 듯 요란하고 망상과 번뇌가 일어날 확률이, 산중의 조용하고 먹고 사는 데 신경 쓰지 않아도 밥 나오는 절집보다 몇 백 배 많은 겁니다. 그래서 재가에서 공부를 이룬 거사나 보살들이 공부가 높다고 합니다만 확증은 없는 거지요. 깨달음에는 수준이 있을 뿐이지 같은 수준인데 다르다면 논리가 서지 않는 겁니다. 다만 재가자들 공부 환경이 어려운 것만은 사실입니다.

　부처님 당시에 살던 유마거사는 큰 부자이고 깨달아 안 분으로, 안팎으로 다 이룬 분이었습니다. 엄숙하고 장중한 위의威儀로 모든 부처님들이 칭찬하고 부처님의 제자와 제석천帝釋天, 범천梵天, 사천왕四天王의 존경을 받았습니다. 자기 재산으로 많은 이들을 구하고, 만나는 사람 모두를 근기에 따라 바른 법으로 이끌었습니다. 지위를 안 따져 어린 아이, 학생, 몸 파는 창녀들에게도 가르치고 이끌었다고 합니다. 사리불을 비롯한 부처님 상수제자들은 세상에서 깨달은 유마거사와 대면하기를 꺼렸다고 합니다. 논리로 유마거사를 당할 수 없었기 때문입니다. 유마거사가 병이 나자 부처님은 문수보살님을 보내 병문안을 합니다. 지혜 자체인 문수보살님도 논쟁을 한 뒤에 유마거사의 지혜와 보리심을 찬탄하고 고개 숙여 나왔다고 합니다.

　모든 경전이 있는 이유는 딱 하나, 불타는 집에 사는 어리석은 우리 중생들을 위한 것입니다. 사리불과 십대제자 그리고 문수보살님과 유마거사님들은 모두가 힘을 합쳐 재가불자를 위해 유마경을 만든 겁니다. 어쨌든지 재가 공부의 첫 맥은 유마거사이고, 유마거사의 공부법을 알아 지니고 닦는 것이 재가 불자님들에게 좋은 방법이 될 것입니다. 24시간 행주좌와일여 어묵동정일여 몽중일여 숙면일여 한다면 그보다 좋은 경지가 없겠지만, 24시간 깨어 있어야 하는 게 공부 길이구나 알고 희유하고 찬탄하시면 됩니다. 우선 행주좌와 어묵동정 뜻을 맘과 몸에 새겨 조금 조금 하루 1m라도 전진하겠다는 서원을 세우고 실천하시기 바랍니다. 이 공부의 길은 참으로 오랜 시간이 걸릴 수 있다고 생각해야 합니다.

어떤 경전이나 먼저 마음을 깨끗이 하는 게 좋습니다. 애인 만나러 갈 때 목욕하고 깨끗하게 하고 가잖아요. 하물며 부처님 만나 말씀 듣는 것이 곧 경전을 눈으로 읽고 가슴에 새기는 일인데 세상 때 덕지덕지 묻히고 할 수는 없는 일 아닙니까? 몸은 더러워도 상관없습니다.

하루에 한 번 시간을 정해 기도를 하거나 경을 읽으며 수행을 한다면, 그날 생활 중에 세간 양심이나 부처님이 하지 말라는 십악을 저질렀는지 가만히 따져서 참회부터 해야 합니다. 참회가 부처님 앞에 깨끗이 나가는 것입니다. 그리고 오늘 내가 즐겁게 좋은 일을 했거나 좋은 일이 있으면 누구에게도 말하지 말고 부처님께 자랑하세요. 이미 알고 계시지만 기뻐하십니다.

하루에 시간을 정해 기도나 경 읽는 건 고사하고 몇 십 년이나 몇 년이나 아니면 한 달 동안 부처님을 까맣게 잊고 세상 장난감에 빠져 살았다면 참회하세요. 어린 아이처럼 순수한 마음으로 이렇게 기도하세요. "부처님, 제가 세상을 살며 허망한 일에 힘을 쓰느라 너무도 오랫동안 부처님을 잊고 살았습니다. 너무도 멀리 와 길을 잃어 어떻게 부처님 앞에 나아갈지 모르겠습니다. 저를 대자대비하신 손길로 이끌어 주세요!"이런 식으로 기도를 하다 보면 느끼고 알아지는 게, 부처님이 우리 중생을 자식으로 여긴다는 사실입니다.

그렇게 부처님과 아들딸 관계를 회복하면 허망한 세상에 염리심, 지겨움을 가지고 부처님과 만나는 시간을 계속 늘려 나가세요. 부처님 만나는 시간을 늘리려면 먼저 세상일을 줄여야 합니다. "남편이 세상 일 줄이면 우리 집은 어떻게 살아요!"보살님들, 절대로 그래서는 안 됩니다. 엥겔지수 생활비를 줄이면 적게 벌어도 살 수 있습니다. 폼 낸다고 계절 따라 무슨 똥이니, 뭐 먹고 체했느니 이런 이름의 쓸데없는 명품 가방 산다고 남편 등골 휘게 하는 버릇 버려야 합니다. 그리고 보살님들은 쓸데없이 몰고 다니는 차 없애버리고 버스나 지하철 타고 다니세요. "그럼, 절에 올 때 어떻게 와요!"볼멘 소리 하지 마세요. 진정한 삶은 하나하나 작은 부분 하나에도 정성을 들이는 겁니다. 남편 출근하고 느긋하게 텔레비전 연속극 보며 친구와 수다 떨다가 자가용 끌고 부랴부랴 사시예불에 맞춰 오는 보살님들은 정성이 없는 겁니다. 차를 없애면 절에 오는 자체가 수행이 됩니다. 아침 일찍 먹고 예불 시간 맞춰 오려면 산 밑까지 오는 버스 시간 맞춰야지요. 부지런해야 하니 텔레비전이나 세상 장난감에서 한 가지씩 멀어질 것입니다. 버스 타고 절에 오며 옆 자리나 주위 사람들 얼굴 보는 것도 공부고, 버스에서 내려 산길을 걸어 올라오며 새소리 물소리 계절마다 옷을 갈아입는 숲을 보며 부처님 자연법문을 들으며 절에 오는 것입니다. 이 얼마나 좋습니까. 더욱이 건강은 덤으로 따라오고 자가용 끌고 다니며 길에 버리는 기름 값을 절약하면 남편 어깨에서 한 짐 덜어 주는 겁니다. 이건 일석이조가 아니라 일석십조입니다.

길을 잃고 울다가 부처님께 돌아오면 가장 기뻐하는 건 부처님입니다. 지금 배우는 이 법화경 제4 신해품에 보면, 잃어 버렸던 아들을 찾아 어떻게 대자대비로 가르쳐서 자기 재산을 유산으로 물려주는지 나옵니다. 더불어 한 집안에서 남편이나 아내나 자식이 부처님을 다시 만나 삶이 바뀌면 가정과 주위가 행복해집니다. 돌아왔으면 부처님 가르침을 따라 살며 체득해야 합니다. 삼천대천 세계에 동일하게 비처럼 내려 우리를 키우는 부처님 법이 팔만사천 가지이니 본인 근기 성향에 맞는 경전을 선택하세요. 만약에 선택한 경전이 잘 읽히지 않으면 다른 경전을 보세요. 우리가 한 집에서 평생 살 수 있지만 그런 예는 드물고 자주 이사를 다니듯이, 이사 간 집이 내 집입니다. 다른 경전을 본다고 마음에 어떤 거리낌도 가질 거 없습니다. 여유가 된다면 소의 경전을 찾을 때까지 팔만사천 경문 다 보아도 됩니다. 그렇게 골라도 되지만 아마도 현실적으로 불가능할 것입니다. 초기불교 아함경만 백 수십여 권입니다. 대승불교는 대승 삼부경 중 반야부가 800권, 법화부가 30권, 화엄부가 200권으로 크고 큽니다. 이렇게 많고 많은 경전 중에서 본인의 소의 경전을 찾는 가장 좋은 방법은 전문가의 도움을 받는 겁니다. 집에 전기가 고장 나면 전기를 잘 아는 전기기사가 고치듯, 경전에는 그래도 스님들이 전문가 아닙니까? 반연 있는 스님께 상의하면 잘 알려 주십니다. 남편이 어쩌니, 누가 예쁘고 누가 밉네 하며 스님들 복잡하게 하지 마시고, 공부하는 길에서 만나는 어려움이나 경전에 대해 물으면 스님들이 기뻐합니다. 그래야 스님들 밥값 제대로 하는 것이니 얼마나 좋아요.

처음 어디서 시작되었는지 저도 모르지만 불교 집안에 삼재라는 게 있어요. 도병재刀兵災·질역재疾疫災·기근재飢饉災와 세계를 파괴하는 수재水災·화재火災·풍재風災가 있습니다. 도병재는 전쟁을 말하고, 질역재는 콜레라나 홍역 등으로 많은 사람들이 죽는 것이고, 기근재는 기근이 들어 많은 사람들이 고통 받는 재앙으로 이 세 가지는 작은 삼재小三災, 불의 재난이나 물의 재난이나 바람의 재난은 큰 삼재大三災라 합니다. 이런 땅과 사람과 하늘에 속한 6가지 요인으로 벌어지는 삼재 현상들은 바깥으로도 있고 내 안에도 들어 있습니다.

가슴에서 천불 만불이 나는 것이 그게 화재입니다. 천불이 쌓이면 이제 꼭지까지 돌았다고 하고, 이렇게 되면 눈에 보이는 것 아무것도 없고 그냥 난리를 피우잖아요. 이게 정신에 병들게 하는 것입니다. 인간이 미치지 않으려고 병원을 찾아가 심리치료를 받거나 약을 먹는 등 불의 난리를 꺼서 없애려면 물이 있어야 합니다. 불난집에 소방차가 출동하여 불을 끈 다음 보면 엉망진창이 되어 버립니다. 그와 같이 물의 난리도 이렇게 함께 일어난다는 거죠. 풍재라는 것은, 예를 들면 남편이 딴 여자 만나 바람 피우면 풍재입니다. 세간에 '남편이 바람을 피우면 부처님도 돌아서 앉는다', 그렇잖아요? 바람의 재난이라는 말이에요. 이런 삼재가 몸으로 오면 건강이 나빠집니다. 인간이 바람기를 과격하게 사용했을 때는 풍이 됩니다. 화가 많이 차면 심장이나 간이 나빠지잖아요. 물이 많이 차면 아마도 신장에 이상이 생겨 몸이 붓고 냉하게 되어 얼굴은 노랗게 됩니다. 몸의 수기를 체액이라 하는데 차지도 뜨겁지도 않아야 신진대사가 잘 돌아갑니다. 차가운 수기가 많으면 음기가 강하다 합니다. 몸의 체액이 평균보다 뜨거우면 자율신경에 이상이 생긴다고 합니다.

화가 많든지 물 기운으로 몸이 차든지 바람이 세서 풍 맞을 확률이 높으면 운동을 열심히 해야 합니다. 무슨 운동을 해도 좋지만 가장 효과 있는 것을 하나 추천하면, 부처님을 믿고 의지하는 절을 많이 해야 합니다. 아침저녁으로 108배 절을 천일 3년 3개월만 하면 건강과 수행을 한꺼번에 잡을 수 있으니 그보다 더 좋은 일은 방법은 없습니다. 그렇게 건강하게 부처님과 한 평생 살다가 가면 최소한 이번 삶에 본전은 하고 가는 것입니다. 본전 이상 하고 가려면 복덕과 공덕이 많아야 합니다. 어려운 이웃 많이 돕고 살아야 합니다.

그런데 복덕과 공덕 쌓는다고 이기심으로 돕는다면 효과는 미미합니다. 부처님 말씀처럼 보시바라밀의 핵심 무주상보시無住相布施, 바라는 마음이 없이 해야 합니다. 명품 가방 살 돈으로, 오전에 자가용 끌고 가 비싼 커피 마시며 수다 떠는 쓸데없이 쓰는 돈을 모아 가난하고 어려운 사람들을 위해 쓰기 바랍니다. 우리 모두 본전 이상으로 살아 부처님의 칭찬을 받으며 아름답게 돌아가기를 부처님 앞에 서원합시다.

제10 법사품은 약왕보살을 비롯한 큰 보살님들 팔만 명에게 이 경전이 얼마나 귀하며 법화경을 수지 동속하고 다른 사람에게 알려 주는 공덕이 얼마나 큰지 등을 알려주는 내용입니다. 어떤 못된 사람이 나쁜 마음으로 일 겁 동안 부처님 앞에 나타나서, 항상 부처님을 헐뜯고 욕하는 죄보다 법화경을 읽고 외우는 재가신도나 출가한 스님을 헐뜯고 비방한다면 그 죄가 훨씬 더 무겁다고 말씀하십니다. 그리고 법화경에서 한 구절만이라도 받아 지니고 읽고 외우며 남을 위해 해설해 주고 베껴 쓰고 향 등으로 법화경에 공양하고 합장하며 공경한다면 그 사람은 큰 보살님으로, 세간 사람들에게 공양받아 마땅하고 이미 아뇩다라삼먁삼보리심을 얻었으나 중생을 위해 원력보살로 세상에 태어난 분이니, 여러 가지로 공양하는 것은 두 말할 것이 없다고 말씀하십니다. 이 말이 법화경의 핵심입니다.

제10 법사품 부처님 말씀이 믿음의 본연으로, 구경 무상정등정각을 얻는 길입니다. 이래서 법화경을 수지하고 남에게 알려주라는 부처님의 당부는 우리들이 해도 되고 안 해도 되는 것이 아닙니다. 법화경을 수지하고 기쁜 마음으로 찬탄하며 옆 사람에게 알려주는 것이 그 사람으로 하여금 아뇩다라삼먁삼보리심을 얻게 해주는 것이라 가장 큰 도움이고, 그것이 곧 가장 큰 보리심이기에 법화경을 알려주는 우리도 아뇩다라삼먁삼보리심 무상정등정각無上正等正覺을 얻게 되는, 고맙고 감사하고 희유하고 찬탄해야 하는 대자대비 부처님의 큰 법칙입니다. 불타는 집에서 소꿉놀이에 빠져 사는 어리석은 우리 중생들이 법화경을 믿고 의지하여 수지하고 독송하며 옆 사람에게 알려주는 큰 보리심을 행하여 더불어 깨달음을 얻기를 바랍니다.

합장하겠습니다.

선서이신 부처님 감사합니다. 수학무학인기품과 법사품을 가지고 저희들이 함께 동수정업하고 공부할 수 있는 무한한 복력을 주심에 희유하고 찬탄합니다. 대자대비하신 부처님, 법화경 가르침을 수지, 독경, 사경하고 공양하며, 다른 사람에게 기쁨으로 알려주는 저희가 되도록 도와주세요. 법화경 큰 가르침이 모든 중생을 건질 때까지, 불보살의 원력을 세우고 불보살님들에게 동참하여 늘 함께 하기를 서원하는 바입니다.

나무 석가모니불 나무석가모니불 나무시아본사 석가모니불

10

어제까지 적이라도 하나로 응집되면

견보탑품, 제바달다품

세월은 가지 마라 해도 가고, 아무리 잡으려 해도 잡아지지 않습니다. 나이가 쉰이 넘어가면 팔자 주름이 하나씩 더 늘어나고, 이른 사람은 얼굴에 검은 반점도 나타납니다.

중년 이전에는 두려워하지 말고 살고, 중년 이후에는 후회하지 말고 살아야 한다고 합니다. 나이는 숫자에 불과하다며 60 환갑이 넘어도 유난히 나이가 안 들어 보이는 사람들도 있지만, 대개 마흔 살 넘으면 주름이 생기고 몸의 기능도 떨어져 중년을 맞이합니다. 더구나 요즘처럼 정년이 빨라진 사회에서 오십을 넘어서면 스스로 말년이라고 쓸쓸해하는 사람들도 있습니다.

사람들은 늙어 후회하지 않게 미리미리 잘 살자고 다짐하고 다 짐하지만 후회하지 않는 분들이 드뭅니다. 내 인생 당당하게 살자고 젊을 때는 패기도 용기도 있어 인생을 두려워하지 않지만 나이 오십 줄에 들어서면 슬슬 허망함이 다가옵니다. 돈이 많으면 다 잘 해결될 줄 알고 돈을 벌었지만, 돈 버는 거에 몰두하다 보니 가정에 소홀하여 가족끼리 정이 없어 아내와 다 자란 아이들이 아버지를 귀하게 여기지 않는다고 합니다. 반면 어떤 가장은 가족과 많은 시간을 보내서 가족과는 친밀하지만 아이들이 자라며 드는 돈이 부족하여 고통을 받습니다. 인생은 둘 다 가질 수 없다는 말에서 보자면, 제 입장에서는 가난해도 후자인 가장이 좋다고 생각합니다. 거기에 온 가족이 부처님 앞에 함께 나와 절하고 기도한다면 그보다 좋을 수는 없겠지요.

가난은 불편할 뿐이라는 말이 있습니다. 그 불편을 감수하며 살며 부처님 제자로 부끄럽지 않게 살고 허물 없이 살려고 노력한다면 인생을 잘 살았다고, 죽을 때 부처님을 바라보며 편할 수 있습니다. 그러려면 자연히 맑고 밝은 사람이어야 하고 훈련이 필요합니다. 예를 들면 우리는 산소를 마시고 이산화탄소를 내뿜습니다. 이산화탄소가 몸속에서 배출이 안 되면 죽습니다. 우리는 부처님 가르침인 산소는 싱그럽게 마시고, 매일매일 참회하고 잘못한 일들은 기억나는 대로 참회하며 잘못했던 업력과 업장은 이산화탄소로 자꾸 내보내 버려야 맑아지고 밝아지고 웃어지고 예뻐집니다.

쉰 살이 넘어가면 대개 펑퍼짐한 원만 등근상이 됩니다. 잘생겨도 그 모양이고 못생겨도 그 모양이니 오십보백보, 거기서 거기입니다. 그러나 맑고 밝은 사람은 늘 편안하여 잘 웃고 기쁨이 있습니다. 그런 분들은 누가 봐도 자기 속이야기를 하고 싶고 어려움도 풀어 줄 것 같으니 맑고 밝은 사람을 통하여 보살들이 역할을 하는 것을 알 수 있습니다. 복덕과 공덕이 있는 이런 보살의 화신은 부처님을 믿고 의지하여 한 발 한 발 닦아 가면 누구나 될 수 있습니다. 그러니 쫄지도 말고 떨지도 말고 기죽지도 말고, 정말 내가 부처님을 믿고 의지하고 가족과 주위가 항상 화기애애하게 웃음꽃이 피도록 살아가려 노력한다면 부처님의 권속인 것입니다.

제11 견보탑품은 진귀한 보석으로 탑을 본다는 뜻입니다. 영취산 법회 도량에서의 부처님 설법 중에 일곱 가지 보석으로 장엄한 큰 다보불탑이 대지를 흔들며 땅 밑에서부터 그냥 허공중으로 솟아올랐습니다. 다보불탑은 어마어마하여 오천 개의 난간에 불상을 모신 감실이 천만 군데라고 합니다. 높이가 오백 유순, 가로세로가 이백오십 유순이라고 경전에 표시되어 있습니다. 유순은 고대 인도의 거리 단위입니다. 소달구지가 하루에 갈 수 있는 거리로서 80리를 대유순, 60리를 중유순, 40리를 소유순이라고 합니다. 소유순으로 계산해도 1유순은 대략 16킬로미터(km)가 됩니다. 칠보보탑의 높이가 500유순이면 80,000km이고 넓이가 좌우로 40,000km입니다. 부처님 세계를 이해 못하는 사람들은 어찌 그럴 수가 있느냐, 거짓말이라고 합니다.

법화경을 설하신 영취산에 가보면 낮은 바위산이고, 그 아래 평평한 땅에 좁게 앉아야 대략 천 명 정도나 앉을 수 있습니다. 그런데 법화경에 보면 큰 비구 스님들 만이천 명과 보살님들과 유학무학인 이천 명, 그리고 하늘 천신들과 용, 야차, 건달바, 아수라, 가루라, 긴나라, 마후라 등등 천만 억 팔부대중八部大衆들이 부처님 설법을 들었다고 적혀 있습니다. 우리가 부처님을 믿고 의지한다고 하면서 부족하고 부족한 중생의 색견色見으로 부처님께 들이대 계산하는 것이 얼마나 어리석음인지 알아야 합니다. 아직도 우주와 시간의 비밀에 한 발도 못 나간 인간의 눈으로 부처님 세계를 이해하려는 것은 뱃속의 태아가 방정식과 기하학을 풀려는 것보다 더 무모한 시도입니다.

인간은 허블망원경으로 우주를 멀리 보기 시작하면서 많은 과학자들이 부처님 말씀에 희유하고 찬탄하며 자신들의 학문을 부처님 법에서 찾고 있습니다. 허블망원경으로 우주를 보고 보아도 끝이 없고, 보이는 것은 빛이 일초에 지구를 일곱 바퀴 반 도는 속도로 몇 백만 년을 가야 하는 별을 확인하는 순간 이미 그 별은 없어졌을 수도 있습니다. 우리 인간이 그 별을 확인하는 순간 그 별은 몇 백년 전의 모습이기 때문에 환상이고 꿈입니다. 지구 밖 우주만 그런 것이 아닙니다. 우리 인간이 얼마 전부터 미세세계라 하여 세포를 들여다보는 연구를 시작하였습니다. 그래 인간의 유전자 지도도 완성하고 생명의 비밀을 풀기 시작하였습니다. 작은 세계로 들어가다 보니 우리가 밖의 세계인 우주를 볼 때와 마찬가지로 한계와 절망을 느꼈다고 합니다. 세포나 물질을 들여다보면 핵이 나오고, 원자가 나오고, 진자가 나오고, 그 원자와 진자들은 태양계 행성들처럼 일정하게 돌고 있고, 나머지는 우주처럼 빈 공간이고, 원자와 진자 속을 들어가면 갈수록 끝없는 세계가 있음을 확인할 뿐 우주처럼 해답을 구하지 못하니 현명한 과학자들이 부처님 법을 믿는 것입니다.

우주를 연구하는 천문학자나 미세세계를 연구하는 과학자들이나 인간 사회를 연구하는 학자들은 삼천대천세계와 이 세상은 꿈과 소꿉놀이 환상임을 알아야 하고, 부처님 지혜인 공성空性을 체득해야 그 실상을 알 수 있습니다. 금강경에서 부처님은 수보리존자에게 삼천대천세계를 티끌로 만들면 그 크기가 얼마나 되는지 묻습니다. 그러자 수보리존자는 "부처님께서 말씀하신 작은 티끌들이라는 것은 곧 작은 티끌들이 아니고 그 이름이 작은 티끌"이라고 답합니다. 작은 티끌이라 이름할 뿐이지 작은 티끌이 아니라는 말씀 속에 답이 있습니다.

또한 화엄경 여래출현품에 보면 경책經冊의 비유가 나옵니다. 삼천대천세계의 일을 다 담고 있는 큰 경책이 미세한 티끌 속에 갇혀 있어서 중생들에게 이익을 주지 못하고 있다는 미진경권유微塵經卷喩입니다. 그때 청정한 천안을 구족하여 지혜가 밝은 사람이 티끌을 깨뜨려 큰 경책을 꺼내어 중생들에게 이익을 얻게 한다는 비유입니다. 예를 들면 일체의 국토가 하나의 국토에 들어가고 하나의 국토가 일체의 국토에 들어가며, 일체의 세계가 하나의 터럭 속에 들어가고 하나의 터럭이 일체의 세계에 들어가며, 일체중생의 몸이 한 몸에 들어가고 한 몸이 일체중생의 몸에 들어간다는 법문입니다. 더불어 한 티끌 속에 온 세계가 들어 있는 것을 볼 수 있으며, 하나하나의 티끌 속이 다 그러하며, 그 속에는 각각 무수한 부처님이 들어 있다는 것입니다. 지금 과학을 빗대어 한 말보다 그냥 금강경, 화엄경을 읽으며 알아지는 게 더 직접적이지만 비유를 들어 말

한 겁니다.

우리는 우리의 알음알이로 부처님을 재단하는 큰 죄를 범하면 안 되고, 부처님을 그저 믿고 의지하여 매일매일 성실하게 수행하다 보면 공성空性을 체득해서 부처님의 일체지一切智를 알아 우주와 우리 속 세포에 대해서 알 수 있습니다. 아뇩다라삼먁삼보리심, 일체지혜를 얻는 법은 법화경에 잘 나와 있습니다. 법화경을 수지 독경 사경0고며 향 등으로 공양을 올리며 예경하고, 사람들에게 법화경 내용을 기쁨으로 전한다면 아뇩다라삼먁삼보리심을 얻는다고 나옵니다. 깨달음을 얻는 건 어렵지도 쉽지도 않습니다. 과연 순도가 100퍼세트가 되었느냐에 달려 있습니다. 부처님을 믿고 의지하는 것이 지름길입니다.

공중에 떠 있는 아름답고 아름다운 다보탑에서 다보부처님이 음성이 울려나옵니다. "오, 거룩하시고 거룩하십니다! 석가모니 세존이시여! 능히 평등한 큰 지혜로써 보살을 가르치는 법이며, 부처님이 호념하시는 묘법연화경을 대중을 위해 설하시다니, 참으로 훌륭하십니다. 석가모니 세존께서 설하신 내용들은 모두 참이며 진실입니다!" 법회에 모인 사부대중 모두는 아름다운 다보탑에서 울려 나오는 다보부처님의 음성에 모두 법의 기쁨을 느낍니다.

석가모니부처님은 대요설보살마하살의 요청으로 다보부처님의 서원을 밝히십니다. 다보탑은 다보여래부처님의 몸임을 말하시고, 먼 옛날에 동방으로 천만 억 아승기 밖의 보정세계에 다보부처님이 서원을 세우셨는데, "내가 성불하고 나서 열반한 뒤에 시방세계 어느 곳이든 법화경을 설하는 곳이 있다면 나의 다보탑이 법화경을 듣기 위해 그 앞에 솟아나 법화경을 증명하기 위해 '거룩하다'고 찬탄하겠다"고 서원하셨음을 밝히셨습니다. 학교에서 수업할 때 공부에 호기심이 많고 깊이 있는 공부를 하고 싶은 학생은 늘 선생님께 질문을 하고 같은 반 아이들은 알게 모르게 그 덕을 봅니다. 그와 마찬가지로 대요설보살님의 거듭된 질문으로 다보부처님의 대자대비한 서원들이 드러나 법화경을 장엄하는 것입니다.

우리가 자식을 키워보면 한두 번 부모에게 요청하다 물러나는 자식이 있는가 하면, 자기가 가지고 싶은 것은 어떻게든 가지려고 조르는 아이가 있습니다. 부모 입장에서는 해롭지 않은 걸 요구하면 들어 주게 되니, 조르는 아이가 필요한 것을 가질 확률이 높습니다. 하물며 부처님께 법을 구하는 심정이 조르는 아이와 같다면 무얼 얻지 못하겠습니까. 대요설보살의 거듭된 요청으로 다보부처님의 또 하나의 서원이 드러납니다. "법화경을 듣기 위해 내 보배탑이 여러 부처님 앞에 나타났을 때 어느 부처님이든 내 몸을 사부대중에게 보여주고자 한다면, 그 부처님의 모든 부처님들이 시방세계에서 설법하다가 전부 모인 다음에야 나의 몸을 나타내 보여준다"고 서원했다고 밝히십니다. 대요설보살님이 석가모니부처님의 분신부처님들을 모두 뵙고 절하고 공양 올리고 싶다고 거듭 말했습니다. 그러자 부처님 미간 백호에서 한 줄기 광명을 놓으십니다. 그러자 항하의 모래알처럼 수많은 세계 속의 여러 부처님들이 동서남북 수많은 아름다운 세계에서 설법하시는 모습이 나타났습니다. 그리고는 항하의 모래알처럼 많은 부처님들이 각각 큰 보살 한 분씩 대동하고는 모여들며 가부좌를 맺고 앉으시니 삼천대천 온 세계가 꽉 찼습니다. 석가모니부처님은 분신부처님들을 위해 삼천대천세계를 장엄하시어 바다, 강, 시내와 산이나 전부 하나의 부처님 세계로 통일하셨습니다.

석가모니부처님과 모든 분신부처님들이 다보부처님의 보배탑을 여는 것에 동의하자 부처님이 보배탑문을 열었습니다. 석가모니부처님과 분신부처님이 동의를 했다는 것은 분신부처님들도 석가모니부처님과 똑같은 부처님이지만 각각의 세계의 부처님들은 자유의지로 동의하시는 점에 주목해야 합니다. 탑문이 열리자 사부대중들은 보배탑 속의 사자좌에 선정에 드셔서 앉아 계셨는데 그 오랜 시간에도 몸이 손상되지 않고 완전한 상태였습니다. 그 모습을 본 사부대중이 찬탄할 때 다보부처님이 말씀하셨습니다. "거룩하시고 거룩하십니다. 석가모니부처님이시여! 아주 훌륭하게 이 법화경을 잘 연설하고 계십니다. 저는 이 경전을 듣기 위해 이곳에 왔습니다."

제2의 부처님으로 칭송받는 나가르주나 용수보살은 대지도론大智度論에서 다보부처님에 관하여 "그 옛날 다보여래께서 세상에 계실 때, 그 당시의 중생들의 근기가 미숙하여 법화경을 이해할 수 없었기 때문에 법화경을 설하지 못하고 열반에 들었다"고 밝히셨습니다. 그러므로 모든 부처님께서 설하신 법화경을 다보여래부처님 자신은 설하지 못했지만, "법화경이 희유하고 수승하고 진실한 가르침이므로 법화경이 설해지는 곳이 있으면 반드시 그 가르침이 진실한 것이라고 증명하겠다"고 서원을 세웠기 때문에 여러 부처님이 법화경을 설하는 자리마다 다보탑으로 나타나셨고, 이번에도 석가모니부처님이 설하시는 법화경이 진실하다고 증명하러 오신 거라고 용수보살은 설명하셨습니다.

보탑 안 사자좌에 앉아 계시던 다보부처님이 부처님을 청하여 함께 앉으셨습니다. 부처님이 분신부처님들을 모시려 삼천세계와 팔방으로 이백만억 나유타 세계를 변화시켜 청정하게 하실 때, 지옥, 아귀, 축생, 아수라, 하늘 천신, 인간 등 다른 세계에 옮겨서 남아 있던 사부대중은 다보부처님과 석가모니부처님이 함께 계신 곳으로 오를 수가 없어 부처님께 두 분이 계신 곳으로 올려 달라고 청합니다. 그래서 부처님은 사부대중을 허공으로 올리시고 큰 음성으로 말씀하십니다. "누가 능히 이 사바세계에서 묘법연화경을 널리 설할 수 있겠느냐? 지금이 바로 이 경전을 설할 때이니, 여래는 머지않아 열반에 들 것이니라." 그래서 부처님은 묘법연화경을 부촉할 데가 있었으면 좋겠다고 하셨습니다. 이어 부처님은 게송으로 "내가 불도를 위해 한량없는 세계에서 처음부터 지금까지 널리 여러 경전들 설했으나 그 가운데 법화경이 제일"이라고 하셨습니다. "능히 앞으로 오는 세상에 이 법화경을 읽고 간직한다면 그는 참된 부처님의 아들로 순일한 마음의 경지에 머물 것"이라 말씀하셨습니다. 이것이 다보여래부처님의 서원으로, 이 말씀을 진실로 믿고 의지하여야 합니다. 이와 같이 법화경을 우리들의 삶 속에서 완연히 녹여가지고 부처님 삶으로 거듭나야 합니다. 부처님에게 가려고 하는 진실된 그 마음으로, 열반까지 가려는 믿음으로 거듭난 삶을 이끌어야 합니다.

제바달다품은 법화경에서 가장 중요한 중심입니다. 먼 전생에서 부처님께 법화경을 설한 공덕으로 악인 제바달다가 부처가 된다는 이야기입니다. 더불어 대자대비하신 부처님을 만날 수 있고, 일 점 일 획도 틀리지 않는 원인과 결과, 인과를 알 수 있습니다.

제바달다는 부처님의 사촌동생입니다. 아난존자의 친형이라고도 하고 동생이라고도 하는데 부처님 성도 후 6년째 되는 해에 출가하였습니다. 부처님 제자로 12년간 수행하며 게으름이 없었다고 합니다. 그러나 교만해진 제바달다가 부처님께 교단을 물려달라고 요구했으나 "그대보다 뛰어난 사리불과 가섭이 있다"고 부처님이 거부하셨습니다. 또한 사특한 성품을 안 장로들이 제바달다에게 신통력 전수하기를 거부하자 더욱 앙심을 품었습니다. 그러자 6사외도 가운데 한 사람인 프라나 카샤파에게 접근하여 신통력을 배웠습니다. 그리고 앙심을 품은 제바달다는 빔비사라왕의 아들 아자타삿투와 결탁하여 서로 새 왕과 새 부처님이 되자고 공모하고 아자타삿투를 사주하여 빔비사라왕을 시해하고 왕위를 빼앗게 했으며 부처님을 해치고자 하였습니다. 그래서 영취산 양쪽 골진 곳에서 바위를 굴려 결국은 부처님 발가락에 피를 나게 하고, 또 코끼리에게 술을 먹여 가지고 술에 취한 코끼리가 부처님께 달려들게 하였습니다. 술 취한 코끼리가 그냥 떠받으리라고 생각했는데 오히려 부처님 앞에 와서 고개를 숙이고 절을 하였어요. 방편품에 보면 오천의 비구 비구니를 데리고 떠나버린 게 이 제바달다입니다. 그러다 마침내 이 악인은 열 손가락에 독을 묻혀 부처님을 해치려다 금강처럼 단단한 부처님 몸에 손톱이 부러져 자신의 독으로 그 자리에서 죽습니다.

계율에 보면 다섯 가지 큰 죄, 오역죄가 있습니다. 어머니를 살해하는 것, 아버지를 살해하는 것, 아라한을 죽이는 것, 악심을 품고 부처님의 몸에서 피가 나게 하는 것, 승가의 화합을 깨뜨리는 것입니다. 제바달다는 오계 중에 세 개의 죄를 지었습니다. 부처님 몸에 피가 나게 하고, 아라한을 죽이고, 승가의 화합을 깨트린 가장 큰 죄 세 개를 저지른 인물입니다.

제바달다는 불쌍한 인생에서 부처님을 만나 깨달음을 얻어 아라한과를 성취한 연화색 비구니를 때려 죽였습니다. 증일아함경에 보면 차마 겪어서는 안 될 일을 두 번이나 당하고 출가해서 부처님으로부터 신통제일 비구니로 인가받은, 인도 말로 연꽃처럼 아름답다는 뜻으로 웁빠라완나이고 한문 경전에는 연화색蓮花色 비구니로 불리던 분이셨습니다. 무슨 업장으로, 어쩌면 이다지도 기구한 인생이 있는가 할 정도로 부처님을 만나 출가하기 전 연화색 비구니의 삶은 무간지옥, 아비지옥이었습니다.

부처님 당시 서인도 아반티국 수도 웃자인에 사는 아름다운 처녀 웁빠라완나는 결혼하여 행복했습니다. 얼마 후 임신한 웁빠라완나는 출산 때가 가까워 풍습에 따라 남편과 함께 친정으로 갔습니다. 친정에는 아버지는 죽고 어머니만 있었습니다. 어느 때부터 어머니와 남편이 패륜을 저지르고 있는 걸 알았지만 남에게 알려져 손가락질을 받을까 두려워 내색을 못했습니다. 아이를 낳은 후 참고 참다가 남편과 싸운 후 집을 뛰쳐나와 정처 없이 떠돌며 살다가 상인을 만나 다시 결혼하였습니다. 세월이 흘러 남편은 웁빠라완나의 고향인 웃자인에 외상값을 받으러 갔습니다. 몇 개월 동안

체류하면서 남편은 한눈을 팔아 아름다운 소녀와 정을 통한 후 집으로 데리고 왔습니다. 마음에 큰 상처를 입었지만 얼마 지나지 않아 자기에게 자식이 없으니 이 둘째 부인에게서 자식을 낳게 해서 남편 가문의 대를 이어주면 되겠다고 편하게 마음을 바꾸었습니다. 그 후 둘은 친하게 지냈습니다. 어느 날 웁빠라완나는 둘째 부인의 과거사를 듣다가 소스라치게 놀라 하늘이 무너지는 심정이 되었습니다. 그 둘째 부인이 바로 전남편과의 사이에서 낳았던 딸이었던 것입니다. 그녀는 죽기보다 힘든 절망의 구렁텅이에 빠졌습니다. 전남편은 친정어머니와 정을 통해 결국 같은 남편을 섬기더니, 이번에는 친딸과 함께 같은 남편과 살게 되는 고통을 이기지 못하고 집을 나와 천지사방을 헤매다 왕사성에 있는 죽림정사에서 부처님 법문을 들었습니다. 지치고 절망에 빠진 웁빠라완나를 보자마자 처지를 안 부처님은 법문 중에 그녀를 위한 말씀을 하십니다.

"욕정에서 근심이 생기고 욕정에서 두려움이 생긴다. 욕정에서 벗어난 이는 근심이 없는데 어찌 두려움이 있겠는가."

이런 설법을 들은 후 그녀는 자신의 기구한 운명은 인간의 애욕에서 비롯된 번뇌 때문이라는 것을 깨달아 부처님께 출가하여 부처님을 믿고 의지하여 부처님이 알려주신 촛불 수행을 열심히 하였습니다. 웁빠라완나는 불꽃에 관한 마음 집중을 통해서 불꽃이 끊임없이 변하는 이유, 새로운 불꽃에 의해서 먼저 불꽃은 사라져 버리는 모습을 예의 관찰함으로써 삼매에 들었고, 제행무상 제법무아를 깨달아 아라한과를 성취하였습니다. 이러한 연화색 비구니를 악인 제바달다가 때려죽인 것입니다. 이런 인물이 자기가 부처님이라고 사칭하고 다녔습니다.

부처님은 그런 제바달다를 "전생에 나의 스승이었다"고 하시고 제바달다에게 부처가 되리라는 수기를 줍니다. 그 이유를 보면, 부처님은 먼 전생부터 세세생생 '누군가 귀한 대승의 가르침을 주면 그분을 모시고 공부할 터인데', 하는 서원을 세우고 있었습니다. 그러다 전생 어느 때 왕이었을 때 한 선인이 찾아와 자기에게 묘법연화경 대승경전이 있으니 가르쳐 주겠다고 합니다. 그 선인을 모시고 묘법연화경으로 성불하십니다. 그때의 왕은 부처님이고 그때의 선인은 현세의 제바달다라고 밝히시며 제바달다에게 부처가 된다는 수기를 주십니다. 우리 깜냥으로는 이해가 되지 않지요. 그러나 앞서 본 제10 법사품에서 누구나 법화경 중 한 구절만이라도 받아 지니고 읽고 외우며 남을 위해 해설해 주면 진정 아뇩다라삼먁삼보리심을 얻어 부처가 된다고 하거나 이미 부처라고 말하고 있지 않습니까. 그래서 전생에 부처님에게 묘법연화경을 가르친 큰 선업으로 제바달다는 부처를 이루는 것입니다. 지금 제 얘기가 법화경의 중심입니다.

오역죄 중에 부처님을 피 흘리게 하고 아라한을 때려죽이고 승가의 화합을 깬 제바달다이지만 법화경의 뜻으로 부처가 되는 것입니다. 법화경은 이러한 실상을 가지고 있는 경전입니다. 악인 제바달다도 법화경으로 구원 받았는데 우리가 세세생생 지은 업장을 녹이는 것은 일도 아닙니다. 우리 중생이 부처님을 믿고 의지하며 불타는 세상에서 벗어나려면 법화경을 의지하면 초고속 비행기이며, 피안으로 가는 지름길로 그 이상 좋을 수 없습니다.

우리가 제바달다품에서 또 하나 용기를 얻을 수 있는 게 용녀성불龍女成佛입니다. 용왕의 딸로 문수보살에게 법화경을 듣고 8살 여자 아이가 부처가 되었습니다. 그러니 나이 고하 지위 고하 선업악업 고하를 막론하고 이 묘법연화경을 읽고 외우고 옆 사람에게 기쁘게 알려 준다면 우리는 모두 부처님 제자로 꼭 성불할 것입니다. 이 실상을 믿어 의심하지 말아야 합니다.

합장하겠습니다.

거룩하고 대자대비하신 부처님, 제바달다품에서 우리는 천하의 악인이지만 법화경의 인연으로 부처님께 부처가 된다는 수기를 받는 것을 보았습니다. 법화경을 읽고 외워 주위 사람에게 기쁨으로 알려주는 저희가 되게 노력하겠습니다. 모든 것을 수용하고 받아들이고, 가까이 있는 저희 가족 권속들부터 법화경을 알려주겠습니다. 거룩하신 부처님, 오늘도 제바달다품에서 부처님이 설하신 묘법연화경을 희유하고 찬탄합니다. 부처님을 믿고 따르고 의지하면서 부처님께 한 발 더 다가가고자 노력하겠습니다.
나무 석가모니불 나무석가모니불 나무시아본사 석가모니불

11

행복한 가족 건강한 믿음

안락행품

우리 중생은 행복하게 살고 싶고 고통 없이 편안하게 살고 싶어 합니다. 그러나 오늘의 기쁨이 내일의 슬픔일 수 있고, 오늘의 행복이 내일의 불행일 수 있습니다. 그래서 기쁘고 행복함조차도 끝내 허물어지는 유루有漏이고, 즐거운 일이 사라져 받는 고통이라 괴고壞苦라 합니다. 기쁨에 슬픔의 씨앗이 있고 행복에 불행의 씨앗이 있는 불타는 이 세상에서, 안락행품安樂行品은 부처님이 알려주는 차례대로 길을 가다 보면 안락한 경지에 오른다는 것입니다. 부처님을 모시고 따라가는 길은 진리이고 실상이어서 허망하지 않습니다. 안락행품은 문수보살님의 요청으로 설법되었습니다. 문수사리보살님은 보살들이 법화경을 가르칠 때의 올바른 자세를 부처님께 물어 봅니다. 부처님은 문수보살님과 모든 보살님들에게 네 가지 안락행법을 말씀하셨습니다.

첫째, 법화경을 가르칠 때 보살마하살은 인욕의 경지에 머물러 부드럽고 온화하며 모든 법을 실상 그대로 관찰하되, 함부로 생각하지 말고 분별하지 말아야 하는 이것을 보살의 올바른 수행자세라고 하셨습니다. 항상 좌선하기를 좋아하고 한적한 곳에서 그 마음을 거두어 닦고, 일체법이 공하여 실상과 같음을 관찰하여 허공에 아무런 성품이 없듯이 일체 언어로는 길이 끊어져 말로 표현할수가 없이 한량없고 끝없고 걸림없고 막힘도 없음을 관찰하라 하셨습니다. 왜냐하면 모든 법은 오로지 인연에 의해서만 존재하며, 전도된 생각으로부터 생기기 때문이라고 하셨습니다.

둘째, 여래가 열반한 뒤 말법세상 가운데에서 법화경을 연설하려면 남의 허물이나 경전의 허물을 말하는 걸 좋아하지 말고, 다른 법사들을 가벼이 업신여기지 말며, 다른 사람의 좋고 나쁜 잘잘못을 말하지 말고, 성문승을 구하는 사람에게도 허물을 말하지 말고, 사람 이름을 불러가며 좋은 점을 찬탄하지도 원망하고 싫어하는 마음도 품지 말고, 어려운 질문을 받거든 소승법이 아니라 오로지 대승법으로써 해설하여 일체종지를 얻도록 하라고 하셨습니다.

셋째, 또 응당 모든 법을 희론하여 다투는 일이 있어서도 안 되고, 마땅히 일체 중생들을 크게 불쌍히 여기며, 모든 여래를 인자하신 아버지로 생각하고, 모든 보살들을 큰 스승으로 생각해서 시방의 여러 대보살들을 항상 마음속 깊이 공경하고 예배하며, 모든 중생들에게 평등하게 설법하되 법에 수순하는 까닭에 가르침을 더하지도 말고 빼지도 말며, 심지어 법을 깊이 사랑하는 자일지라도 역시 지나치게 많이 보태 설하면 안 되고, 좋은 도반을 얻어서 함께 경전을 읽고 외우며, 대중들이 찾아와서 가르침을 듣고 받아 능히 간직하여 능히 외우며, 외운 뒤에는 설하고 설한 다음에 능히 쓰고, 남에게도 쓰게 하고 경책經冊에 공양하고 공경하고 존중히 찬탄하라고 하셨습니다.

넷째, 미래 말법세상에 법이 없어지려고 할 때 이 법화경을 간직하는 자가 있다면 미래에는 비록 이 경전에 대해 묻지도 못하고 믿거나 이해하지도 못하지만 부처님께서 아뇩다라삼먁삼보리심을 얻을 때에는 반드시 어느 곳에 중생이 있든지 신통력과 지혜의 힘으로써 인도하여 꼭 이 가르침 안에 머물게 하리라고 서원하셨다고 밝히십니다. 보살마하살로서 여래가 열반한 뒤 이 네 번째 행법을 성취하는 자가 있다면 하늘 천신들이 밤낮으로 항상 법을 위해 호위하고, 모든 듣는 자들을 기쁘게 할 수 있는 것은, 법화경을 과거, 현재, 미래 부처님들께서 신통력으로 보호해 주시기 때문이라고 말씀하셨습니다. 비유를 들어 강력한 전륜성왕이 명령에 순종하지 않는 나라들을 정벌할 때에 병사들 중에 공이 있는 대로 논밭이나 마을, 도시들을 상으로 주거나 여러 가지 보석 등 귀중한 것으로 상을 주는데, 오직 전륜성왕 자신의 상투에 숨겨둔 구슬은 너무도 신통하고 일반 사람들이 믿기 힘든 보물이라 보여주지 않는 것처럼 묘법연화경 또한 쉽게 설하지 않는 법이라고 말씀하셨습니다. 그러나 전쟁에서 공로가 가장 탁월한 병사에게는 크게 환희하여 상투 속에 있던 보배구슬을 상으로 준다 하셨습니다.

이처럼 법화경은 모든 여래의 제일 으뜸가는 설법이고 그 뜻이 가장 심오하여 전륜성왕의 상투 속 보배구슬처럼 나중에야 설하셨다고 밝히시고, 이 법화경은 모든 부처님 여래의 비밀한 법장으로 모든 경전 가운데 가장 최고여서 기나긴 세월 동안 수호하며 함부로 말하지 않고 있다가, 비로소 오늘날에야 가르쳐 주시는 것이라 말씀하셨습니다. 그리고 만약 미래 오탁악세에서 제일 으뜸가는 이 법화경을 설한다면 그 사람은 여태까지 말한 공덕과 같은 큰 이익(아뇩다라삼먁삼보리심)을 얻게 된다고 안락행품 설법을 마치셨습니다.

부처님이 이렇게 설법한 안락행품에서 안락한 경지를 얻으려면 어떻게 해야 한다고 하셨습니까? 제10 법사품에서 법화경을 읽고 외우고 단 한 줄이라도 남에게 알려 준다면 구경에 깨달음, 아뇩다라삼먁삼보리를 얻게 하신다고 하셨지요? 문수사리보살님이 이 법화경을 어떻게 가르쳐야 하는지 질문하셨으니, 보살님들에게 해당될 뿐 아니라 우리들도 남에게 기쁘게 이 귀한 법화경을 안락한 경지에서 알려주는 법문입니다. 안락행품에서 부처님이 말씀하신 네 가지 안락행법은 안락함을 얻는 방법임과 동시에 이 경전을 널리 유포하는 법, 이 두 가지 방편이 담겨 있습니다. 즉 사방팔방 막힘없는 수행법이며 동시에 포교를 잘하게 하는 법문인 것입니다. 법화경을 가지고 많은 신도들이 도반으로 모여 수지 독송하고 사경을 해서 부처님 뜻에 가까운 생활을 하여 안락한 경지가 되어야 법화행자로 자격을 얻는 겁니다. 부처님이 전륜성왕의 상투 속 보배구슬처럼 마지막까지 숨겨 두었던 법화경 말씀은 지금 말법시대 오탁악세에서 우리 중생들이 의지할 가장 수승하고 적합한 법입니다. 가장 빠르게 중생의 업력을 벗어 던지려면 법화경을 수지, 독송, 사경하고 옆 사람에게 기쁘게 알려주는 것이 최고의 방법입니다. 중생의 업력을 벗어던지고 부처님으로 점점 나아가는 것, 그리고 그것이 편안함 가운데 일어나야 하는 것이 안락행입니다.

실질적인 면으로 안락하려면 첫째는 입의 안락이라고 해서 바른 말을 해야 합니다. 우리 모두가 21세기 말법시대를 살고 있지만 중생들끼리 바른말만 해도 사회가 이만큼 삭막하지는 않았을 것이라고 생각합니다. 인간이 인간을 총이나 칼로만 죽이는 게 아닙니다. 사람이 가리고 조심해야 할 것이 혀뿌리라 하지 않습니까. 말 한마디로 천 냥 빚을 갚고 말 한마디로 상대를 죽이는 겁니다. 요즘 사람들 우울증을 포함한 많은 마음의 병이 있습니다. 어려운 처지에 빠져 위로가 필요한 사람들에게 독설을 퍼붓고 저주의 말을 하면 그 사람들은 더욱 세상이 싫고 인간이 싫어 자살을 합니다. 인간이 편리하자고 과학을 발달시켜 인터넷, 모바일폰, 에스엔에스(SNS) 등등 인간 소통을 위해 개발하였지만 갈수록 어떻게 된 것이 개인을 더 고립시킵니다. 인터넷이나 SNS에서 서로 본 적도 없고 연관도 없지만 자기와 생각이나 성향이 다르다고 욕설을 퍼붓고 온라인에서 싸우다가 오프라인 밖에서 만나 살인까지 벌어지는 게 요즘 세상입니다.

저에게 부정적이라고 해도 할 말이 없지만 말법시대, 법이 사라지는 때가 온 것처럼 문득 느껴질 때가 있습니다. 요즘 사람들을 각각 들여다보면 몹쓸 말이 더 많고 남을 비방하고 헐뜯고, 개인주의도 이 이상 더 개인주의가 없을 정도입니다. 달나라 가서 혼자 살고 싶은 사람도 많을 것 같고 그렇게 혼자 살아야 남에게 피해 안 주는 사람도 많은 세상입니다. 더불어 사는 이 세상에서 부처님 제자들은 우선 편안히 바르게 말을 해야 합니다. 절에 다닌다고 하고, 부처님 제자라고 떠벌리지만, 평상시에 입에서 쉴 새 없이 독사 헛바닥을 날름거리다 가끔 부처님께 같이 가자고 옆 사람에게 권유한다면 그건 부처님 욕 먹이는 겁니다. 우선 불자들은 인격이 좋아야 합니다. 먼저 본인이 바른말을 하고 보시바라밀을 행하며 향기 있는 삶이 되면 옆 사람들은 향기를 맡은 벌과 나비처럼 모입니다. 그냥 딱 봐도 착하고 편안하고 좋은 사람으로 느껴지는 사람이 되면 포교는 저절로 되는 것입니다. 법화경을 읽고 외우며 부처님 법을 희유, 찬탄하며 생활화하면 인격은 저절로 연마되고 순일하게 도야陶冶됩니다.

세상이 이렇게 힘들게 된 이유를 보면, 어른이 없는 시대이고, 가장이 없는 시대를 살고, 신뢰하고 바라볼 큰 어른이 없는 시대로, 기준이 없기 때문입니다. 그런 어른들이 다 돌아가셨다고 한탄만 하지 말고 집안에서는 가장과 아내가 역할을 잘하고, 스님들이나 각 종교의 성직자들은 자신의 역할을 잘하려는 노력이 있어야 합니다. 씨앗이 발아하여 차츰 자라서 뿌리 깊은 나무가 되듯이 큰 어른이 되는 것입니다. 그렇게 각자가 자신의 역할을 잘할 때에 세상은 차츰 밝아지고 맑아지는 것입니다. 더군다나 대자대비 부처님을 아버지로 의지하고 믿고 살아가는 불자라면 말이 정말 씨앗이 될 수 있도록 살아가야 하는 거예요. 우선 바르고 좋은 말만 하고 항상 긍정적인 생각을 가져야 합니다. 그 다음에 주위 사람을 안아주고 덮어주고 배려해주고 고려해주고 사려 깊게 살아야 합니다. 한 가지 허물을 보면 열 가지를 못 들춰내서 안달을 부리고, 어떤 잘못을 보면 열 가지 잘못이라도 본 것처럼 그냥 뺑튀기를 하고 이런 게 우리가 사는 삭막한 세상풍조라고 해도 부처님 제자들은 그렇게 살면 안 됩니다. 아랫집 윗집 살아도 조금만 쿵쿵거리면 난리가 나고 조그만 떠들어도 난리가 나고, 길을 가다 어깨가 부딪쳤다고 주먹다짐을 하는 불안한 세상을 부처님 자식으로 잘못 산 우리가 참회해야 합니다. 자리이타自利利他, 다른 사람의 행복을 기뻐하고 이롭게 하는 것이 곧 자신을 이롭게 한다는 대승적 가르침을 우리 불제자들은 다시 살려 생활 속에 접목해야 합니다.

우리나라 인구의 반이 넘는 2천 5백만 정도가 종교를 가지고 있고 그중에 1천1백만 명 정도가 불교신자로 가장 많다고 합니다. 솔직히 천백만 불자가 역할을 잘했으면 대한민국 사회가 이렇게 되는 걸 막을 수 있고, 업력을 정화할 수도 있지 않을까요? 그래서 우리가 참회하고 부처님 법으로 이 세상을 다시 일으켜야 하는데, 그중에 마지막 설하신 법화경을 통하여 법을 전하는 게 가장 수승하다고 봅니다. 부처님 자식으로 불타는 이 세상 소꿉놀이에서 빠져나오려면 늘 법화경을 읽고 외우고 사경하며 이 법화경을 전해야한다는 것이 안락행품의 가르침입니다.

우리는 깨닫지 못한 중생으로 100퍼센트 마음을 쓰지 못하고 삽니다. 뜨겁고 차갑고, 삶과 죽음, 행복과 불행 등등 이원성二元性의 세계에서는 기도를 하는 순간에도 잡념 망상이 떠오르기에 보살이 아니라 중생으로 살고 있는 겁니다. 절에 가면 불이문不二門이 있습니다. 둘이 아니라는 말은 이원성에서 벗어나 하나가 되는 깨달음을 표현한 것입니다. 불이문을 넘기 전까지 우리 중생은 왔다갔다 세세생생 부처님 법을 습관 들여 언젠가 깨달아 알겠다고 서원하며 살아갑니다. 우리가 일체중생을 위한 광범위하고 먼 대상을 위해 기도할 때에는 깨달음으로 가는 큰 지혜, 보리심菩提心을 내어야 하지만 참으로 어렵습니다. 그러나 가까운 가족이나 일가친척 등을 위해 기도할 때는 참말 정성스러워집니다. 그게 중생이고 인간입니다. 불타는 집에 사는 우리 중생은 타인을 위해 마음을 내는 것보다 먼저 자기와 가족에 대해 많은 프로테지의 마음을 냅니다.

누구나 본인과 가족을 위하는 마음이 있습니다. 우선 먼저 행복해져야겠다는 의지가 가족에게 집중됩니다. 그러나 우리는 행복의지는 있어도 방법을 모르는 경우가 대부분입니다. 가족이 행복해지려면 구심점이 있어야 합니다. 남편이든 한집안의 어른이든, 어른이나 남편이 안 계시면 어머니가 가장으로 가풍을 이끌어야 합니다. 가족들 전부가 직장생활 아니면 사회생활로, 공부로, 바쁘다 보니까 저녁에 한두 시간 모이기도 어려운 게 현대생활입니다. 그래서 가풍을 잡아 바쁜 와중에도 가장을 중심으로 시간을 정해 하루의 안부를 묻고 밥을 먹든 차를 마시든 해야 합니다. 가족의 다른 말이 식구食口 아닙니까. 요즘 대부분의 가정이 가풍이 없어 집에 오자마자 뿔뿔이 흩어져 각자 방으로 다 들어가 버리고, 이거 한집에 사는 식구인지 하숙생인지 모르게 산다는 말을 많이 들었습니다.

결혼하여 가정을 꾸렸지만 남편과 아내는 천리만리 정 떨어진지 오래여서 부부는 자식을 매개로 살아가며 마음이 허해져 아이가 어릴 때부터 지나치게 간섭합니다. 아이를 인연 따라 부처님이 양육을 부탁한 하늘선물이 아니라 부모 자신들을 투영한 물건처럼 좌지우지하려고 합니다. 아이 입장에서는 어릴 때는 싫어도 따르다가 사춘기 들어 자아가 커지면 반항하기 시작합니다. 아내가 '이 원수, 원수' 하며 남편과 싸우는 걸 보고 학습한 아이는 이제 모든 불만을 부모와 주위와 사회에 돌립니다.

우리 대한민국은 교육으로 흥했지만 교육으로 망가지고 있습니다. 사람마다 타고나는 몫이 다르고 하고 싶은 일도 다릅니다. 그런데 전부 의사, 변호사, 판사를 시키려고 공부해라, 공부해라! 학원 몇 군데 다니고 파김치가 되어 집으로 돌아오면 또 공부하라고 한다고 합니다. 드물지만 공부를 밥 먹듯 좋아하는 아이는 하지 말라고 해도 공부합니다. 어느 집은 학교공부보다 다른 재능이 있는 아이를 학원에 보내고, 고액과외 보낼 형편이 안 되면 아버지는 퇴근하여 대리운전을 하고 어머니는 남의 집 파출부나 식당에서 일한다는 소리도 들었습니다. 가난한 집이지만 자식이 공부에 뛰어나면 그런 고생을 감수해도 괜찮으나 대개의 아이들은 지금과 같은 시스템의 학교공부는 싫어하고 염증을 냅니다. 자식을 사람답게 키우지 않고 공부벌레로 키워 봐야 머릿속에 지식만 집어넣어 놓으니까, 이거 나중에 지식이 독이 될 때가 많아요. 살아가는데 지식이 득이 되고 사람을 만들며, 도덕과 윤리가 앞장서서 가정을 완벽하게 만들고 더 행복하게 만들려고 교육을 시키는 건데, 실제로는 교육을 위한 교육 쪽으로만 너무 쫓아가 버리니까 뭐가 되겠어요?

나중에 지식이 독이 되어서 독화살이 되어서, 오히려 집안을 헤치는 일이 생기고 아래위가 없는 집안이 됩니다.

무엇보다도 가족이 행복하려면 가장이 중심이 되어 줘야 하며, 가장인 남편이 중심이 되도록 받쳐주는 사람이 아내입니다. 그런 집안의 자제들은 부모에 맞춰서 어른 공경할 줄 알고 순응할 줄 알고 형제자매들이 서로 위할 줄 아는 그런 가족이 되는 것입니다. 이런 가풍 있는 집이 되려면 온 가족이 부처님을 아버지로 모시는 마음을 가져야 합니다. 불자라면 여기서부터 부처님으로 시작되어야 실상이 드러나는 도덕과 윤리가 섭니다. 가족의 도덕과 윤리가 서고 가장을 중심으로 바르게 돌아가는 가정이 되다 보면 사회도 바르게 바뀔 것입니다. 자신과 가정이 안락하지 않으면 어떻게 법화경을 읽고 외우며 옆 사람들에게 기쁘게 알려줄 수 있겠습니까. 그래서 가화만사성家和萬事成입니다.

남자들은 한 평생 아내를 집안의 해, 안해로 잘 보살피고 사랑해야 합니다. 그렇지 않으면 늙어 추해진다고 합니다. 남자는 나이가 50, 60이 넘어가면 다섯 가지가 필요하다고 합니다. 그 다섯 가지는 아내, 마누라, 여편네, 할망구, 그리고 집사람이라는 농담 반 진담 반 우스갯소리가 있답니다. 그런데 여자들이 나이 먹으면 필요한 다섯 가지는 친구, 돈, 시간, 강아지가 있어야 되고 딸이 있어야 한답니다. 남자는 나이 먹으면 먹을수록 필요한 것은 오로지 아내 한 가지밖에 없다는 겁니다. 나이 먹어 아내와 늘 붙어 있으려는 남자를 속칭 젖은 낙엽이라고 부른다니 씁쓸합니다. 세태에 관한 말은 여러 가지로 나오지만, 아내가 진정 남편을 위하고 집안이 가장 중심으로 돌아가는지, 가장이 힘들어하고 고통스러워하고 괴로워할 때 아내로서 제자리를 지키고 잘 살았는지, 절에서 보살로 불리지만 남편에게 보살 소리 듣고 살았는지, 여성분들은 자문해 보십시오.

경제가 안팎으로 잘 돌아갈 때는 누구든지 잘하고 살아요. 뭐 해달라는 것 다 해줄 수 있지요. 그런데 막상 재산이 없어졌을 때, 가난해졌을 때, 물질이 다 없어지고 힘들어졌을 때 그때 가서 부부가 행복하게 사느냐 그렇지 못하느냐는 것은 마음에 달려 있습니다. 안해가 희망을 주고 용기를 주고 남편에 대해서 가장에 대해서 위로를 하면 애들도 역시 마찬가지로 힘들어도 열심히 사는 아버지를 존경하고 가난이 불편해도 따라 잘 삽니다. 지금 가족이 가정 중심적이고 가장 중심적이고 그렇게 해서 어른 중심으로 돌아가는 가정이 되어 있는지 살펴보세요. 남편 위주인지, 아내 위주인지, 자식 위주인지 살펴보면 요즘에는 가정이 전부 자식 위주로 돌아갑니다. 어떻게든 돌려놓아야 하는데 쉽지 않을 겁니다. 결국 아내이며 어머니인 여성들이 돌려야 합니다. 그래서 가장 중심으로 돌아가고, 여성은 가장을 돕는 아내가 되고, 자식은 가장인 아버지를 중심으로 응집이 되었을 때 정이 넘치는 집안이요 가정 자체가 화목하고 행복한 가정입니다. 애들 중심으로 돌아가도 안 되고, 또 엄마 중심으로 돌아가도 안 되는 거예요. 장성한 처녀 총각들은 부처님 법을 좀 알고 결혼해야 합니다. 남녀가 만나서 자기들 둘이만 사는 게 아니라는 거죠. 남녀가 만났다는 건 집안과 집안이 연결된 일이고, 알고 보면 힘들고 어렵고 또 많이 참아야 합니다. 그래도 본인의 업연으로 감당하고 이겨 나가야 될 일이기 때문에 부부로서 만나는 겁니다.

결혼할 때가 되면 과연 이 남자를 내가 평생 남편으로 모실 수 있는 인격이 있는 사람인가? 이 사람을 평생 내 아내로, 반려자로 받아들일 수 있는 가치가 있고 인격이 있는 사람인가? 이런 걸 신중하게 따져보고 그 다음에 결혼해야 합니다. 인격을 보지 않고 돈, 인물 등등 조건을 보아서는 힘듭니다. 재물은 언제 어떤 일로 사라질 수 있고, 인물은 보다보면 이내 식상해지고 나이가 쭈그렁바가지로 만듭니다. 그러나 뙴뙴이가 된 인격자는 평생 변함없고 세월이 갈수록 더 성숙해집니다. 아직 젊어서 인격이 성숙되지 않았다면, 함께 부처님을 믿고 모시며 살 수 있는 사람인지는 꼭 가늠해 보아야 합니다.

집 형편이 많이 힘든데도 웃는 보살님이 있습니다. "아이고, 힘들다"하면서도 웃는 그분에게 "왜 그렇게 웃으세요?" 물어보니 "아! 힘이 들어서요. 그냥 웃어야지 어떻게 해요." 이런 보살님처럼 멋있는 삶이 되어야 합니다. 처녀 총각들은 결혼을 하고 가정을 꾸려 살다 보면 즐거울 때도 고통스러울 때도 있다는 것을 꼭 인식하고 결혼해야 합니다. 늘 변하는 것만이 진리라는 법문처럼 달콤한 사랑도 지긋지긋한 미움으로 바뀔 수 있다는 법칙을 알아 마음씀씀이가 제일 중요한 해답으로 알아야 합니다. 그렇게 살다보면 힘들어도 웃는 보살님처럼 살 수 있습니다. 웃는 보살님이 언제까지나 계속 힘들지만은 않을 것입니다. 지금 힘들기 때문에 상황은 좋아질 수밖에 없는 것입니다. 이번 생에 안 좋으면 다음 생에 좋아지는 게 인과 윤회의 법칙입니다. 달이 초승달에서 보름달로 변하듯 상황은 늘 변하고, 내가 감당할 몫이기 때문에 닥친 상황으로 인식하면 보살님처럼 웃을 수 있습니다.

그리고 결혼한 신혼부부들은 필히 부처님께 좋은 인연으로 오는 아이를 가지게 해 달라고 정성스럽게 기도해야 합니다. 가만 보면 기도하여 맺어진 아이는 달라도 많이 다릅니다. 절에 와 노는 걸 보면 달라요. 부처님께 기도하고 맺은 아이들은 확실히 틀려요. 우리 절에 그렇게 기도해서 낳은 애들이 몇몇이 있는데, 아직 말도 제대로 못하는 아이가 절에 와서 합장부터 하고, 있는 듯 없는 듯 조용하게 놀아요. 보통아이들은 부처님전에 올린 공양물을 못 만져 안달이고 법당이 운동장인 양 뛰어 다닙니다. 그러나 아무리 어려도 기도로 연을 맺어 받은 아이들은 좌복을 깔아주면 그대로 앉아 있어요. 그게 틀리더란 거죠. 가정을 이루려는 사람들도, 짝을 찾는 청춘남녀들도 부처님을 믿고 의지하며 좋은 사람 만나게 해 달라고 기도해야 합니다. 좋은 의도의 기도는 반드시 이루어지고 그런 좋은 동기의 기도는 부부와 자식들이 함께 수행하며 업을 정화하는 동수정업同修靜業하는 도량이 됩니다. 티베트에 "뿌리가 약이면 잎도 줄기도 열매도 약이고, 뿌리가 독이면 잎도 줄기도 열매도 독"이라는 바른 동기에 관한 속담이 있습니다. 부처님께 바른 동기로 원을 세워 기도하며, 가정을 이루고 가정을 이끌어, 모든 가족이 성불하시기 바랍니다.

부처님을 찬탄하고 공경하고 공양하고 예배하면 여러분들이 이루고자 하는 일들이 이루어지게 돼 있다는 거죠. 불교라는 것은 공한 도리를 닦아 깨우쳐 아는 것도 있지만, 법화경을 보면 믿음이 제일이라고 밝히고 있습니다. 힘들 때 이렇게 기도하세요. "부처님, 오늘도 제가 짓눌리고 힘든 일이 많았지만 부처님 앞에 와서 이 모든 것을 다 털어놓고 하소연할 수 있어서 너무 감사합니다." 그러고 저절로 눈물이 나고 가슴이 울먹거려지고…… 이게 가슴으로 사는 것입니다. 이렇게 맺힌 것은 부처님 앞에 가서 다 풀어내고 가정에서는 밝게 웃는 아내가 되고, 그런 아내를 남편과 자식들은 보살님으로 보아야 합니다.

우리 불자들은 바른말을 써야 하고, 고운 말을 써야 하고, 말로 정을 나타낼 줄 알아야 합니다. 프랑스 남쪽 니스라는 도시에 카페가 있는데 그 카페는 '커피 줘!' 이렇게 반말을 하면 종업원이 커피값을 만 원을 받는다고 합니다. '커피 한잔 주세요.' 하면 얼마 받는 줄 알아요? 6천 원 받는데요. "안녕하세요? 커피 한잔 주세요." 이러면 2천 원 받는데요. 다 같은 커피라고 합니다. 부처님도 안락행품에서 첫 번째 행법으로 "말 잘하라"고 하신 거 기억하십니까? 그러면 여러분은 지금 만 원짜리를 먹고 있습니까? 6천 원짜리를 먹고 있습니까? 2천 원짜리를 먹고 있습니까? 말 한마디에 천 냥 빚을 갚는다고 합니다. 까페 주인이 외지에서 오는 손님들이 말을 함부로 해서 종업원들이 상처받는 것을 보고 거기에다가 가격표를 그렇게 써놨다는 신문 칼럼을 보았습니다. 얼마나 멋있습니까? 집안에서도 그와 똑같다, 이 말입니다. 제발 좀 말로서, 돈 안 드는 거 좋은 말만 하고 삽시다! 서로의 처지를 인정하고 안타까워하고 희망과 용기를 주어 그 힘으로 온 가족이 꿈을 키울 수 있는 말을 해야 합니다. 앞서 안락행품에서 말을 안락하게 한다는 것이 바로 이것입니다. 아내와 자식들에게 가장으로 인정받는 말 한마디 들으면 마음이 편안하고, 희망에 가슴이 설레면 어려운 일도 물러갑니다. 아내가 '이렇게 좋고 보배 덩어리인 줄 몰랐다'는 소리를 들을 정도로 절 보살님들은 마음 바꾸기를 해야 합니다. 화와 복의 근본이 혀뿌리라는 말이 있습니다. 천수경의 처음이 스스로 말로 지은 구업을 깨끗이 하는 "수리수리 마하수리 수수리 사바하!" 정구업진언淨口業眞言입니다. 우선 가정이 안락하고 세상을 안락하게 하려면 바르고 좋은 말을 하는 습관을 키우고, 그리고 참고 참으며 인욕바라밀을 해야 합니다.

우리가 생활 속에서 안락함을 찾으려면, 안락행품에서 부처님이 알려주신 네 가지 안락행법을 더 공부하면서, 내 가정과 사회가 과연 어디서부터 안락한 경지를 찾아야 할지를 생각하고, 그것에 맞는 기도를 하면 우리들 모두 안락한 경지에 도달할 것이라 믿고 부처님을 의지합시다. 이것이 인욕입니다. 나 하나가 참고 이겨냄으로서 내 주위와 가정의 행복이 시작된다는 것을 명심하시기 바랍니다. 나아가 내 가정뿐 아니라 모든 중생이 이 법화경을 통해 안락한 경지를 얻기를 서원해야 합니다.

합장하겠습니다.
거룩하고 대자대비하신 부처님 감사합니다. 안락행품에서 악업도 선업도 모든 것이 말로써 생기고 풀어진다는 것을 알았습니다. 입으로 지은 모든 죄업을 참회합니다. 부처님의 발원으로 모든 중생이 어리석어 지은 모든 구업을 소멸시켜 주세요. 가장은 가장의 자리에, 아내는 아내의 자리에, 자손들은 자손의 자리에서, 바른 가정이 될 수 있게 해주시고, 모두가 바르게 부처님을 믿고 의지하여 우리 가족은 물론 모든 이들에게 건강과 행복이 함께해 주기를 간절히 절하며 기도드립니다.

나무 석가모니불 나무 석가모니불 나무시아본사 석가모니불

12

우리들은 모두 윤회를 뿌리로 한다

|

종지용출품

|

법화경 제15 종지용출품과 제16 여래 수량품은 같은 몸입니다. 두 가지 품으로 법신 부처님의 모습을 밝히고 있습니다. 종지용출품從 地涌出品은 글자 그대로 땅에서 힘차게 솟아오른다는 뜻입니다. 땅에서 지하수가 기둥 모양으로 솟구쳐 오르는 걸 용출수라고 합니다.

석가모니부처님은 다보부처님과 함께 다보탑 안에 앉아 계셨습니다. 그때 법회에는 다른 세계에서 온 보살마하살들이 여덟 항하의 모래알보다 많았는데, 그 보살들이 부처님 열반 후 사바세계에 법화경을 널리 설하겠다고 허락하여 주시기를 청합니다. 그러자 부처님은 "그대들까지 굳이 애쓸 필요가 없다" 하시고, 우리 사바세계에도 육만 항하의 모래알처럼 많은 마하보살이 있으니 걱정 말라고 하셨습니다. 우리 사바세계에 법화경을 설하겠다고 한 보살들의 청을 부처님이 거절하신 것은 그 보살님들이 다른 세계 보살이기 때문으로, 그들이 온 다른 세계에 신경 쓰라는 뜻이라고 생각합니다. 예를 들어 말이 통하지 않고 우리 형편도 잘 모르는 러시아 사람이 우리나라에 와서 법화경을 설하는 것보다 말도 통하고 우리 형편을 잘 아는 우리나라 사람이 법화경을 설하는 것이 적당하다는 말씀입니다.

그때 법회 자리에 갑자기 삼천대천세계의 온 세계 땅이 진동하며 힘찬 용천수처럼 공중에 솟아 천만억 보살마하살들이 나타납니다. 우리 사바세계를 감당하는 천만억 보살님들이 다보탑에 계신 다보부처님과 석가모니부처님 처소에 나아가 발밑에 절하고 자리를 잡고 앉았습니다. 그때 미륵보살님은 현세의 많은 보살들과 마음속으로 자신들이 모르는 천만억 보살들이 어떻게 존재할까 의심을 합니다. 이 세상에 정반왕의 아들 싯다르타 태자로 태어나서 생로병사 사문유관四門遊觀하여 6년 고생 뒤 고행의 허망함을 아시고 보리수 아래에서 아뇩다라삼먁삼보리심을 얻어 성불하셔서, 초전법륜부터 마지막 가르침인 법화경을 설하시는 지금까지, 석가모니부처님을 잘 안다고 생각하는 착각으로 미륵보살을 포함한 현세 보살들이 의심을 낸 것입니다. 석가여래 부처님께서 본연의 자성을 드러내 보살들의 의문을 풀어주는 내용이 종지용출품입니다. 현세보살들조차 자기 색견色見에 갇혀 부처님들의 삼신三神의 원리를 몰랐습니다. 적합한지 모르지만 간단히 예를 들면, 아버지는 집안에서는 가장인 아버지고 회사에서는 사장이고 친목모임에서는 회장이듯, 한 아버지이지만 역할은 다릅니다. 부처님도 법신法身,

보신報身, 화신化身으로 나누어 봅니다. 모든 중생을 제도하기 위한 역할의 나눔이지, 세 분이 한 분으로 부처님이 티끌 하나 다르지 않습니다.

법화경을 여러 번 읽어보면 서품에서 제14 안락행품까지는 화신化身 석가모니부처님이 설법하신 것을 알 수 있고, 제15 종지용출품부터 제28 보현보살권발품까지는 법신法身을 드러내셔서 설법하신 것입니다. 이 점이 묘법연화경이 얼마나 중요한지를 더욱 더 알게 합니다. 법신 비로자나부처님은 중생을 직접 제도하지는 않는데도 법화경에서는 직접 설법을 하십니다. 법신이란 화신으로 오신 석가여래 부처님이 우리에게 가르쳐주신 영원불변하고 유일한 법을 형상화한 것으로 비로자나불 혹은 대일여래 부처님이라 합니다. 법신 부처님을 태양을 뜻하는 대일여래라 이름하는 것은 태양빛처럼 어디나 편재하는 법성을 뜻하고 있습니다.

보신과 응신應身은 같은 뜻입니다. 보신의 보報나 응신의 응應은 모두 받는다는 뜻입니다. 아뇩다라삼먁삼보리심을 얻어 부처가 되신 뒤 끊임없이 정진했던 과보를 중생들을 위해 서원하여 만드신 극락정토에서 상락아정常樂我淨을 즐기십니다. 응신 보신부처님은 중생의 간절한 서원에 따라 중생 앞에 나타나기도 하고 내생에 그 중생을 제도하기도 하는 부처님입니다.

화신이란 본래 법신 부처님이지만 중생 제도를 위해 중생의 몸으로 바꾸어 직접 중생의 세계로 오신 석가모니부처님이십니다. 법신부처님이나 보신부처님과는 달리 화신 석가모니부처님은 우리 중생들이 현생에서 염원하면 언제나 만날 수 있습니다. "부처님을 올바르게 보는 자(正見者)는 곧 부처님의 참된 아들(佛眞子)이니 부처님의 입으로부터 태어나며(從佛口生), 올바른 가르침을 좇아서 태어나며(從正法生), 올바른 가르침의 교화를 좇아서 태어나며(從法化生), 가르침의 재산을 상속(得法餘財)하는 사람"이라고 승만경에서 말합니다.

법신, 보신, 화신 부처님들 옆에는 또 협시보살님들이 계십니다. 대일여래 법신부처님 옆에는 문수, 보현보살이 계시고 아미타부처님 옆에는 관세음, 대세지보살님이 계시고, 화신 석가모니부처님 옆에는 문수, 보현보살님이 계십니다. 또한 수많은 보살님들도 우리 중생을 구하기 위해 각기 화신으로 역할을 하십니다. 모든 부처님과 수많은 보살님들이 지금도 불타는 집에서 소꿉놀이하는 어리석은 중생을 위해 법화경을 설하십니다. 진실로 부처님을 믿고 의지하고 마음 내어 기도하면 석가모니부처님이 법화경을 설하시는 영취산 아래 그 법석에 바로 가서 은혜로운 법문을 들을 수 있습니다.

미륵보살님의 질문에 부처님이 그런 궁금증을 물은 미륵보살님을 칭찬한 다음 말씀하십니다. 작은 소견으로 의문을 품은 미륵보살님을 왜 칭찬하였는지를 알면, 부처님이 중생제도를 얼마 치밀하게 하시는지 알 수 있습니다. 높은 경지에 오른 보살님들도 색견에 전도되어 부처님 실상을 못 보았는데, 하물며 우리 중생은 법화경을 읽고 외우며 얼마나 의문과 사견에 사로잡히겠습니까. 해서 의문을 가지고 질문하신 미륵보살님을 칭찬하신 것입니다.

"지금 땅에서 솟은 천만억 대보살마하들은 사실 내가 사바세계에서 아뇩다라삼먁삼보리를 얻은 후 그 모든 보살들을 교화하여 인도하였다"고 말씀하십니다. 그러자 현세 수많은 보살들은 어떻게 세존께서 그토록 짧은 시간 안에 무량무변한 아승기 수의 천만 억 보살을 교화하여 아뇩다라삼먁삼보리에 머물게 하실 수 있었을까 황당해하고 의문을 가지고 미륵보살님은 거듭 법을 청합니다. 땅에서 솟구치는 용출수처럼 여래수량품을 드러내기 위한 종지용출품 내용은 여기까지입니다.

제14 안락행품安樂行品까지는 법화경을 읽고 외우고 사경하고 수행하여 안락한 경지에서 이렇게 법화경을 설하라는 법문이었습니다. 예를 들면 서품부터 안락행품까지가 초등학교, 중학교, 고등학교 과정이었다면, 제15 종지용출품부터 제28 보현보살권발품까지는 대학교, 대학원, 박사과정으로 공부를 마치는 것입니다.

물론 미륵보살님의 질문으로 석가모니부처님께서 법신의 모습으로 영원토록 유일한 법성을 드러내니 칭찬 받을 만합니다. 현세 색신色身으로 석가여래부처님을 보아 온 미륵보살은 부처님이 성도하시고 사십 년 동안 설법한 것을 알고 있으므로, 천만억 저 한량없는 보살들을, 천만억 겁의 오랜 세월을 헤아려도 그 많은 보살들을 교화할 수 없다고 너무도 황당해하며 의문을 가집니다. 비유를 들어 스물다섯 살밖에 안 되어 보이는 청년이 백 살 먹은 노인더러 내 아들이라 말하고, 백 살 노인 역시 청년을 가리켜서 우리 아버지이며 우리들을 낳아 길러주셨다고 한다면 이치상으로 쉽게 믿기 힘들다고 하는 것입니다.

우리 옛날이야기 중에 어느 선비가 길을 가다 보니 새파랗게 젊은 사람이 회초리로 노인의 종아리를 때리고 있어 놀라 연유를 물어보니, 젊은이가 아버지인데 먹으라는 어느 약초를 먹지 않아 아들이 이리 늙었다는 내용입니다. 이 이야기는 어쩌면 법화경을 읽은 사람이 만든 얘기일 수도 있습니다.

이 법화경에서, 지혜제일 사리불존자님을 비롯하여 십대제자분들이 모두 아라한과를 얻어 '이제 윤회를 끊고 공부를 다 끝냈다'고 교만하여 방일하다 부처님이 이룬 아뇩다라삼먁삼보리를 알고 희유하다고 찬탄하며 다시 공부를 하는 모습을 보았습니다. 미륵보살님도 이런 겁니다. 초등학교부터 대학원 박사과정까지 하나도 빠트리면 안 되는 차제인데 어리석은 교만에 빠져 지식 조금 아는 것으로, 혹은 번갯불처럼 번뜩인 즉각을 깨달음이라고 폼을 잡습니다. 미륵존자님이 작고 좁은 소견에 사로잡힌 것은 시간이 오늘, 내일, 모레, 이렇게 일직선 평면으로 흘러간다는 고정관념이 착각을 일으킨 것입니다. 사바세계 중생의 시간과 공간이 아라한들과 다르고, 아라한들의 시공간은 보살들과 다르고, 보살들도 지금 종지용출품에서 보듯 부처님들과 하늘 땅 차이로 다릅니다. 티끌 속에 삼천대천세계라는 공간의 비밀이 있고 무량겁이라는 시간의 비밀이 있습니다.

사실 부처님은 부처를 이루신 지가 이미 오래 되었고 그 세월은 한량이 없다는 것을 미륵보살님과 현세 수많은 보살님과 우리 중생을 포함한 모든 존재에게 앞으로 읽을 여래수량품에서 명확히 알려 주십니다. 부처님께서 법화경을 마지막에 설하신 이유는, 근기가 되기 전에는 이 법을 받을 수 없는 걸 아셨기 때문이며, 모든 중생을 포함 모든 존재에게 마지막 유산으로 위없이 한량없는 이 법을 설법하셨습니다.

　우리들도 세세생생 작고 미세하지만 원인을 지어 불법과 인연이 있었기 때문에 이렇게 종지용출품을 가지고 공부할 수 있는 것입니다. 우리 중생이 불타는 이 세상에서 소꿉놀이에 정신 팔려 고통스럽게 살다가 이번 생에 사람 몸 받아 부처님 법을 만나게 된 것을 정말로 감사해야 합니다. 나라는 존재가 그냥 생겨났으며 태어난 대로 살다 죽으면 끝이라고 하는, 윤회를 믿지 않는 외도들이 몇 천 년 전에도 있었습니다. 지금은 재물과 물질이 사문난적斯文亂賊 외도여서, 살아있을 때 잘 먹고 즐겁게 살면 되고, 눈에 보이는 대로 그냥 즐기고 싶은 대로 하며, 오욕락(五欲樂: 성욕, 식욕, 명예욕, 수면욕, 재물욕)으로 살아가고들 있습니다. 그걸 보고 자기 멋대로, 막행막식하는 삶이라는 거예요. 이렇게 사는 것으로 끝나는 것이 아니라 그 인연 과보에 의해서 그 다음 몸을 받게 돼 있다는 것을, 윤회를 철저하게 믿음으로 받아들여야 합니다. 철저하게 인과의 도리와 윤회를 믿어야만 바른 삶의 규범을 잡아 부처님 제자로 착하게 살다 갈 수 있습니다. 십선十善을 행하고 십악을 멀리해야 합니다. 콩 심은 데 팥 안 나듯, 잘못 살고서 좋은 결과를 원한다고 되겠습니까? 인과는 일 점 일 획도 틀리지 않는 법칙이므로 윤회도 그러합니다.

　오래 전부터 전생을 기억하는 사람들이 많이 발견되었습니다. 그중에 15,6년 전 캄보디아에서 실제로 일어났던 이야기입니다. 우리나라 텔레비전에서 본 내용입니다. 한 동네 친구인 청년 둘이 전쟁을 나가게 되었는데 그 마을에 두 사람이 똑같이 좋아했던 한 여인이 있었다고 합니다. 그 여자는 두 청년 중 한 사람이 집으로 돌아오자 결혼을 하여 아이를 낳고 살았답니다. 뒤늦게 다른 친구가 휴가를 나와 고향 마을에 왔습니다. 휴가 나온 청년은 이미 결혼한 여인을 보고 "너는 왜 나를 기다리지 않고 저 친구를 선택했냐"고 이유나 한번 듣자고 이야기하다가 그 남편이자 친구하고 싸움이 붙었답니다. 화가 치민 그 청년은 여자와 아이를 밖으로 내보내고 수류탄을 터트려 친구와 함께 죽었답니다. 그 뒤 어느 때 그 마을에서 한 30리 떨어진 동네에 자식이 없어 고민하는 부부에게 아이가 생겼다고 합니다. 달이 차고 그렇게 기다리던 아이가 태어나자 얼마나 예뻐요. 그런데 걸음마를 시작하니 자꾸 어디를 가려고 하고, 조금 더 크니 30리 길을 가는 거예요. 계속 그 집만 가는 거예요. 아이 부모가 "왜 그 집에 가냐"고 물으니 아이 왈, 전생에 그 여자 남편이었을 때 부부간에 약속하기를 "결혼 이후에 한 명이 먼저 죽거든 꼭 다른 사람을 지켜주자" 그런 이야기를 했대요. 수류탄이 터져 죽고 나서 그 약속을 지키기 위해 거기서 30리 떨어진 마을에 태어났다고 합니다.

우리가 전생을 기억하지 못하는 건 자연의 법칙이고, 우리의 삶을 복잡하게 만들지 않으려는 법칙입니다. 생각해 보세요. 전생을 기억한다면 태어나 말을 시작하며 아버지에게 '야! 이 원수야' 하고 욕할 수 있고, 어머니에게는 '아이고, 내 딸아' 할 수도 있습니다. 이래서는 중생의 삶이 바르게 이어지지 못하기 때문에 죽은 다음 영가가 강을 건너고 샘물을 먹으면 전생의 기억을 잃는다고 합니다. 잘 생각하면 그 점이 축복이고 법신, 보신, 화신, 이 세 부처님이 세운 메커니즘이 참으로 보편타당하고 정교합니다. 그런데 티베트를 보면 공부 많이 한 분들이 중생을 위하는 서원을 세우고 환생하는 분들이 있습니다. 그분들을 뚤꾸라고 합니다. 14대까지 이어오는 달라이 라마 제도나 고귀한 보석으로 불리는 린포체 제도가 그렇습니다. 공부 많이 한 스님들은 금생에 한 공부를 다음 생으로 가져가 중생들을 돕겠다는 보리심의 서원으로 태어나는 것입니다. 참으로 아름다운 윤회입니다만, 공부 없고 막 살던 사람에게는 전생의 기억은 저주입니다.

일어나는 모든 일은 전생이든 현생이든 내가 뿌린 씨앗대로 일어났다고 생각하고, 누가 나를 욕하고 괴롭혀도 묵묵히 인욕바라밀을 한다면 좋은 공부를 지어 나가는 것입니다. 우리는 윤회를 철저하게 인과로 깨닫고 삶에 적용해야 제대로 된 부처님 제자입니다. 집에서나 직장에서나 절에 오거나 가거나 항상 이와 같은 도리를 알고 부처님을 찾으면 우리는 매일매일 생활 속에서 번갯불 같은 즉각卽覺이 자주 일어나고, 그 즉각이 쌓여 지혜의 물미가 터지고 증장이 되어 그 언젠가 깨달아 알아집니다.

불타는 세상이지만 사람 몸이니 먹고 살아야 하고, 작지만 남을 도울 정도로 사는 것이 복덕이 구족한 것으로 알아야 합니다. 그렇게 부처님의 중도中道로 살다보면 삶과 수행이 합쳐져 용출수처럼 공중으로 치솟는, 결국은 바라던 일이 다 이루어지게 되어 있습니다. 내일은 어떻게 될지 모르겠지만 오늘까지는 부처님의 가피로 살아오게 해 주셔서 부처님께 감사하며, 과거나 미래에 끌려 다니지 않는 것이 중도의 삶입니다. 그 다음은 작은 여유가 있든, 아니

여유를 만들어서라도 베풀어야 합니다. 먼저, 베푼다는 생각 없이, 대가 없이 주는 무주상보시를 해야 합니다. 사람은 아무리 철저해도 혼자는 살 수 없습니다. 산중에 앉아 있는 스님들도 마찬가지입니다. 알고 보면 산하대지와 하나가 되고 함께 호흡을 하니까 그 속에서 씨앗이라도 심어서 같이 먹고 사는 겁니다. 유마경에 보면, 유마거사님이 병이 든 이유는, 병문안 오는 사람이 깨달음을 얻게 하려는 방편이었습니다.

큰 그림을 그리려면 큰 도화지가 있어야 합니다. 큰 도화지는 보리심입니다. 공양이나 보시는 돈으로 하는 것이 아니고 지극한 마음으로 하는 것입니다. 부처님 당시 가난한 여인의 작은 등잔은 십대제자들이 신통으로 끄려 했지만 끌 수 없었습니다. 아침저녁으로 자비희사慈悲喜捨 사무량심 기도를 지극한 보리심을 가지고 하세요. '모든 이들이 행복하기를, 모든 이들이 고통에서 벗어나기를, 모든 이들이 고통의 원인에서 벗어나기를, 모든 이들이 고통에서 벗어나 깨달음을 얻기를' 하고 기도하세요. 모든 중생과 동수정업同修靜業하는 마음이어야 합니다. 남편도 자식도 일가친척도, 전생의 내가 사랑하고 미워한 은인이든 원수든, 인연 있는 모든 사람이 중생 안에 다 함께 있습니다. 그래서 우리는 필연으로 보리심을 증장해야 합니다. 부처님께서 법화경에 분명히 말씀하신 대로 "법화경 이 법을 읽고 외우고 사경하고 기쁘게 중생에게 전하는 것"이 가장 큰 보리심입니다. 그래서 위없는 아뇩다라삼먁삼보리심이라고 하는 것입니다.

부처님을 믿고 의지하는 마음을 이와 같이 가지고 간다면 이 믿음은 불멸의 보리심입니다. 불멸의 보리심이면 깨달음입니다. 저도 깨달음에 가지 못했지만 알 수는 있습니다.

우선 부처님께 믿고 의지하는 마음을 흔들리지 않는 부동심으로 닦아 나가야 합니다. 좋은 지경이든 힘든 지경에 처하든 믿음이 이어져야 덕이 되고 복덕과 지혜가 되어서 나를 살리는 길이 됩니다. 물신物神과 물욕이 지배하는 지금 21세기에 해야 될 공부가 바로 이 법화경입니다. 법화경을 읽고 외우고 사경하며 주위에 알려 주며 그렇게 살면 먼저 가정이 밝아지고 사회가 밝아지고 국가도 밝아집니다. 나로부터 시작되는 나 없는 나의 삶이, 내가 없는 나의 삶이 보리심으로 내 주위를 온통 밝게 해주고 사회를 밝게 하고 국가도 밝게 해 주는 거예요.

이번 생에 태어나지 않은 셈치고 모든 걸 내려놓고 부처님을 따라 힘차게 살아봅시다.

합장하겠습니다.

대자대비하신 부처님 감사합니다. 종지용출품에서 우리는 인과에 따라 끝없이 윤회한다는 사실을 다시 한 번 깨닫고 자각하게 되었습니다. 부처님의 진실된 제자로서 부처님의 자식된 도리를 하는 그런 삶을 살기를 서원합니다. 부처님, 어리석은 저희에게 지혜복덕을 자비로 내려주시어, 모든 중생이 고통과 괴로움에서 구제되고 고통과 괴로움을 이겨나갈 수 있는 힘이 되어 주시기를 부처님께 간절히 기도합니다.

나무 석가모니불 나무 석가모니불 나무시아본사 석가모니불

13

가지가지 현상을 받아들여 알아차리고

여래수량품

제15 종지용출품과 여래수량품은 같은 몸입니다. 종지용출품을 통해 미륵보살님은 부처님이 설법한 기간이 40년에 불과한데 어떻게 천만억 대마하보살들을 교화하였을까 황당해하고 의문을 가집니다. 그 질문을 칭찬하시며 여래수량품이 전개됩니다. 부처님 가르침에 의문을 가지고 질문하는 미륵보살을 부처님이 칭찬하셨습니다. 야단쳐야 마땅하다고 우리는 생각할 수도 있습니다. 그러나 보살들도 의문을 가지는 법을 중생들이 이해한다는 것은 불가능하므로, 적절하게 설명하는 법을 청한 미륵보살님을 칭찬하시는 것입니다. 우리 중생의 이해는 대개 개념과 관념으로 왜곡시켜 자기대로 봅니다. 그 한계를 벗어나 부처님 뜻을 부처님 수준으로 알려면 아뇩다라삼먁삼보리를 얻어 부처가 되어야 합니다. 일체종지一切宗

智를 얻기 전에는 알 도리가 없습니다.

법화경에서 삼승귀일三乘歸一 일불승一佛乘이라 하신 것은 초전법륜 사성제를 시작으로 마지막 이 법화경으로 마무리하시며 모든 법은 하나라는 겁니다. 법신, 보신, 화신 부처님이 역할이 다르듯 성문, 연각, 보살 공부도 높고 낮음이 아니라 공부 길의 단계다, 이 말입니다. 삼승의 공부를 수신제가치국평천화로 비유할 수 있습니다.

일승 초기불교의 수행의 대상은 지금 현재의 오온(五蘊: 色受想行識)입니다. 그리고 대상과 하나가 되지 않고 대상을 객관적으로 분리해서 보는, 찰나 집중을 위빠사나 관법수행觀法修行이라 합니다. 수행자가 현재 몸과 마음에서 일어나는 현상에 관하여 어떤 번뇌도 없이 있는 그대로 알아차림을 하여 있는 그대로 통찰하는 수행으로 첫 번째 수신修身에 해당됩니다.

그 다음 이승 연각승緣覺僧은 인연을 관찰하여 깨닫는 수행입니다. 무명無明-행行-식識-명색名色-육입六入-촉觸-수受-애愛-취取-유有-생生-노사老死 12연기를 역으로 관찰하여 스승 없이 깨달아 독각獨覺이라 하고 벽지불이라고 합니다. 인간이 제일 먼저 인연 맺는 게 부모고, 그 다음 조부모, 형제자매, 일가친척입니다. 그래서 이승 연각은 두 번째의, 집안을 다스리는 제가齊家입니다.

삼승 보살은 모든 중생을 위한 보리심으로 보살지에 이른 분들입니다. 보리심을 잘 알 수 있는 경전이 입보리행론入菩提行論입니다. 인도의 수행자 산티데바 적천존자寂天尊子께서 쓰셨습니다. 그 게송 중에 "이 허공계가 다할 때까지 보리심을 놓치지 않고 중생을 위해 살겠다"고 서원하십니다. 부처님 자녀로 모든 중생과 동수정업同修淨業하는 우리들이 꼭 읽어야 하는 경전입니다. 보리심에는 보리심을 발하고, 보리심에 들어 보리심을 행하는 세 단계가 있습니다.

유마거사님이 아프셔서 문수보살님이 문병을 가 "왜 아프냐"고 물으니 유마거사님이 "중생이 아파서 아프다" 하시고, 병을 방편으로 병문안 오는 사람들을 아뇩다라삼먁삼보리로 이끌었다고 합니다. 유마거사님은 가장 큰 행보리심行菩提心의 본을 보여주셨습니다. 이렇듯 보리심은 큰 수레에 모두 타고 함께 가자는 보살들이 대자대비 부처님의 뜻을 세상에 펴는 가장 큰 대승불법으로, 세 번째 치국평천하治國平天下에 해당됩니다.

이렇듯 삼승은 단계에 따른 분류일 뿐이라 부처님은 일불승一佛乘이라 하신 겁니다. 일승, 이승, 삼승과 마지막으로 설하신 법화경까지 모든 팔만사천법문은 우리 중생을 불타는 집에서 건지기 위한 대자대비 부처님의 방편입니다. 법화경이 중요하고 귀한 이유가 팔만사천법문을 집대성한 경이고, 또한 때가 이르러서 이제까지 밝히지 않으셨던 면면을 보여주고 계시기 때문입니다. 뭇 별 가운데 달이 으뜸이듯이 수많은 경전 가운데 법화경이 으뜸이라고 한 경의 말을 인용하여 우리는 찬탄합니다. 그리고 여래수량품과 분별공덕품을 순수한 정종분正宗分이라 하여 법화경의 핵심으로 봅니다.

앞의 종지용출품에서 의문을 가진 보살들이 세 번에 걸쳐 법을 청하자 부처님이 여래수량품을 설하십니다. "그대들은 여래의 비밀한 신통력에 대하여 자세히 들으라" 하시고, 사실 부처님이 성불한 지는 벌써 한량없고 끝없는 백천만억 나유타 겁이 지났다고 말씀하셨습니다. 나유타那由他는 무량대수無量代數, 불가사의不可思議에 이어 세 번째로 큰 숫자입니다. 나유타는 산스크리트어로 헤아릴 수 없을 만큼 많은 수라는 뜻입니다. 항하사恒河沙보다 큰 수가 아승기阿僧祇이고 그보다 더 큰 수가 나유타입니다.

모든 존재가 보는 시간은 각각 다릅니다. 하늘 천신과 인간과 지옥중생의 시간은 다를 것입니다. 하루살이와 거북이의 시간이 다르듯, 자기 존재만큼 살며 시간과 공간을 가늠합니다. 우리 인간은 과거, 현재, 미래로 나눠 시간을 구분하며, 시간이 일직선으로 흐른다고 생각합니다. 경전을 읽으며 자기가 이해 안 된다고 부처님이 밝히는 숫자를 의심하면 안 됩니다.

종지용출품에 다른 세계에서 오신 여덟 항하의 모래 수보다 훨씬 많은 보살마하살이 우리 사바세계에 법화경을 설해도 되겠느냐고 부처님께 청합니다. 그러자 부처님은 "우리 사바세계에 그대를 까지 굳이 애쓸 필요가 없다"고 하시자 땅이 갈라지며 한량없는 보살마하살들이 용출수처럼 솟아납니다. 다른 세계는 다른 사바세계를 뜻하고, 모든 세계의 대보살마하살님들은 이곳저곳 세계를 다니며 법화경 설법을 듣는가 봅니다. 그리고 다보부처님은 어느 세계든 법화경을 설하는 자리에 다보탑으로 솟으시니, 법화세계는 너무나 희유하고 희유해서 찬탄하고 찬탄 받을 만합니다.

12연기법에서 무명無明은 여러 가지로 볼 수 있으나, 어리석은 두려움으로 봅니다. 두려움은 여러 형태의 집착으로 반응합니다.

두려운 감정은 생존을 위협 받을 때 가장 강하게 나타납니다. 사흘 굶어 남의 집 담 안 넘을 놈 없고, 개똥으로 굴러도 저승보다 이승이 낫다는 등등의, 어떻게든 살아남으려는 속담이 인간의 생존욕구 본능을 말해줍니다. 불타는 세상의 고통과 고통의 원인은 너무도 많아서 헤아릴 수 없지만, 가장 큰 것은 마음입니다. 논리로 따져 보면 우리 목숨이 바람 앞의 촛불처럼 간당간당 언제 끊어질지 모르면서 몇 백 년 살 것처럼 행동합니다. 명확히 보면 우리가 내일의 태양을 볼 수 있다는 보장이 어디 있습니까. 그런데도 이제 평균수명이 백세이니 늙어서 살아갈 여러 비용을 계산하여 노후연금을 넣고 저축을 합니다. 내일 죽을지 백년 후까지 살지 모르니 미리 준비하는 게 나쁘지 않은 방법입니다. 그러나 확실하지 않은 미래의 생존을 위해 현재를 포기하는 건 두려움입니다. 미래 생존을 위해 돈을 버느라 현재를 포기한다면, 이것은 부처님을 믿고 의지하며 살지 않고 물신物神의 노예가 되는 겁니다. 지금 현재 돈을 버느라고 부처님 옆에도 못 오고, 토요일, 일요일도 없이 일하며 가정과 아이들과 함께 시간을 보내지 못하면 늙어서 허망하고 죽을 때도 허망합니다. 죽을 때 허망한 것은 부처님 대신에 불타는 세상을 아버지로 삼았기 때문이고, 늙어서 허망한 것은 가족을 위해 평생 돈 버는 일에 매진했지만 아내와 자식들이 알아주지 않기 때문입니다.

우리는 이렇게 미래에 꽉 잡혀 지금이 없는 시대를 살아가고 있다. 요즘 보면 그런 게 있잖아요? 텔레비전에서 광고방송 제일 많이 하는 게 보험 광고라고 합니다. 그런 보험 상품이 많이 팔리는 것은, 노후가 일단 보장이 안 돼 있다는 소리잖아요? 지금도 절망스럽고 노후도 절망스럽고 이러면 어떻게 살 것이냐? 남편이 버는 돈이 흡족하지 않지만 그걸 알뜰히 절약하고 열심히 노력하고, 가정을 가장 위주로 이끌어가며 온 가족이 함께 부처님 앞에 나오면 현재도 미래도 허망하지 않습니다. 어릴 적부터 부처님께 절하고 기도하는 아이가 부모에게 불효하고 사회에서 역할 잘 못하는 거 본 적이 없습니다.

요즘 세상 분위기가 지금도 절망스럽고 미래도 절망스럽다면 과연 우리는 무슨 희망을 가지고 살겠느냐?라고 합니다. 봄날 땅을 뚫고 올라오는 새싹처럼 이 시대의 희망은 가정입니다. 가정의 중심은 가장입니다. 앞서 비유로 썼던 수신제가 치국평천하로 제일 먼저 가장인 남편이 자신을 닦아야 합니다. 건강하게 헬스장 가서 운동하는 것도 중요하지만 먼저 마음을 닦고서 몸도 닦아야 합니다. 부처님 제자로 절하고 기도하며 마음을 닦는 가장은 술 취해 아내와 자식들을 때리지 않습니다. 마음을 닦는 가장은 일확천금의 유혹이 와도 부처님의 법을 따라 허망한 욕심을 부리지 않습니다. 남편이 바로 서서 이끄는 가정은 경제적으로 어렵다 하더라도 충분히 이겨 나갑니다.

"돈 맛을 보고 살면 안 되고, 간을 보고 살면 안 된다." 요즘 세상을 보며 이렇게 말을 한번 만들어 보았습니다. 돈 맛을 보면 '돈 ~돈~' 하다 사람이 자신을 잃고 돌아 버린다 이 말이고요, 세상에 믿음이 실종되니 서로 믿지를 못해 친한 사람들끼리도 상대를 믿지 않고 손가락으로 찍어 먹어보듯 살살 간을 봅니다. 사회생활하며 상대를 간보는 건 좋은 습관은 아니나 조심성이라고 표현할 수도 있지만, 이 세태가 이어져 부처님을 간보려는 사람들도 많습니다. 부처님을 믿으면 어찌되는지 간보듯 절에 오다가 자기 간에 안 맞으면 돌아서 버립니다. 참 어리석은 교만입니다. 꾸준히 소걸음으로 뚜벅뚜벅 걷는 실다운 맛이 있어야 주위 사람들도 믿고 부처님도 좋아합니다. 제16 여래수량품을 이야기하며 이런 말을 하는 것은 현실이라는 거죠. 삶도 현실이고 믿음도 현실입니다. 우리들이 믿음과 삶을 따로 떼놓는 데서 이질감이 생기고 결국 갈등이 생겨 부처님을 믿고 의지하는 신심이 떨어집니다.

부처님이 아함, 방등, 화엄, 반야 등 여러 경전을 설하실 때는 그때그때 사람들의 근기에 따라서 설법을 하셔서 생각이 잘못된 것을 바꾸게 하고, 그 다음에 지견을 넓혀 알음알이가 넓어지도록 하는 가르침이었다면, 법화경은 마지막 유종有終의 미로 마무리하는 경전입니다. 법화경은 '부처님은 어떤 분인가?'에 '나는 이런 부처님이다'를 밝히기 위한 말씀으로, 언제 부처가 되었는지, 부처님의 행적과 부처로서의 삶, 중생들을 제도하기 위한 방편 등을 명백하게 드러내놓은 경전인 것입니다.

그런 말씀을 하기 위해서 서품부터 꾸준하게 이렇게 부처님에 대한 많은 말씀을 했는데, 종지용출품에서 미륵보살과 현세 보살들의 의문을 풀어주고자 천만억 대보살마하살들을 교화한 근거로 이제 여래수량품에서 부처님의 이러한 삶과 행적을 말씀하십니다. 모든 부처님들이 모두 마지막에 설하신 법화경을 석가모니부처님도 설하는 것이라고 밝히시고, 중생제도를 위해서 이런 방편을 쓰신다고 여래수량품에서 확연히 드러내셨습니다. 여래수량품에서

"사실 이미 부처된 지가 오래 전이었다"고 말합니다. 그렇다면 얼마만큼 오래 되었는가?

앞의 제7 화성유품에서 대통지승여래 부처님의 시간을 이야기할 때, 이 우주를 가루로 만들고 동쪽으로 일만팔천 세계를 가면서 나타나는 세계마다 먼지로 만들어서 그 먼지를 하나씩 하나씩 떨어뜨렸을 때 그 숫자가 얼마나 되겠느냐?라고 묻는 그런 말씀이 있습니다. 석가모니부처님이 이런 문제를 묻자 미륵보살 같은 분이 대답하시기를, "부처님, 그거는 산수를 아무리 잘해도 헤아릴 수가 없습니다"라고 이야기했어요. 그러니까 그거보다도 더 전에 나는 이미 성불해서 부처였다는 말씀입니다.

우리 중생이 가늠이 안 되고 작은 소견으로 이해가 안 된다고 법화경을 놓는 불찰을 미리 아시고 미륵보살님이 황당해하며 가진 의문을 칭찬하신 겁니다. 부처님이 과연 어떠한 지혜가 있고 어떠한 복력이 있는지조차도 가늠할 수 없으면서 마치 내 눈으로 보고 내가 들은 대로, 내 머리로 생각한 대로, 내가 아는 한계대로 요것이 다인 양 생각을 하는 이래서 중생입니다. 그래서 법화경을 믿고 따르고 의지하라는 확연한 말씀만 해 놓으신 거예요. 너는 나를 믿고 따르고 의지해라. 육바라밀도 좋고 사성제도 좋고 또 연기도 물론 좋지만, 그것을 다 했건 안 했건 간에 법화경에 와서 이 경을 수지하고 독송하고 베껴쓰고 이와 같은 수승한 법을 옆 사람에게 꼭 알려야 한다는 말씀입니다.

스스로가 발심하고 기도하고 이 경을 믿고 따르고 의지만 하면 지혜가 증장이 되는데 부처님의 복력으로 증장이 돼야 합니다. 산

속에서 길을 잃었을 때 지도와 나침판이 있고, 지도와 나침판을 사용하여 길을 찾는 독도법讀圖法을 안다면 길을 찾는 건 쉽습니다. 그러나 나침판이나 독도법을 안다고 해도 지도가 없다면 무용지물입니다. 부처님의 복력으로 지혜를 증장해야 한다는 것은 처음과 그 끝 모두가 믿고 의지하는 마음에서 깨달아 알아집니다.

여래수량품은 여래의 수명이 한량이 없다는 뜻입니다. 우리가 부처님을 믿고 따르고 의지하면 허망한 일이 없다는 것은, 여래의 수명이 한량이 없고, 나와 함께 늘 존재하고 함께 계시기 때문에 나라는 존재는 항상 옆에 계시는, 상주불멸하여 없어지지 않는 부처님과 함께 하고 있다는 것입니다.

부처님은 중생들이 404가지 병으로 죽는다고 했습니다. 병 주고 약 주는 속담처럼 404가지 병을 부처님이 아셨기 때문에 404병을 낫게 하는 법도 아십니다. 하지만 과학이 발달한 현대의학에서는 아직도 밝혀진 병보다 안 밝혀진 게 더 많습니다. 사실 21세기 현대에 와서야 몸에 오는 병의 원인이 마음이라고 밝혀지고 있습니다. 잘못된 습관이나 업력에 의해 몸으로 오는 병도 있지만, 괴로움이나 힘듦, 스스로 어디로 갈까 방황하고 고민하고 괴로워하는 마음으로 출현하는 병이 많다고 합니다. 몸의 병은 외과나 내과 의사들이 고칠 수도 있습니다. 그러나 스트레스 등등으로 일어난 마음의 병은 째고 제거하고 꿰매어서 치료가 안 됩니다. 서양에서는 정신과 의사나 상담사에게 주기적으로 치료를 받는다고 합니다. 우리나라에서는 아직은 보편화되지 않았지만 이런 세태라면 조만간 우리도 정신과나 심리상담소를 찾게 될 겁니다.

마음의 병은 스트레스 압박인 경우가 많은데, 그 큰 이유 중 하나가 외로움이라고 합니다. 그러니까 자기 고민을 누구에게도 솔직하게 말 못하는 탓이라고 합니다. 외로움은 믿고 의지할 대상이 없을 때 나타납니다. 세상이 자신의 고민을 마음 편히 얘기할 가족도 친구도 선생도 없는 철저히 개인주의가 된 탓입니다. 그 외로움이 우울증이 되고 더 심하면 자살에 이르게 한답니다. 해결 방법은 믿고 의지할 대상을 찾는 것입니다. 그리고 정신병이 재발이 많다는데, 이것은 제대로 문제해결을 못했기 때문입니다. 정신과 의사나 상담사들 중 정신병에 걸린 이중적인 사람도 많다는 말을 어디선가 들은 적이 있습니다. 정신과를 전공하였다 해도 병의 뿌리를 제거할 수는 없습니다. 잠깐 덮을 수는 있을 겁니다.

법화경에서 부처님이 명확히 비유한 대로, 불타는 집에서 우리는 소꿉장난에 정신 팔려 있습니다. 불타는 집에서 빠져 나와야 한다는 부처님 가르침이 마음의 병을 고치고 해탈을 이룰 수 있는 씨앗입니다. 이 점을 분명히 알아 우리가 늘 부처님 자녀였음을 회복하여야 합니다. 부처님 자녀로 돌아오기만 하여도 외로움 이런 감정은 봄 눈 녹듯 사라집니다. 아뇩다라삼먁삼보리를 얻고자 가는 길이 시작되었는데 그까짓 외로움 정도는 감기보다 못해 문제가 안 됩니다. 왜냐면 절에 오든 집에서든 회사에서든 늘 참회하고 기도하는 마음에는 그런 껍데기가 붙을 이유가 하나도 없는 겁니다. 주위에 마음이 힘든 사람이 있다면 그들에게 우선 편안하게 대하세요. 어떤 마음으로 편안하게 대하여야 하느냐면, 모든 중생이 고통과 고통의 원인에서 벗어나기를 바라는 사무량심 보리심으로 관계를 맺어야 합니다. 그 다음 천천히 부처님께 인도하여 도반으로 함께 수행하며 업력을 맑게 하는 동수정업해야 합니다. 이것이 부처님 제자로 법화경을 읽고 외우고 사경하며, 주위에 법화경을 전하는 그 뜻대로 믿음과 현실을 바르게 사는 겁니다.

우리나라 인구 중에 불자가 제일 많다는 사실은, 우리의 이 아픈 현실에 우리 불자들의 책임이 제일 크다는 말이기도 합니다. 우리들이 거사, 처사, 보살이라고 서로를 부르지만 스스로가 거사다운 거사, 처사다운 처사, 보살다운 보살로 살고 있는지 묻는다면 어떻게 대답하시겠습니까? 거사, 처사, 보살 소리를 듣지만 그 보살 소리가 아닙니다. 절에 와서 '보살, 보살' 이러니 자기가 관세음보살인 줄 착각하는 사람이 있습니까? 절에 오는 여자 신도들을 보살이라고 최고의 호칭으로 부르는 건 아마도 우리나라뿐인 것으로 알고 있습니다. 어느 때부터 여신도를 보살이라 했는지 모르지만 우리들이 꼭 알아야 할 것은, 이름은 역할이고 이름값 하라고 있는 겁니다.

절에 와 하는 행동을 보면 가정이나 사회에서 어떻게 사는지 알수 있습니다. 절에서 교만하게 잘난 척하거나 남 무시해서 '저 꼬락서니 보기 싫어서 절에 안 간다'는 소리 듣는 여자가 무슨 보살입니까? 누군가가 미우면 파당을 지어 왕따시켜 절에서 쫓아내는 이들이 무슨 보살입니까? 오역죄 중에 하나가 승가의 화합을 깨는 것입니다. 절이나 가정이나 사회에서 자기 맘에 안 들어도 대자대비하신 부처님 권속으로 이해하고 보듬어야지 미운 감정을 일으키는 순간 그 부정적인 마음의 힘으로 결국 상대와 나중에 문제가 일어납니다. 미운 마음이 일어나는 순간이나 그 이전에 보리심으로 마음 바꾸기를 하여야 합니다. 그렇게 매일매일 마음을 맑히고 닦아나가면 그 분이 참으로 보살 소리 듣기에 합당하고 깨달음을 얻기에 합당한 지혜가 증장됩니다.

부처님을 믿고 의지하는 마음에 지혜가 있으면 공부 길이 빠릅니다. 현세 정반왕의 아들로 태어나 육년 고행을 하시고 그 이후에 보리수 아래에서 성불하신 그것만 가지고 부처인 줄 아는데 그것이 아닙니다. 그것은 현실에 중생들을 제도하고 가르침을 주기 위해서 그렇게 보여준 것입니다. 그래서 "사실 나는 본래 부처였다"는 말씀을 이 여래수량품에서 하셨고, 그 가운데 또 한량없는 수명을 이야기하는 거예요. 그러므로 여러분들이 원하고 보고 듣고 취하고 또 특히 부처님 앞에 와서 공경하고 공양하고 예배하고 찬탄하고 기도하면, 분명한 것은 부처님이 아직도 나와 상주하고 계시기 때문에 모든 것은 이루어집니다. "지혜의 등불로 나를 환히 밝혀주시는 부처님을 아버지로 믿고 의지하며 법화경을 읽고 외우며 사경하고 주위 사람들에게 법화경을 전하겠습니다!"라고 생활하며 늘 기도하십시오. 그래야 부처님 안에서 올바른 지혜가 증장되고 자비심이 늘어납니다. 부처님을 믿고 의지하며, 증장된 지혜와 자비만이 아뇩다라삼먁삼보리를 얻게 합니다. 그러니 믿음이 최고의 길을 가게 합니다.

우리는 항상 부처님을 의지하고 부처님을 믿고 부처님이 나와 함께 계시기 때문에 내 모든 것을 믿고 맡기고 의지해서 부처님의 깊은 뜻을 내 삶 속으로 가져와서 하루하루 열심히 살아가야 합니다.

합장하겠습니다.

대자대비하신 부처님 감사합니다. 여래수량품으로 이렇게 함께 공부하고 부처님의 위없는 도리를 알아갈 기회를 주셔서 고맙습니다. 부처님을 믿고 따르고 의지하고 저의 모든 삶을 부처님의 삶이 되도록 서원합니다. 거룩하신 부처님, 이 여래수량품에서 한량없는 부처님의 수명을 말씀하셨듯 저와 함께 늘 상주하고 계시면서 저의 잘못이나 부족함을 늘 살피시고 가다듬어서 그 가피로 제가 바른 불자의 도리로서 살기를 서원하는 바입니다.

나무 석가모니불 나무 석가모니불 나무시아본사 석가모니불

14

함께하고 더불어 행복한 삶

분별공덕품

늘 그날이 그날인 것을 늘 좋은 날(日日是好日)로 알아야 하고 지금이 제일 행복한 줄 알아야 하는데, 사람들은 그날이 그날 같으면 너무나 지겨워합니다. 평범하게 사는 것, 아주 소소하게 살아가는 것, 그것이 제일 어려울 수도 있습니다. 가정과 주위를 보살피고 생활에 쪼여가면서도 그러려니 살아가면서 부처님을 믿고 의지하며 기도할 수 있는 삶, 이게 제일 행복하고 평탄하고 순탄한 삶인 줄 모르고 삽니다. '지루해 못 살겠다. 좀 뭔가 아주 화끈한 것 없나? 좀 어떻게 되는 것 없나?' 이런 식으로 생각을 하다 삐끗 잘못 판단하여 인생이 뒤집어지고 가정도 박살이 나고 난리가 납니다.

생각 한 번 잘못하고 말 한 마디 잘못하여 평생 쌓아온 공든 탑 와르르 무너져 버리는 일이 많이 있습니다. 요즘 세상은 권력 있고 명예 있는 좋은 자리는 다 꿰어 차고 있다가 말 한마디에 그냥 왕창 부서져 버리는 경우가 다반사인 그런 세상입니다. 그래서 마음을 조심操心하여 말을 해야 합니다. 모든 불행과 행복이 혀뿌리에 있다는 걸 늘 새겨야 합니다.

제17 분별공덕품, 여러 가지 공덕이 되는 말씀을 나누어 하신 것을 뜻합니다. 분별공덕품에서 제가 본 주제는, 우리 중생 모두가 함께 더불어 행복한 삶이 되려면 어떻게 해야 되는가라고, 그 실행을 말하는 것에 있습니다.

옛날에는 대가족이라 집집마다 평균 7,8남매를 두었습니다. 그러니 참 먹고살기 힘들었습니다. 거시기 찢어지게 가난해 감자로 끼니를 때우면서도 고생이 고생인 줄 모르고 할아버지, 아버지, 손자, 증손자까지 삼, 사대가 모여 살며 가장을 중심으로 행복할 수 있었습니다. 우리 부모님들이 그 가난 속에서도 자식들 공부시키는 데 두려움이 없었습니다. 그런 대가족시대를 지나가지고 '둘만 낳아 잘 키우자'고 하다가, '둘도 많다. 하나만 낳자' 하다가 핵가족시대로 왔습니다. 이제는 반대로 많이 낳기를 국가정책으로 삼습니다. 우리가 한 6,70년 사이에 엄청난 변화를 겪은 것입니다.

대한민국을 이만큼 만든 건 어머니들입니다. 가난하면서도 애 낳으러 세상에 온 것처럼 7,8남매 자식들을 낳아 주구장창 고생하며 남편 챙기고 애들 챙기고 나면 어머니는 그냥 안 먹어도 배부르다며 물로 배를 채우셨습니다. 우리 어머니 세대는 그렇게 고생만 하시다 가셨습니다. 그때가 대가족이에요. 그래서 층층시하 시집살이 고추당초 맵다 해도 시집살이만큼 매울쏘냐?라는 소리를 들어가면서, 그때는 여자들이 여자를 얼마나 그렇게 쥐 잡듯이 잡았는지, 요즘 같으면 말도 안 되는 일이 많았습니다. 꼭 군대생활하고 같은 거예요. 옛날에 자기가 맞은 놈이 밑에 후임 병이 오면 그렇게 때렸습니다. 요즘은 시대가 시대이니만큼 그런 일이 별로 없지만, 그렇게 시집살이 해본 사람이 시집살이 시킨다고 가난과 된 시집살이에 어머니들 참 고생 많이 했습니다.

'둘도 많다. 하나만 낳아 잘 기르자' 해서 자란 세대가 지금의 20대, 30대, 40대입니다. 처음부터 정치가와 경제학자들이 임의로 산아제한을 한 것은 큰 잘못입니다. 이게 배려났단 말이에요. 인간도 자연의 일부라서 스스로 인구를 조절합니다. 지금은 아이를 많이 낳으라고 종용하지만 이렇게 아이 키우기 힘든 세상을 만들어 놓고 아이 낳으라면 누가 낳습니까? 핵가족시대에서 이제 무슨 가족시대로 가는 줄 알아요? 홀로 1인 가족시대로 접어들었단 말이에요. 1990년대까지만 해도 전체 가구에서 1인가구가 차지하는 비율이 10퍼세트가 안 됐다고 했는데 2013년 통계조사에 의하면 25퍼센트라고 합니다. 혼자 사는 가정이, 혼자 사는 사람들이 너무 많아서 개인주의가 그렇게 팽배하다 보니 결국 외로운 거죠. 혼자 사는 1인 가구에게 물어보면 당연히 외로움이 제일 크다고 합니다. 외로움이 크다는 것은 대화할 상대가 없다는 거죠. 이렇게 철저하게 혼자 버려진 듯 살아가는 시대가 도래한 겁니다.

지금 25퍼세트가 혼자 사는 세대라 하지만 앞으로는 더 많은 사람이 혼자 살 겁니다. 엄청난 재앙이 우리 앞에 있다고 보아야 합니다. 그래서 앞으로 우리 불교가 부처님 대자대비로 이 외로운 사람들을 수용하고 껴안아 줘야 합니다. 어디 가서 이야기할 데 없어 혼자 사는 이런 사람들에게 우리가 본을 보여서, 절로 데려와 부처님과 인연 맺기를 해줘서 동수정업同修靜業으로 같이 가야 합니다. 부처님은 복력과 공력과 지혜가 한량없으므로 그 앞에 오면 외로움은 그냥 녹아 없어집니다.

이 분별공덕품에 천만억 그 많은 항하사 보살들이 다 성불했다고 부처님이 말씀하십니다. 미륵보살에게 육바라밀을 수행하고 사성제를 닦고 연기법을 닦고 이렇게 수행해서 얻은 사람도 많지만, 결론은 법화경을 믿고 따르고 의지하고 수지 독송하고 베껴쓰고 남에게 전하는 공덕이 그렇게 크다고 말씀하십니다. 사경은 한 번 쓰고 두 번 쓰고 하다 보면 경전의 말뜻이 이해가 되고 습득이 됩니다.

우리는 지금 외로운 시대, 쓸쓸한 시대, 홀로 사는 시대를 살아가고 있는데, 이 시대를 과연 어떻게 책임을 지고 동업정수하며 함께 갈 수 있는 사회로 만들 수 있을까요? 이게 사실 각계각층에서 고민해야 될 문제입니다. 우리 불교만 고민하는 게 아니라 정부나 정치나 경제도 방법을 모색해야 합니다. 이런 시대를 위한 밥솥이 나오고, 이런 시대를 위한 먹거리까지 나오는 세상이니, 핵가족시대도 이미 끝나고 일인가족시대로 가고 있습니다.

부처님 제자인 우리는 외로움이 절절 흐르는 이 세상을 어떻게 받아들여서 함께 공유하고 치유해야 할까요? 부처님 앞으로 데려와 부처님께 절하고 기도하며 답을 찾아야 합니다. 절에서도 이런 것들을 생각해서 소규모로 모임을 많이 만들고, 모임 가운데에서도 기성세대는 기성세대 모임을 하고, 젊은 세대는 젊은 세대대로 한 대여섯 명씩 모여서 흉허물 없이 터놓을 수 있는 사람들이 부처님 앞에 모이면 그게 동수정업입니다.

사람에게 상처받은 것은 어디 가면 제일 빨리 치유될까요? 사람을 만나야 치유가 됩니다. 사람이 없어서 외로운 것은 사람을 만나야 해소되는 거예요. 그런데도 사람들은 사생활의 침해도 받기 싫고, 남의 충고나 조언도 받기 싫고, 자기 혼자 사는 걸 제일 편하게 생각합니다. 그러나 시간이 지나며 외로워지는 겁니다. 그때를 알아서 이끌어야 합니다. 그 전에는 반발이 심해서 부처님 앞으로 데려 오기 힘듭니다. 그래서 사람은 겪을 것은 겪어야 한다고 하는가 봅니다. 사람하고 어울려서 함께 하면 정신적인 문제가 많이 없어집니다. 부처님 자녀로 생각하고 이런 사람들을 다 수용하고 받아들일 수 있고 이해할 수 있고 화해할 수 있고 함께 공유할 수 있는 삶이 되어야 합니다.

이제 모든 사회문제를 부처님의 지혜와 보리심으로 풀어나가거나 이 사회에 해법을 제시할 때가 되었다고 생각합니다. 이렇게 서로 함께 하고 마음에 있는 흉허물을 털어놓으려면 비슷한 연배의 도반들이 만나서 친구가 되어, 부처님의 진실된 가르침 중에서도 특히 법화경으로 믿고 의지하고 읽고 외우고 함께 사경하며 공부하는 것이 가장 좋은 방법입니다.

부처님의 본신이고 말씀인 법화경을 통해서 확고부동한 믿음이 생깁니다. 심신이 부처님을 믿고 의지하는 마음으로 가득 차야 진실한 믿음이라고 할 수 있는데, 그게 없으니까 앙꼬 없는 찐빵이 되는 겁니다. 명상을 하거나 화두를 잡거나 염불을 하거나 주력을 하거나 간경을 해도 믿음이 받쳐주지 않으면 그냥 머리로 알 뿐입니다. 그런 사람들을 책을 많이 보고 공부를 많이 하고 머리에 든 것이 많고 경전은 줄줄 읽어도 법에 사로잡힌 집착이라 법집法執이라고 합니다. 그래서 여러 경전을 보고 참선을 한다, 명상을 한다, 위빠사나를 하고 티베트불교니 뭐니 슈퍼마켓 장보듯 하는 것은, 아는 거는 많은지 모르지만 하나도 제대로 잘 하는 건 없습니다. 불자면 믿음을 가져라! 부처님 의지하는 마음을 가지고 지극한 발원을 하고 부처님을 믿는 그 신심에 철저해야 합니다. 중국에 탄압받는 티베트인들과 스님들을 보세요. 무엇보다 가장 귀한 게 사람 목숨인데 그 목숨을 버리려고 마음먹었으면 세상 무엇이 무섭겠습니까? 티베트를 점령하고 탄압하는 중국인들을 죽일 수 있지만 자기 몸을 불태우며 소신공양하면서도 중국인을 해치지 않습니다. 부처님 법에 대한 신심이 없으면 절대 할 수 없는 일입니다. 이게 죽고 사는 것을 넘어선 믿음이라는 거죠. 이런 믿음이 있어야 합니다.

마조 스님 제자들 중에 제안선사라는 분이 계셨습니다. 어느 때 제안선사가 선방에 앉아 있었습니다. 선방 수좌들이 도란도란 이야기를 하는데 하늘에서 아름다운 꽃비가 내리고 향기가 진동을 하고 제석천왕 신들이 법당을 호위를 하더랍니다. 그런데 좀 있으니까 어떻게 나타났는지 돼지들이 법당에 나타나 온데를 막 돌아다녔답니다. 그러자 제안선사가 수자들을 불러놓고 무슨 이야기를 했느냐고 물었습니다. 스님들은 처음에는 '수승한 법화경을 우리가 잘 만났고 법화경을 가지고 공부하는 우리가 복 받았다'고 찬탄

했답니다. 그때에는 하늘에서 꽃비가 내리고 상스러운 향기가 났었는데, 잠시 후 중생심이 발동하여 망상이 일어나, 막말로 집에 가서 장가도 가고 그렇게 살았으면 하는 등등 이런 이야기를 하자 그 돼지들이 나타났다고 합니다.

법화경은 그와 같이 상응합니다. 법화경을 가지고 이야기할 때는 항상 상주법신이라고 해서 부처님이 늘 옹호하고, 그 다음에 제석천왕이나 하늘 신들이 옹호하고, 또 나쁜 사마외도들이 숨으며 귀신이나 음신들이 도망갑니다. 꿈자리가 시끄럽거나 집안에 우환이 있거나 잘 풀리지 않을 때 법화경을 수지 독송하면 귀신들의 정신을 못 차리고 다 도망을 가 집안에 우환이 그친다고 했습니다. 법화경은 이와 같이 계속해서 믿음을 말하고 있습니다. 우리가 이 믿음을 가지고 딱 들어서면 최고의 깨달음을 얻는다는 확고한 말씀입니다. 이 법화경을 가지고 수지 독송하고 내가 칭송하고 찬탄하고 공경하고 공양하고 한다면 그 믿음이 수행보다도 몇 천만 배나 더 수승하다는, 믿음 하나로만 딱 들어오면 된다는 말씀입니다. 그래서 믿음에 의지해서 우리들 스스로 부처님 제자임을 다시 한번 각인하고, 부처님께서 믿음으로 가는 최상승의 수행 길을 열어 주셨음에 감사해야 합니다.

위빠사나 일승 관법수행을 하든 12연기로 이승 연각공부를 하든 보리심으로 삼승 공부를 하든 부처님께서는 법화경에서 삼승귀일三乘歸一 일불승一佛乘이라 결론지으셨습니다. 그러면 삼승을 일불승으로 모으면 무엇일까요? 그것은 믿음입니다. 부처님을 향한 믿음 하나만 올곧게 딱 가지고 들어가 법화경을 믿고 수지 독송하고 의지하는 길이 바로 일불승입니다.

부처님께서 그때그때 말씀하신 팔만사천법문 중 처음의 아함이나 화엄경이나 모든 경전의 도리가 지견을 넓히는 이야기였다면, 이 법화경에서는 완전한 믿음을 가지고 말씀을 하십니다. '너희들은 40년 설법한 석가모니 화신 부처로만 볼 뿐이지만 사실 나는 무량대겁 이전부터 본래 부처였어!'라고 여래수량품에서 밝히시고, 이제 분별공덕품에서는 믿음이 일불승이고 법화경을 수지하고 독송하며 사경하고 남에게 알려주는 그 공덕을 더 자세히 말씀하고 계십니다. 믿음이 올곧게만 선다면, 수만 가지를 닦고 공부한 것보다도 이 법화경을 가지고 공부한 공덕이 제일 큰 공덕이 된다, 지혜와 복덕이 증장이 된다, 그런 말이에요. 왜 그런가 하면, 다른 것은 그냥 공부지만 부처님이 제일 중요시 여겼던 것이 권속입니다. 가족이에요. 그래서 제가 가족을 주장하는 겁니다.

사회가 엉망진창이 되더라도 그 사회를 바로 세우는 것은, 각각은 한 사람이지만 그 개인이 가족 단위로 모였을 때 엄청난 힘을 발휘하여 세상을 정화하는 것입니다. 개인주의가 아니라 사회 시스템을 철저하게 가족 중심적으로 만들어 보십시오. 그러면 사회가 바르게 서고 사회와 나라의 공업公業은 정화됩니다. 저는 그렇게 주장해요. 하나가 모두가 되고 모두가 하나가 되어야 합니다. 개인을 시작으로 한 가족들이 진실로 제대로 살고, 아래 위 알고, 확고한 가족적인 우애나 정을 가지고 산다면 그 사회가 밝아지는 것은 당연합니다. 내 가족도 다 책임지지 못하고 사회도 그냥 트라우마가 있도록 만들면서 남한테는 '그러지 마십시오. 저러지 마십시오' 하며 떠드는 정치인들 말은 속된 말로 강아지 개풀 뜯는 소리입니다. 그래서 결론은 내 가족부터 운명 공동체가 되어야 하는 거예요. 가족이 화목해야 되는 거고, 가족이 정말 가장 중심으로 서려면 부처님을 믿고 의지해야 합니다. 이렇게 가족 중심적인 사람이 절에도 많이 뿌리를 박고 있어야 개인주의를 가지고 있는 사람이 찾아오더라도 그들도 다 같은 부처님 자녀로, 가족 중심적으로 하나가 됩니다. 그러면 평화로운 사회가 된다는 거죠.

함께하고 더불어 살 때 행복한 것이지 나 혼자 잘 먹고 잘 살아봐야 외롭습니다. 사람이 돈 맛을 보면 돌아버리고 간을 보면 미쳐버린다고 하잖아요. 돌아버리고 미쳐버리면 세상에 보이는 것 하나 없으니까 어떻게 되겠어요? 결국은 간 보지 말고 돈 맛 보지 마라. 우리가 살아가는 것은 맛 보고 간 보고 해서 될 일이 아닙니다. 장독 깊숙이 들어가야 됩니다. 된장도 오래 묵을수록 맛있잖아요? 김치도 좀 몇 년씩 묵혀 놓은 묵은지가 대접 받습니다. 된장도 깊은 맛이 나려면 그만큼 장독에서 참고 참아야 합니다. 한 알의 밀알이 썩지 않고는 많은 밀알이 생길 수가 없습니다.

제가 보기에, 한 가정이 잘 돌아가는 건 아내의 역할이 가장 중요합니다. 남편들이 종일 힘들게 일하고도 집에 가고 싶은 마음이 안 난다는 사람이 많습니다. 집에 가봐야 아내도 자식들도 데면데면하고, 돈 못 번다고 바가지 긁으면 살 맛이 안 난다고 합니다. 오늘은 일찍 들어가야지 하고 집 앞까지 왔다가 아파트를 쳐다보고는 '에이, 한잔 더 먹고 가야겠다'며 다시 뒤돌아서는 사람도 있답니다. 집 앞까지 왔다가 다시 돌아서는 가장의 아픔을 우선 아내가 알아주어야 합니다. 아내가 제대로 아내의 자리에 있을 때, 도리를 할 때 깨끗함이 나오고 어짊이 나오고 사랑이 나오고 공존이 나오고, 그 결과로 자식도 그 속에서 반듯하게 크는 거죠.

남편과 자식을 위해서 기도하고, 그와 동시에 보살필 줄도 알아야 합니다. 하늘은 가족을 보살피라고 여자들에게 굉장히 세분화하여 많은 기능을 주었다고 그러더군요. 남자들은 단순해서 앞으로 뛰어 나갈 줄만 알아서 속이 다 드러납니다. 여자들은 안 보는 척하면서 눈동자만 굴려가지고도 남편이나 자식들 속 다 파악하잖아요. 현명한 보살들이 알면서도 슬쩍슬쩍 속아주면 단순한 남편 거사님들은 그렇게 좋아한답니다. 요즘 월급부터 모든 돈을 아내들이 관리하니 남편들은 허망할 때가 있겠지요. 또한 집 살림 규모를 아니 용돈을 풍족히 쓰지도 못할 테고요. 그 작은 용돈에서 조금씩 비상금을 모으는 걸 알아도 모른 척하는 게 현명한 아내입니다. 그래야 목돈 만드는 재미에 술도 덜 먹을 거예요.

왜 지금 제가 특히 보살님들에게 이런 미주알고주알 이야기를 하냐면, 우리나라 불교는 보살님들이 많습니다. 거사님들과 보살님들 비중이 비슷하면 참으로 바람직한데, 남편들은 먹고 사는 일이 힘들어서인지 많이 오지 않습니다. 때문에 보살님들이 부처님 앞으로 데리고 와야 할 사람들이 우선 남편이고 아이들입니다. 가장도 데리고 와야 되고 자식도 데리고 와야 되는데, 절 보살이 아니라 집 안에서 진짜 보살로 모범을 보이고 가족들 마음을 풀어줘야 즐겁게 절에 오는 겁니다. 아내가 무서워(?) 한두 번은 올 수 있으나 이 핑계 저 핑계로 안 나옵니다. 가족들이 집에 와서 쉬고 편안함을 주는 가정이 돼야 합니다. 집에 왔을 때 가시방석이고 바늘방석이면 가정은 가족에게 그야말로 지옥 아니겠습니까.

분별공덕품에서 부처님을 믿고 의지하는 것이 최고의 수행으로 일불승—佛乘이라 했습니다. 남편도 믿음으로 인정해 주고 자식도 믿음으로 인정해 주어야 합니다. 아내가 참고 인내하면 온 가족이 행복합니다. 가족을 위해서 모든 것을 받아주고 인정하고 칭찬해주고, 함께 부처님을 아버지로 모시고 사는 것입니다. 절에 와서는 도반들에게 상처주지 않는 말을 하고 기쁨을 주는 말을 하고 위로될 수 있는 말과 행동을 해야 합니다. 앞에서 똑같은 커피 한잔을 먹더라도 만 원을 주고 먹는 사람, 육천 원 주고 먹는 사람, 이천 원 주고 먹는 사람 이야기를 했었습니다. 내 말 끝에서 정이 나고 행복이 시작되고 가족이 화목하다면, 그까짓 말 하나 조심 못할 게 뭐 있습니까. 믿음이 살아 있는 사람이 되고, 마음이 항상 따뜻함으로 충만한 그런 삶이 되어야지, 자존심만 세고 고집만 세서는 아무 데서도 사랑받지 못합니다.

합장하겠습니다.
거룩하신 부처님 감사합니다. 오늘도 분별공덕품을 가지고 가지가지 비유를 통해 수많은 어려움과 힘듦을 모두 믿음으로 극복하라는 말씀을 들었습니다. 부처님의 대자대비하심을 믿고 지혜 복력을 믿어서 저의 업력이 정화되고 법화경의 뜻이 제 삶에서 속히 이루어지길 간절히 기도드립니다.
나무 석가모니불 나무 석가모니불 나무시아본사 석가모니불

15

보고 따라주고 함께 기뻐하다

수희공덕품

날씨가 갈수록 더워지고 있습니다. 만물이 익어 가을 날 추수를 하려면 뜨거운 여름은 우리가 기꺼이 감당해야 될 몫입니다. 여름의 뜨거움이 싫다면 가을의 영그는 곡식의 맛을 볼 수 없습니다. 어느 선사에게 "추우면 어디로 가고 더우면 어디로 가야 합니까?" 하고 어느 수좌가 물었습니다. 그러자 스승은 "추우면 추운 곳으로 가고 더우면 더운 곳으로 가라"고 하였답니다. 부처님을 수희 찬탄하는 생활을 하는 우리도, 삶에서 겪어야 할 고통이라면 즐겁게는 아니더라도 기꺼이 받고 살아야 합니다.

미륵보살님이 부처님께 "부처님, 선남자 선여인이 법화경을 듣고 따라 기뻐한다면 얼마나 되는 복을 얻겠습니까?"라는 질문으로 제18 수희공덕품이 시작됩니다. 수희공덕隨喜功德이란 듣거나 받아서 기뻐하는 복이라고 경전대로 말할 수 있습니다. 중국 천태종 지자 대사님은 법화경을 논하며 수희의 공덕을 이렇게 말씀하셨습니다. "깊은 가르침을 듣고 진리(理)를 따르니 진실의 공덕이 있고, 그 일(事)을 따르니 방편의 공덕이 있으며, 자기를 기쁘게 하니 지혜가 있음이며, 남을 기쁘게 하니 자비가 있다"고 하셨습니다. 따라서 법화경을 설하시는 부처님의 깊은 가르침을 듣고 진리를 따르고, 우리 중생들을 믿음으로 구원하시는 그 크신 방편을 기뻐하고 찬탄하며, 이 법화경을 읽고 외우고 사경하고 남에게 전하여 남을 기쁘게 하는 공덕을 말할 수 있습니다. 부처님의 가르침에 따라서 기뻐하고 즐거워하고, 내가 부처님을 믿고 따르고 의지하면 수희공덕이 따릅니다.

우리나라의 못된 속담 중에 하나가 사촌이 땅 샀을 때 배 아프다는 속담입니다. 없이 살다가 이제 땅이라도 샀으니 얼마나 좋으냐고, 참 고생하다 잘됐다고 같이 기뻐해주는 그 마음이 수희공덕이라는 거죠. 그런데 우리들은 남이 잘되면 배가 아파서, '야 보태줄 거는 없고 내가 이거라도 먼저 보태줄게' 하고 화장실에 가서 안 나오는 거시기 나오라고 아랫배에 힘 줍니다. 이런 마음을 버리고 기꺼이 함께 기뻐해주는 이런 것이 수희공덕이라는 거거든요.

그럼 부처님의 수희공덕은 어떤 거냐? 부처님이 말씀하시길 "아주 젊어서부터 열심히 보시하고, 없는 사람을 돕고, 자기 금전이나 재산을 80평생이 넘도록 다 남에게 베풀어서 많은 사람에게 보시하였다. 이런 사람의 공덕과 복덕이 얼마나 되겠냐?"고 미륵보살에게 물어보니까, 미륵보살이 "한량이 없습니다"고 하니까, 부처님이 "그렇지! 그런데 내 말을 들어봐라. 이 법화경을 가지고 여러 사람에게 강설하고 유포하고 그렇게 하다가 50번째 사람이 또다시 듣고 기뻐해서 또 다른 사람에게 이 법화경의 공덕을 이야기하고, 또 그 50번째 사람이 다른 사람에게 했을 때 다른 사람이 기뻐한 그 공덕이 얼마만큼 되는지 아느냐?"고 묻습니다. 그리고 "평생 모은 재산을 수많은 사람에게 보시하여 지은 공덕보다도 몇 만 배나 더 많다"고 말씀하십니다.

여러분들이 돈은 물론이고 아무것도 들이지 않고 그냥 따라 기뻐해주고 따라 믿어주고 의지하고 찬탄하고 공경만 해도 그 복력은 평생을 모은 재산을 보시하는 것보다도 더 엄청납니다. 부처님이 법화경을 설하실 때 자주 이 경전이 제일이라는 말씀을 하셨습니다. '가사'라는 것은 거짓 가假자를 써서 가사라고 하는데, 설령이라는 말입니다. '우리가 비교해서 이렇게 이런 일이 있었다고 하자' 이렇게 말씀하실 때 '가사 어떤 일이 있었는데' 이렇게 이야기한단 말이에요. 그렇게 경전을 이야기할 때 가사라는 이야기를 많이 붙이고, 또 끝에 가서는 경전마다 이 경전이 제일이라는 말씀은 다 하셨습니다. 어느 경전이든 근기에 맞는 사람에게는 최고의 방편이기에 부처님은 경전마다 최고라 하신 겁니다. 그리고 법화경에 와서는, 법화경은 글자 그대로 믿음이고, 부처님의 원력을 밝히시고, 부처님의 모든 것을 아우르고도 남는 위신력을 법화경으로 나타내셨습니다.

어떤 분들은 법화경 각 품들 끝에 나무묘법연화경을 해야지 왜 석가모니불만 이야기합니까? 라고 이야기하는 그런 보살들도 있었어요. 법화경을 누가 설했어요? 우리의 교주이신 석가모니 부처님이 설하신 거란 말이에요. 부처님이 설하셨는데 우리들이 경전을 믿고 따르고 의지하고 수지하고 독송하고 희유하고 찬탄하고 공경하고 공양하고 예배하는 것도 중요하지만, 근본을 놓치지 않아야 합니다.

자식을 낳아서 자식마다 좋은 길로 가도록 만들고, 바른 길로 가도록 만들고, 결혼을 시키고, 또 심지어는 밭도 사주고 논도 사주고 집도 사주고 하면서, 아버지에게 그 좋은 것은 다 받아가면서 정작 은혜를 베푼 아버지가 누군지 잃어버리는 치매 걸린 사람과 같이 경전을 대하는 사람들이 많습니다. 이걸 보고 뭐라 그래요? 사자는 돌을 던지면 던진 사람을 쫓아와서 물려고 하고, 개는 돌을 던지면 던진 돌을 쫓아가서 물려고 합니다. 법화경의 가르침이 좋지만 그 가르침을 준 근본은 부처님이십니다. 그 석가모니부처님을 공양하고 찬탄하고 공경하는 것이 당연한 겁니다. 근본은 뭐냐? 중심을 잡아주는 부처님을 믿고 따르고 의지할 줄 알아야 합니다.

우리들은 돌을 던진 사람을 쫓아가는 사자처럼 본질을 알아야 합니다. 경전에 보면 부처님이 설하시는 법좌가 연화장 사자좌입니다. 연꽃은 항상 깨달음을 상징하고 그 연꽃을 네 마리의 사자가 받치고 있어서 연화장 사자좌라고 합니다. 그 상징은 바로 볼 줄 아는 사자와 같은 사람이 되라는 거고, 연화란 온화하고 포근하고 세상을 다 감싸 안을 줄 아는 그런 사람이 되라는 것입니다. 모든 것을 감내하고 이겨내고 받아들이고 수용할 줄 알아야 된다는 거죠. 연꽃은 진흙탕 속에서 피지만 그 진흙에 물들지 않고 온 우주 천하를 감싸 안는 모습으로 피어납니다. 연꽃은 육바라밀을 나타내기도 하는데, 마음속에 있는 잡다한 생각, 나쁜 생각들은 걷어 내고 진실된 마음을 가지고 수용하고 안아줄 때에 세상이 밝아지고 '너와 내가 하나구나!'라는 동체대비를 느낄 수 있습니다.

이럴 때 개인과 사회가 불통이 아니라 소통이 되어서 상생할 수 있는 겁니다. 요즘 사람들은 개인주의가 너무 팽배해서 대화를 해도 한두 마디도 못 넘어가서 자기 생각만 합니다. '아! 이거 손해일까? 득이 될까? 이익이 있을까?' 생각을 해서 이익이 보인다면 그것이 죽는 자리라도 이익을 쫓아가는 게 지금 중생들의 현실의 삶입니다. 삶의 태도가 진중해야 장래를 길게 보고 우리 인생 자체를 넓게 생각하는데, 그런 안목은 손톱만큼도 없고 무조건 자신의 이익과 안락과 편안함을 순간순간 찾아 갑니다. 잠깐은 편할지 모르지만 실상은 따가운 밤송이 위에 옷을 벗고 앉아 있는 꼴입니다. 처음에는 따갑다가 조금 있으면 면역이 되어 아픈지 따가운지 슬픈지 모르며 살아가는 것입니다.

수희공덕품은 부처님이 수많은 재물을 가지고 물질적인 보시를 하는 사람의 그 공덕보다도 법화경을 기뻐하고 찬탄하고 공양하고 예배하는 이것이 더 큰 공덕과 복덕이라고 밝히는 법문입니다. 축구를 보면, 감독이나 코치는 축구선수를 돕는 역할입니다. 선수들 또한 감독과 코치를 돕는 사람입니다. 두루 합하여 어떻게 하면 한 골이라도 넣어서 온 국민이 즐거워하는 그런 통쾌함을 맛보여 줄 수 있을까 노력하는 겁니다. 감독은 관찰하고 연구하며, 기술진을 데리고 선수들이 축구를 잘하게 분석하고 통계를 내 도와주는 거거든요. 그런데 축구선수가 생각을 안 하고 팀워크는 생각하지 않고 개인적으로 자기가 생각한 대로만 운동장을 뛰어 다니면 승리하기 힘듭니다.

우리가 중생으로 불타는 집에서 빠져 나오는데 혼자만 도망 나오는 게 아니라 옆의 사람과 같이 탈출하려면 효율적인 작전이 있어야 합니다. 우선 자기 실력이 있어야 하므로 법화경을 읽고 외우고 사경하며 옆 사람에게 법화경을 알려주어야 함께 탈출할 수 있습니다. 부처님을 포교하고 법화경을 널리 유포하는 데 우리들이 노력하면 자연히 공덕이 되고 복덕이 된다는 것이 수희찬탄품입니다. 수희공덕이라는 것은 기꺼이 따라주는 거예요. 기꺼이 내가 해주고 즐거워해주고 안아주고 보듬어주는 것입니다. 남편이 힘들어하고 어려워하고 부도났을 때 그 옆에서 용기를 줄 수 있는 아내가 필요합니다. 잘 먹고 잘 살고 누릴 거 다 누릴 때는 호호거리다가 어렵다고 바가지 긁고 원망하면 그런 마누라가 무슨 필요 있습니까? 장맛은 묵어 보아야 알고 말은 천리를 달려 보아야 한다고 하듯, 어려운 상황이 되어야 그 사람을 알아볼 수 있습니다. 없고 힘들고 서로 의지할 데 없을 때, 그때도 사랑이 충만해야 합니다.

스스로 생각을 해 보세요. 결혼할 당시에는 오로지 눈에 보이는 거는 그 사람밖에 없으니까, 그걸 보고 눈에 콩깍지 씌었다고 하잖아요. 사랑에도 유효기간이 있는 게 문제입니다만, 요즘 사랑은 3년 내로 이혼하는 확률이 그렇게 높다는 이야기를 들었습니다. 사랑이 사랑을 넘어서서 순정으로 살아가야 되고, 순정을 넘어서 진정으로 살아가야 됩니다. 결혼식 날 주례 선생님 앞에서 검은머리

파뿌리 되도록 평생을 같이 하겠다고 했잖아요. 그렇게 한다고 반지를 끼워줬죠. 세 번째 무명지 손가락에 반지를 낍니다. 이름 없는 손가락에다가 스스로가 언약의 반지를 끼는 것은 무명지에 사랑하는 상대의 이름을 지어 준다는 겁니다. 고통이 와도, 괴로움이 와도, 그래도 '저 사람 좋은 점이 있었지?'라고 생각을 하고, 언약대로, 순정대로, 믿음대로, 이렇게 살아가면서 인내하고 인욕해야 합니다.

보살의 마음 보리심을 키우는 방법으로 '모든 중생이 한번은 전생에 내 어머니였다'고 생각하는 겁니다. 전철에 탄 모든 사람이 한때 내 어머니였다고 생각하면 그들이 얼마나 사랑스럽고 고마운 존재입니까? 하물며 살을 맞대고 동고동락하는 남편이야 얼마나 큰 인연입니까? 그래서 여러분들 스스로가 '내가 부처님 앞에서 결혼 언약을 했다'고 생각해야 합니다. 그 지주가 되어주고 약속을 증명해준 부처님 앞에, 우리들 삶에 고통과 괴로움이 일어날 때마다 부처님 앞에 진실로 참회하고, 내 힘듦을, 내 어려움을 아시는 부처님을 찬탄하고 공경하고 공양해야 합니다.

부처님을 믿고 의지하는 마음을 여러분들이 가지면, 우리들의 삶은 늘 충만하고 행복할 수밖에 없습니다. 살면서 왜 고통스럽고 어려운 일이 없겠습니까? 내가 남편으로 인해서, 자식으로 인해서, 부모로 인해서, 주위 환경으로 인해서 어렵고 힘들더라도 의지할 데가 있는 행복한 사람이라고 믿고 자부심을 가져야 합니다. 우리들 스스로 믿고 따르고 의지할 데가 있기 때문에 모든 것을 털어내 놓을 수 있는 그 자리가 바로 믿음의 자리이고, 그 자리가 부처님이 늘 상주하시는 절입니다. 잘못된 견해로 일어난 고통이나 주위의 가까운 사람에게 입은 치열한 고통을 바로 절에 가져와서 부처님 앞에서 참회하고 위로를 받아야 합니다.

절에 와서 부처님 앞에 놓인 보시함을 보고 얼마를 공양 올려야지 가늠하는 바보짓을 하면 안 됩니다. 부처님 당시에 가난한 과부가 올린 등잔불을 그 누구도 끄지 못했다고 합니다. 부처님은 형편껏 단돈 천 원이라도 지극한 정성으로 올린 공양을, 거들먹거리며 교만하게 천만 원 내놓는 헛짓 공양하는 것보다 너무도 기뻐하십니다. 부처님은 우리 마음을 보시는 분입니다. 이렇게 마음과 정성으로 올리는 것이 공양입니다. 밥은 세 끼만 안 먹으면 어떻게 돼요? 한 삼사일만 굶겨 놓으면 어떻게 돼요? 도둑질이라도 하게 돼 있어요. 사흘 굶어 남의 집 담 안 넘는 사람 없다는 말을 하는 겁니다. 그러니 먹고 사는 것이 그렇게 중요하단 거예요. 그렇게 중요한 그 공양을 부처님 앞에 올리는 거예요. 그래서 '내 생명과 같이, 내가 살아있는 동안 살아서나 죽어서나 오로지 부처님의 열반을 이룰 때까지 나는 부처님을 이렇게 공경하고 공양한다'고 찬탄할 수 있는 것입니다. 내 모든 것을 바친 공양이라는 것이 그렇게 중요한 것입니다. 대충 불전에 보시금이라고 놓고 그냥 절만 꾸벅 하고 오는 게 아니라 마음으로 하는 거예요.

제가 베트남에 한번 가봤는데, 한 처사가 영험사라는 절에서 아주 지극정성으로 부처님 전에 공양을 올리는 모습을 보았습니다. 작은 상 위에 과일, 초, 향, 천수까지 공양물을 차려 지극한 마음으로 기도하는 모습을 봤어요. 공양은 뭐를 나타내느냐? 내 목숨과 같습니다. '나는 이와 같이 믿습니다! 의지합니다! 부처님의 제자로서 살고 싶습니다!' 이렇게 부처님의 가피 속에서 살고 싶은 간절함이 있어야 합니다.

그런데 요즘 우리 불교는 공양물에만 집착하여, 지극한 마음과 형편을 고려하라는 말을 하지 않습니다. 불교가 발전하려면 정체돼 있어도 안 되는 겁니다. 부처님의 근본 가르침은 그대로 전승하되, 21세기 현실에 맞도록 승화시켜 나가야 합니다. 스프링 있죠? 스프링을 보면 뱅뱅 돌아서 유선형으로 감겨 있습니다. 정확하게 보면 늘어나 있잖아요. 부처님의 가르침은 용수철과 같이 늘어나고 증장하고 현실에 맞는 그런 불교가 되어가야 하는 것입니다. 그자리에 멈춰 서 있으니까 뭐가 돼요? 우리는 좌절하고 힘들어하고 고뇌하고 방황하고 고통스러워하는 거예요.

진실로 내가 부처님께 의지하고 부처님께 귀의해서 부처님의 가르침대로 살겠다!라는 그 서원이 필요한 시기입니다. 우리의 정신적인 지주가 부처님일 때 삶이 밝아질 수 있습니다. 21세기 지금은 참으로 계율을 지키기 힘든 시기입니다. 그러나 우리를 바로 세우는 건 계율입니다.

십악참회十惡懺悔 중 첫 번째가 살생중죄금일참회殺生重罪今日懺悔며, 또한 살생 금지가 오계 중에 제일 먼저 나오는 건 가장 중요하기 때문입니다. 부처님 당시에 보면 스님들이 작은 뜰채를 가지고 다니며 물을 마실 때 물을 걸러 마셨습니다. 왜냐면 물에 있는 작은 벌레를 모르고 먹어서 살생을 할지도 모르기 때문이었습니다. 우리들은 코끼리를 잡아야 살생한 거로 생각하고, 돼지를 잡아야, 소를 잡아야 살생한 거로 생각하는데, 우리가 늘 살생중죄금일참회 하라는 것은 물 한 방울을 먹어도 내가 알게 모르게 살생한 것이 있을 수 있어서입니다. 스님들도 마찬가지예요. 생명은 크고 작은 차이가 없이 똑같습니다. 코끼리 같이 큰 생명만 생명이 아니라 개미도 한 생명은 똑같은 한 생명이지 않느냐? 그래서 살생중죄금일참회를 하는 겁니다. 오계 중에서 살생중죄를 제일 조심하고 먼저 참회를 하라는 소리가 그 뜻입니다. 우리는 둔해서 모르지만 풀들도 잘릴 때 아픔이 있을 겁니다. 채식주의자, 육식주의자를 떠나서 모든 것은 살생 아닌 것이 없기 때문에 살생중죄, 오계 중에 제일 먼저 넣어놓은 것을 우리들은 인지해야 합니다.

우리 목숨이 남의 공양을 받아서 몸뚱이를 유지하고 사니까, 겸손해야 하고 하심해야 합니다. 밥이나 음식을 먹을 때 농부가 농사짓는 거기서부터 밥이 되어서 나에게까지 온 이 시간을 생각하고 감사하며 먹어야 합니다. 그렇게 하면서 감사할 줄 알면, 그 돈 벌어다 준 남편이 얼마나 귀한 사람인 줄 알게 됩니다. 자식들이 잘 커주는 것만 해도 감사하고, 때에 따라서 도덕이나 윤리에 어긋났을 때는 부모로서 당연히 호되게 야단치고 제지할 것은 제지해 가면서 가정을 잘 이끌어야 합니다. 그 자식이 내 자식일 뿐 아니라 나중에는 사회의 자식이 되고, 국가의 자식이 되고, 한 나라를 이끌고 갈 사람도 될 수 있고, 어떤 한 단체를 이끌어 갈 사람이 될 수도 있고, 아니면 적어도 한 가정을 이끌어 갈 사람이기에 잘 교육해야 합니다. 사람 되게 가르치는 것이 어머니의 마음이고 부모의 마음이 되어야 합니다.

자식 예쁜 거는 누구든지 다 예쁩니다. 고슴도치도 살친구라고 그러잖아요. 고슴도치도 자기 새끼는 예쁘다는 말입니다. 옛날에는 '예쁜 것은 속으로 예뻐해라. 진실로 예쁜 자식은 매 한 대 더 때려라' 하지 않았습니까? 그런데 요즘은 자식이 선생님께 혼나면 쫓아가서 부모도 안 때리는 귀한 자식 혼냈다고 선생님에게 덤빈다니, 이렇게 해서 전부 잘못 키우고 잘못 가고 있습니다. 가정교육에 힘쓰지 않고 내가 쉬운 대로 자식을 키우다 보니까, 그 자식이 고집이 세어지고 이기적이고 힘든 건 참지 못합니다. 결국 부지런함이 없어지고 노력함이 없어지고, 그냥 인터넷 속에 빠지고 핸드폰 속에 빠져 딴 짓 하고 사는 겁니다. 진중하게 살지 못하는 어머니, 아버지의 잘못입니다. 우선 부모가 바로 서야 합니다. 부모들은 자녀가 어릴 때부터 같이 책 읽고 음악 듣고 박물관도 다녀야 합니다.

그러나 가장 빠르고 강하게 자식 잘 기르는 것은, 자녀가 어릴 때부터 온 가족이 부처님 앞으로 와서 함께 절하고 기도하고 예불보고 부처님을 만나게 하는 것입니다. 온 가족이 일주일에 한 번이라도 절에 와 부처님께 절하고 맑은 공기 마시고 청정한 절 물 마시고 손맛 좋은 보살님들이 지은 점심공양을 하면 그게 힐링 중에 최고의 휴식입니다. 이렇게 기른 아이는 바르게 크지 잘못 살지 않습니다. 이렇게 보살님들이 절 보살뿐 아니라 집 보살 역할을 잘하려면 가족을 다시 챙겨 볼 줄 알고 권속을 챙길 줄 알고 조상을 챙길 줄 알아야 하며, 그런 연후에 세상을 안타까워하면 진정한 보살의 삶이 거기서부터 시작되고 행복해집니다.

불타는 이 세상에서 서로 아픈 중생들끼리 마음 잘못 써서 '너도 죽고 나도 죽자' 이런 생각하면 큰일납니다. 분명코 다음 생에 인간, 천신, 아수라의 삼선취三善趣에 태어나지 못하고 지옥이나 축생, 아귀로 태어납니다. 그러니 너도 살고 나도 살고 그래서 서로가 돕다 보면 세상은 더 밝아집니다. 힘든 세상일수록 같이 짊어질 것이, 나눌 것이 많다고 기쁘게 생각하고 즐겁게 받아들여야 합니다. 힘들면 힘든 대로, 즐거우면 즐거운 대로, 괴로우면 괴로운 대로 모든 것을 우리가 겪어야 할 일로 받아들이는 삶이 되어야 합니다. 부부 간에, 특히 오래된 부부들은 사랑해서 사는 것이 아니라 부처님 앞에서 맹세한 언약의 삶이라는 것을 명심해야 합니다. 그러면 참 감사하다, 이런 생각을 가지게 되고, 거기서부터 밝아지기 시작합니다. 그러면서 희망이라는 것을 노래할 수 있고, 또 그 다음에 설렘을 맛볼 수 있는 삶이 됩니다.

수희공덕품에서 부처님은 법화경을 기쁘게 받아들이고 믿고 따르고 의지하는 공덕이 한량없음을 말씀하십니다. 우리가 이렇게 법화경을 가지고 부처님을 찬탄하고 공경하고 공양하고 수지 독송하면 한량없는 복력을 구족하여 우리들의 삶이, 불타는 이 사바세계 화택火宅의 삶이 결국은 부처님이 거하시는 도솔천의 삶으로 바뀐다는 뜻입니다. 그런 삶으로, 농사를 짓듯이 점진적으로 일구어 나갈 수 있습니다. 그리고 그런 마음으로 배우자를, 가족들을 대해야 합니다.

세세생생 공부 잘한 분들은 이번 생에 때가 되어 붓다를 이룰 수 있겠지만, 우리 중생은 참으로 먼 길을 가야 할지도 모릅니다. 한 생 한 생 살며 열심히 수행도 해야 하지만 복덕과 공덕 쌓는 일에게으르면 안 됩니다. 그리고 법화경을 따르고 의지하고 찬탄하고 기뻐하는 수희공덕이 한량없음을 우리는 명심해야 합니다. 이번 생에 법화경을 만난 것을 참으로 귀하게 받아들여 매일 법화경을 읽고 외우고 사경하며 바로 옆 사람부터 가장 귀하고 기쁜 법화경을 꼭 전해야 합니다.

합장하겠습니다.

거룩하고 대자대비하신 부처님 감사합니다. 부처님을 늘 따르고 의지하고 믿고 의지하듯, 가정에서도 이와 같은 도리를 가지고 살아야 된다는 것을 오늘에서야 알았습니다. 아내는 남편을, 남편은 아내를 서로 믿고 의지하고 돕고 보호하는 삶을 살겠습니다. 이 가정이 먼저 바르게 법화경 집안이 되기를 간절히 부처님 앞에 서원합니다.

나무 석가모니불 나무 석가모니불 나무시아본사 석가모니불

16

육근의 믿음이 완성된다

법사공덕품

법사공덕품法師功德品은 이 법을 어떻게 들려주고 해설하며, 어떤 마음으로 그 가르침을 받아들이고 따라가야 하는지를 말씀하신 품입니다.

부처님이 상정진보살마하살常精進菩薩摩訶薩에게 이 법화경 수행을 하면 안, 이, 비, 설, 신, 의 육근六根이 장엄해지고 청정해진다고 말씀하십니다. 법화경을 읽고 외우고 기억하여 들려주고 사경하는 수행을 하면 부처님의 여섯 가지 신통력이 터지지 않더라도 부모로부터 물려받은 육신의 이 눈(肉眼)을 가지고 아래로는 아비무간 지옥부터 위로는 유정천까지 볼 수 있다고 하셨습니다. 이 눈을 가지고 저 사람의 심지가 어떠하다, 마음이 어떠하다, 저 중생의 뜻이 어떠하다는 것을 알 수 있다고 했어요. 설령 아라한과를 증득하지 않아서 신통력이 오지 않더라도 그 법사는 이미 그것을 안다고 하셨습니다. 이와 같이 눈이 맑고 청정하고 이목구비가 뚜렷하고, 그 다음에 법화경 수지 독송을 더 열심히 하면 복력이 증장되어 심지어 돌아가신 어머니가 보고 싶다면 어머니가 육도 윤회하여 어디 계시는지 본인 스스로 알 수 있는 겁니다. 그뿐만 아니라 삼천대천 세계를 훤히 꿰뚫어볼 수도 있습니다. 이 육신의 몸을 가지고도 눈이 이와 같이 밝아서 모든 것을 꿰뚫어볼 수 있고 알 수 있는 총명한 눈이 됩니다.

그 다음에 귀도 역시 마찬가지에요. 귀도 그렇게 공덕이 밝아져서 듣는 게 아비무간지옥의 소리부터 하늘 유정천까지의 소리를 다 듣습니다. 관세음보살님처럼 삼천대천세계의 소리를 다 들을 수 있습니다. 눈으로 보고 귀로도 들을 수 있어 짐승의 울음소리인지 선남선녀의 웃음소리인지 아니면 하늘 천신들의 웃음소리인지 오욕락에 놀아나는 소리인지 알 수가 있습니다. 그만큼 밝아진다는 소리죠. 즉 육근이 아주 밝아지고 청정해져서, 부모로부터 물려받은 몸이지만 그 몸뚱이로도 안, 이, 비, 설, 신, 의가 모두 장엄하고 청정해져서 몸으로 감촉을 느낄 수 있고 뜻으로도 의식을 알 수 있다고 부처님께서 명확히 말씀하십니다.

우리가 살아있으니 제가 이런 소리를 할 수 있고 여러분은 글자로 읽어 알아들을 수 있는 겁니다. 그래서 살았을 때 불법의 공부를 열심히 해야 하는 것입니다. 그러니 죽고 난 뒤에는 후회해도 헛일입니다. 내 몸뚱이 가지고 있을 때, 안이비설신의가 성성할 때, 육근이 그래도 청정할 때, 내가 모든 걸 할 수 있고 들을 수 있고 행할 수 있는 이때가 가장 공부하기 좋은 때입니다. 하늘 천신이나 아수라도 인간의 몸 받는 걸 굉장히 부러워한다고 경전에 나와 있고, 인간 몸 받기가 눈먼 거북이가 바다에서 구멍 난 나무판자에 머리 끼울 확률이라 했습니다. 우리들이 사람 몸 받은 이 기회를 귀하게 여겨 스스로 치열하게 노력해야 합니다.

불타는 세상의 소꿉놀이에서 벗어나야겠다는 발심을 뼈에 새겨야 지금 강력한 장난감을 놓을 수가 있습니다. 그 다음 매일같이 법화경을 읽고 외우고 사경하며 옆 사람에게 전해야 불타는 집 앞에서 간절하게 부르는 부처님의 음성을 들을 수 있습니다. 그 음성을 듣고 일단 불타는 집을 빠져나와야 법사공덕품에서 부처님이 알려주신 육근 육식이 장엄하고 청정해져서 구경인 아뇩다라삼먁삼보리를 얻기 위해 한눈 안 팔고 나갈 수 있습니다. 법사공덕품에서 우리들의 육근이 장엄하고 청정해지는 것은 우리가 노력해서 스스로가 만들 수 있는 것이 아닙니다. 그 자체가 부처님의 공덕임을 명심해야 합니다.

육근이 청정하다는 것은, 근본이 부모로부터 물려받은 업이 많은 내 육신이지만 부처님의 공덕으로 눈·코·입·혀·생각이 밝아져서 일단은 자신과 세상에 속지 않는다는 것입니다. 예를 들면 자동차의 존재 이유는 사람을 편하게 목적지에 데려다 주는 것 아닙니까? 그런데 이 자동차가 자기가 주인인 줄 알고 맘대로 다니면 그 차는 폐차해야죠. 이제까지 육근의 주인인 우리가 주인 노릇 못하고 육근의 노예로 살아왔다면, 이제는 본래의 주인으로 육근을 도구로 잘 써야 합니다. 주인으로 육근을 잘 쓰면 눈으로는 법을 보고, 듣는 소리는 법으로 들리고, 코로는 온 삼천대천세계의 법의 향기를 맡고, 지금까지는 재앙의 뿌리였던 혀, 입으로 하는 말도 법이 되고, 머리로도 늘 법을 찬탄하게 됩니다.

우리가 지금까지 주인과 하인이 뒤바뀌어 천동만동 발끝에 채이는 대로 뒤집어 뜯고 사니까, 보이는 대로 말하고 들리는 대로 이야기하고, 좋아하는 것만 보려고 하고 싫어하는 것은 마다 하며 살다보니 결국 풍전등화 같은 마음자리가 하루에도 수백 번씩 요동을 치고 난리를 피워, 좋았다가 미웠다가 싫었다가 별 미친 호불호 好不好 번뇌에 불타며 살고 있었습니다. 우리들이 부처님을 믿고 맡기고 의지하며 법화경을 읽고 외우고 사경해 나가면 차츰 안정되고 차츰 안락한 경지에 들어서게 되며, 아울러 주위 사람들에게 이 귀한 법화경을 기쁘게 전하면 하인이 아니라 우리가 주인이었음을 알게 되어 장엄하고 청정하게 주인으로 육근 육식을 쓸 수 있는 것입니다. 이제서 귀로 들리는 소리도 참 부처님의 소리만 들리고, 눈으로 보는 것도 참 부처님의 원만상호가 이렇게 눈으로 보이고, 또 입으로 말할 때도 염불을 말하고 기도하고 참회하며, 모든 중생을 위하는 보리심이 증장되면 스스로가 부처님의 대자대비를 따라하며 살고 싶다는 마음이 넘쳐납니다. 그것이 원력이 되어 우리가 어느 때에 아뇩다라삼먁삼보리를 얻게 되어 부처가 될 수 있습니다. 그 길을 아마도 세세생생 가야 해도 '부처님, 제가 지치거나 낙담하거나 불타는 집 장난감에 정신 팔지 않게 도와주시고 가피를 주십시오.' 하고 기도해야 합니다.

비유하면, 목욕탕에 가면 '맡기지 않는 귀중품은 책임지지 않습니다' 이렇게 쓰여 있지요. 목욕탕 주인을 믿지 못해 귀한 재물을 옷장 안에 그냥 넣어두었다가 잃어버려도 주인은 책임지지 않고 믿지 않은 사람만 알거지가 되는 것과 같습니다. 사람이 공부가 조금 되면 어리석은 교만에 빠져 부처님을 까맣게 잊고 입으로 설법을 하고 대접 받으려고 합니다. 수좌상, 수행상을 법집이라 하는데, 그게 벗어나기가 중생상보다 어렵다고 합니다. 탐·진·치 삼독 중 치심癡心은 바보를 말하는 것만이 아니고 미치광이라는 뜻도 있습니다. 교만에 빠진 건 미친 짓거리와 똑같습니다. 교만이 극에 달하면 자기가 부처라고 떠벌려 많은 사람을 낭떠러지에서 떨어지게 하는 가장 큰 죄를 저지릅니다. 우리가 명심하고 명심해야 할 것이, 부처님을 믿고 의지하며 하심下心해야 합니다. 모든 걸 부처님께 맡기고 뚜벅뚜벅 소걸음으로 간다고 마음먹어야 하는 겁니다. 부처님을 의지하고 오늘 이렇게 법사공덕품에 의지하면 육근이 청정해지고 새로이 부처님 제자로 주인된 삶을 살 수 있습니다.

지난 시절에 유명한 문주란이라는 가수가 부른 '동숙의 노래'가 만들어진 배경에는 가슴 아픈 사연이 있습니다. '너무나도 그님을 사랑했기에'로 시작하여 '돌이킬 수 없는 죄 저질러 놓고' 이런 가사가 있습니다. 우리나라가 처음 외국으로 수출한 물품 중에 가발이 가장 돈이 되었답니다. 그 당시는 대부분 가난해서 아가씨들이 가발공장에 많이 다녔습니다. 어느 아가씨가 가발공장에 다니면서 못 배운 게 한이라 공부를 한번 해보려고 학원에 갔습니다. 그리고 그만 선생과 연애를 하게 되어, 적은 봉급으로 있는 것 없는 것 다 바쳐가면서 사랑했답니다. 그런데 그 선생이란 놈이 어느 날 갑자기 좋은 집 규수하고 결혼한다고 하며 쌀쌀맞게 대하고 모욕까지 하니 이 아가씨가 그만 칼로 남자를 찔러버렸습니다. 돌이킬 수 없는 죄를 거기서 저질렀단 말이에요. 이 실화를 바탕으로 동숙의 노래가 만들어졌다고 합니다.

그쯤이겠지요. 또 한 아가씨도 가발공장에 다녔습니다. 그 사람이 서진규 박사입니다. 그분 이야기는 책으로도 나오고 텔레비전에도 많이 나와 그 사연을 아는 사람이 많을 겁니다. 고향이 제천이고 공부를 잘했지만 집안 형편이 어려워 가발공장에 취직했답니다. 그때 가발 빗질을 하면서 눈물 많이 흘렸다고 합니다. 공부나 못하면 모르는데, 좋은 대학교에 갈 실력이었는데 가발을 만들고 있으니 얼마나 고통스러웠겠습니까. 그런 와중에 사랑을 한 번 실패하고 식모살이로 미국으로 건너갔다고 합니다. 거기서 결혼을 했는데, 그 남편이 몸만 미국에 살지 사고방식은 고루하고 가부장적이어서 약한 여자인 서 박사를 패고 때리기까지 했답니다. 마음에 분노가 오르니까, 이 인간을 어떻게 죽여 버리지? 하는 죽이는 마음이 일어나더래요. 죽였으면 제2의 동숙의 노래가 나왔겠지만 마음을 바꿔 먹었답니다. '최악의 상황에서 이걸 바꿀 수 있는 힘은 내 스스로 나를 사랑하고 나를 존경하는 것뿐이다. 너라는 인간을 내가 여기서 죽여서 내 인생까지 끝장날 필요는 없다.' 이렇게 마음 바꾸기를 했습니다. 서진규 박사는 그길로 군대를 가버렸어요. 딸애가 그때 8개월인가 됐고, 둘째를 유산한 지가 2개월 정도밖에 안 됐을 때 미군으로 입대를 한 거랍니다. 우리 한국 어머니들 그렇게 독한 구석이 있단 말이에요.

어쨌든, 군인을 모집하는데 작은 동양인 여자 하나가 들어와서 물 다 흐린다 싶단 말이에요. 훈련소에서 '야, 너는 가라! 집에 가라'고 그렇게 해도 집에 가지 않고 끝까지 버티고 인동초처럼 견뎌 냈답니다. 그러면서 몸도 회복하고 마음도 회복하고 끝까지 해서 졸업할 당시에는 일등을 했다고 합니다. 그렇게 20년이 넘게 군대 생활을 하여 소령인가로 예편을 했어요. 군 생활을 하면서 하버드 대학 박사학위를 받았다고 합니다.

그럴 경우가 안 생겨야 하지만, 어떤 연유로 분노가 극에 달하면 사람을 죽이고 싶은 마음이 든다고 합니다. 동숙의 노래 실제 주인공과 서진규 박사는 비슷한 경우에 다른 선택을 했습니다. 한 순간의 선택이 평생을 좌우한다는 광고 문구가 틀린 말이 아닙니다. 서진규 박사는 자신의 삶을 이야기하며 '내 것 내보여서, 내가 나쁘고 힘들었던 것 내보여서 강의를 듣는 사람들이 희망을 가질 수 있다면 나는 어디든지 쫓아가서 내보일 수 있다'고 말한답니다. 얼마나 멋있어요. 절망이 깊어 힘겨울 때마다 자신을 위로하고 그 자리에서 자신을 돌아보고 자신을 보듬으면서 희망을 찾고 용기를 내고 미래를 향해서 항상 다독거렸다는 거죠. 이래가면서 그분도 신앙에 굉장히 의지를 했던 것 같더군요.

우리들 스스로가 지금 힘들고 처지가 괴롭고 고통스럽고 어렵다고 이불을 뒤집어쓰고 집에 들어 앉아가지고 끙끙거린다면 해결이 되는 것이 아니라 우울증이나 오고 심해지면 한강에 빠질 생각밖에 안 나는 겁니다. 그럴 때 그 이불을 박차고 일어나 몸뻬 바지라도 걸치고 절에 와서 부처님 앞에서 절을 하면서 내 속을 드러내 하소연하여 모든 응어리들을 풀어낼 줄 아는 그것이 기도가 되고 참회가 되며, 거기에서 뜨거운 눈물이 펑펑 쏟아질 때 부처님의 자비와 복덕과 지혜가 바로 가피가 되는 겁니다. 생각을 바꿔서 살아가면 되는데 그걸 돌이키지 못하니까 서진규 박사처럼 절망을 이겨내지 못하는 것입니다. 그런 서 박사를 보면 도전이라는 것을 굉장히 중요시 여겼단 거죠. "또 해보자, 해보자!" 실천하는 수 있는 삶이 아름다운 겁니다. 나 혼자만 끙끙 앓으니까 옆의 사람도 모르게 되고, 결국은 자기 혼자만 스트레스 받아가지고 우울증이 되고 조울증이 되고 정신병이 생기는 것입니다.

이 육근이 청정하다는 것은 내 뜻이 맑아야 되고 내 의식이 맑아야 되는 거예요. 흙탕물이 일어났다가도 가만히 내버려 두면 다시 맑은 물로 가라앉잖아요? 하지만 겉모습만 깨끗하지 청정하다고는 말할 수 없습니다. 우리가 살아온 오늘날까지의 삶도 내가 깨끗한 물로 살았는지 오염된 물로 살았는지는 스스로 판단할 수 있지 않을까요. 걸러진 삶을 살았느냐는 거죠. 걸러 내버리지 말아야 할 것은 다 걸러내 버리고, 걸러내야 할 것은 진작 거르지도 못해서 몸과 맘에 병이 들고 스스로 자신이 싫은 자괴감 속에서 사는지 알 수 있다는 말입니다. 내가 걸러내지 말아야 할 것은 믿음을 걸러내지 말아야 되는 거고, 가족이라는 것을 걸러내지 말아야 되는 겁니다. 반면 개인주의라는 것을 걸러내고 그 자리에 공존함을 채워 넣어야 하는 것입니다. 이렇게 같이 살고 이어가야 하는데, 걸러내지 말라 하는 가족은 걸러내 버리고, 자식도 걸러내 버리고, 다 걸러내 버리니까 요즘은 혼자 사는 세대가 많다는 이 말이에요. 세상이 복이 없어지니까 점점 이렇게 되는 거거든요.

여러분, 자식이 있으면 또 뭐가 있어야 될까요? 자식이 있으면 자식이 잘 크고 튼튼하게 자라고 가족을 위하고 사회를 위하려면 복을 물려주라 그랬잖아요. 그 복을 물려주는 것이 오늘 이와 같이 법화경을 가지고 부처님을 믿고 따르고 의지하고 찬탄하는 거고 공양하고 예배하는 겁니다. 내 스스로 내 마음에 일어나는 응어리나 괴로움은 부처님 앞에 가서 그냥 다 털어내 버리고, 부처님의 밝은 복력과 지혜는 받아들여 우리들 스스로 간절하게 쓰며 살아야 합니다. 그러려면 부처님 제자로 늘 권속에서 벗어나지 않고, 즉 가족에서 벗어난 삶을 살지 않아야 하는 것입니다. 부처님을 아버지로 모시니까 그 가족이 되고 권속이 되어서 늘 내가 상주하고 있는 거지 따로 있는 게 아니다, 이런 말입니다. 그래서 늘 보살핌이 있고 믿음이 있으니까 늘 마음속에는 부처님이 존재하고, 그러니 항상 부처님을 예경하고 공양할 수 있으며, 부처님을 믿는 마음이 있으니까 거기에서 부처님을 바르게 보는 지견이 생기는 것입니다. 불지견이 되니까 지혜는 자연히 따라오게 되고, 내가 가족이나 내 주위를 온통 밝게 하고 부처의 삶을 살게끔 만들어 가는 이게 지금 가장 중요한 겁니다.

내 자신이 오탁악세에 물든 더러운 물이라면 어디서부터 시작해서 바꾸어야 하나? 깊이 부처님을 믿고 의지하며 법화경을 읽고 외우며 사경하는 습관을 들여야 합니다. 그런 연후에 주위 사람들에게 기쁘게 법화경을 전하는, 이렇게 나라는 존재를 바꿔야 합니다. 그래야 육근이 청정한 삶이 되는 것입니다.

법사품은 이 육근이 이렇게 청정하니까 아비무간지옥부터 유정천까지 보지 못하는 것이 없고, 듣지 못하는 것이 없고, 느끼지 못하는 것이 없고, 늘 공부가 되는, 결국은 융합되고 원융한 삶을 살아가는 겁니다. 기억된 역사는 반복되지 않지만 기억되지 않는 역사는 계속해서 반복할 수밖에 없다고 합니다. 잘못했던 것을 모르니까 잘못인지 모르고 계속 반복할 수밖에 없는 거고, 잘못이구나! 하는 역사를 기억했으면 그 역사는 두 번 다시 반복하지 않을 수 있다는 거죠. 그래서 우리들 스스로가 내 가정에서 반복할 것과 반복하지 않아야 할 것을 찾아 제대로 습관을 가진다면 우리의 삶이 오늘보다는 내일이 낫고 내일보다는 그 다음이 나을 것은 분명합니다. 오늘도 암울하고 내일도 암울하다면 이 세상 살기가 너무 참 삭막하지 않느냐?라는 거죠. 하지만 세상살이가 팍팍한 게, 요즘 보면 돈을 대출해 준다는 광고가 넘쳐나는데, 이것은 돈 빌릴 사람이 많다는 답답한 현실을 반영한 것이라고 할 수 있겠죠. 대출뿐이 아닙니다. 늙어서 책임질 보험에 들라고 난리잖아요. 불타는 집에서 이래도 답답하고 저래도 답답한 시대를 살아가는 거예요. 그러니 우리는 이런 암울한 시대를 살아가는데 부처님께 믿음으로 보험을 들고, 공양을 함으로서 보험을 들고, 의지하고 찬탄하고 공경하고 공양함으로서 보험을 들어봐야 그게 진짜 보험입니다. 그 복은 나한테만 미치는 것이 아니라 내 아래 대로 칠대까지도 미친다 합니다.

이 육근으로서 모든 것을 보고 듣고 알 수 있는 것이, 바로 법사공덕품에서 부처님께서 분명히 부모로부터 받은 육신으로 장엄하게 청정하게 되어진다고 하셨습니다. 그 모두가 부처님의 가피고 공덕임을 우리가 굳게 믿고 의지해야 밖으로부터 무엇 하나 들어오지 못합니다. 속담에 바늘구멍으로 황소바람이 들어온다고 하잖아요. 그와 같이 나쁜 일은 작은 틈새로 들어와 우리 믿음을 파괴할 수 있으니 부처님의 자비광명으로 황소바람이 들어오는 문풍지 바늘구멍을 막아달라고 기도해야 합니다.

빛으로 광명으로 나와 함께 항상 상주하고 계시는 부처님을 믿고 의지한다면, 분명한 것은 부처님의 그 복과 지혜가 내 것이 되고, 나는 그 권속으로서 평생 살아가니까 불행은 끝이고 행복은 시작될 수 있다는 경계가 바로 이 법화경입니다. 법화경을 지극 정성으로 읽고 외우고 베껴쓸 때 아주 묘한 경계가 일어납니다. 우리들이 이와 같을 때 부처님 제자로서 믿음의 도리가 다 제대로 돌아가는 거예요. 톱니 이빨이 맞물려서 돌아가야 큰 발전기도 기차도 움직이듯 부처님 권속으로 부처님과 항상 함께하려는 마음이 있어야 합니다. 바늘구멍이 안 나게 해야 황소바람이 안 들어오듯, 늘 깨어 있으며 부처님을 향한 마음을 한 순간도 놓치지 않도록 해 달라고 기도해야 합니다. 우리가 분명히 알잖아요. 법화경 몇 번 읽었다고 육근이 청정해질 수 없다는 사실을 말이죠. 하지만 낙숫물이 바위를 뚫는 마음으로 매일매일 시간을 정해 법화경을 읽고 외우고 사경하며 지극한 신심을 증장해 나가야 합니다.

이와 같이 법사품은, 모두 육근을 가지고 있지만 믿음으로 승화되었을 때 육근이 청정해지고, 아울러 알고 보고 듣고 맛보는 모든 것이 부처님의 지견으로서 함께 할 수 있다는 것을 말하고 있다고 저는 보았습니다.

 합장하겠습니다.
거룩하고 대자대비하신 부처님 감사합니다. 늘 육근이 청정하며, 부처님의 눈으로 부처님의 귀로 부처님의 입으로 부처님의 마음으로 부처님의 뜻으로 모든 것을 비우고 함께 하고자 하는 이 제자들을 받아들여 주세요. 이와 같이 법사공덕품을 가지고 함께 공부할 수 있는 이 인연 공덕이 세세생생토록 이어져서 이 법화경의 살림이 원만히 회향되고 부처님 가르침대로 뜻대로 이루어지기를 발원합니다.
나무 석가모니불 나무 석가모니불 나무시아본사 석가모니불

17

내 생활이 상불경보살이 되어

상불경보살품

제20 상불경보살품을 보면, 상불경보살이란 어떤 분인가에 대해 부처님이 말씀하시고 나서 나중에 뭐라고 하셨냐면 "그 상불경보살이 전생에 나였다"라고 하십니다. 어떤 보살님이었냐면, 모든 사람에게 보는 대로 절하며 이렇게 말씀하셨답니다. "당신은 보살도를 닦아 미래세에 부처가 될 것이다. 당신은 다음 생에 부처가 될 것이다"라는 말씀을 하셨습니다. 고맙게 그 마음을 받는 사람도 있었지만, 그러나 마음이 부정한 사람들은 '되지 못한 비구가 어디 부처의 수기를 주냐'고 상불경 스님을 때리기도 했습니다. 여러분은 반드시 성불할 거라는 축복의 말을 하는 것으로 수행을 삼았다는 거죠. 하루 종일 모든 사람이 행복하기를 입으로 중얼거리고 마음으로 염불하는 거 굉장한 수행입니다. 단순하게 어떤 하나를 잡아

우직하게 그냥 그대로 하심하고 전부 방하착하고… 상불경 스님은 그렇게 수행하신 겁니다.

욕심을 놓아버리니까, 근본에 탐심이 없으니까, 어리석음이 없으니까, 그렇게 다 수용할 수 있었던 거예요. 여러분들, 가만히 생각을 해봅시다. 흔히 우리가 부처인 줄 알면 된다고 말하거든요. 물론 그렇게 믿기 힘들게 우리 중생의 삶이 추하지만, 정말 우리는 부처님 자녀로 부처님 유전자를 물려받은 완벽한 존재입니다. 더 이상 필요 없어요. 사실이 그렇거든요.

그런데도 우리는 더 가져야 되잖아요. 날이면 날마다 재산도 더 가져야 되고, 집도 늘려야 되고…… 사람들이 자기중심적인 사고로만 그냥 앞만 보고 내달립니다. 이러니까 자기는 편해야 되고, 즐거워야 되고, 칭찬만 받아야 되고, 남보다 잘났다는 소리도 들어야 되고, 그 잘났다는 소리를 듣기 위해서 여자들은 얼굴에 칼을 대 뜯어 고치고, 남자들은 빚을 얻어서 외제차를 끌고 폼을 잡습니다. 그러면서 내 위주로 모든 것을 생각하고, 내 위주로 모든 것을 돌아가게끔 생각을 하는데, 세상이나 모든 삼라만상의 이치가 내가 좋아하는 것대로 돌아가지 않으니까 불평이 나고 불만이 나오고, 거기에서 죽고 싶다는 등 별 소리 다하며 얼굴 찡그리고 삽니다. 남이 차에 치여 크게 다치는 것보다 자기 손가락에 가시 하나 박힌 것이 생생한 게, 자기 고통을 가장 불행하고 크게 느끼는 게 중생의 본성입니다. 그런 사람 속에서 즐거움만을 찾으려니까 사람을 만나면 만날수록 외로움만 더 커져 가는 거예요. 남편을 만나, 너하고 나하고 금침 자수베게 높이 베고 한평생 잘 살아보자, 라고 했는데 막상

226

3년 지나고 나니 원수가 된다고 합니다. 인생 내 마음대로 안 된다, 이 말이에요. 내 마음대로 안 된다는 괴로움 때문에 얼굴 미간에는 내 천川자를 그리고 살고, 얼굴이나 마음은 시체처럼 죽어 있는 겁니다.

어리석어서 중생입니다. 꿩이 날아가다가 사냥꾼이 총 쏘는 소리를 들으면 그냥 덤불 밑에 툭 떨어져서 덤불 속에 머리를 쳐 박고 뒤는 그냥 다 내보이고 숨는다고 합니다. 총알에 안 맞았는데도 소리에 그냥 놀라 떨어져 대가리만 가리는, 눈 가리고 아웅하는 어리석음이 중생에게 있습니다. 이게 보면, 욕심이라는 것 때문에 이렇게 어리석은 짓을 하고, 사실은 그렇게 가지 말아야 될 길이고 하지 말아야 할 행동도 스스럼없이 합니다. 우리 인간사에 남이 보면 손가락질 할 일도 내가 할 때는 손가락질 당할 문제가 아니라고 뻔뻔스러워집니다. 요즘 말로, 남이 하면 불륜이고 내가 하면 로맨스라고, 어쨌든 자기 합리화를 시키고 자기가 잘난 것처럼 포장을 하는데 그렇게 살아봐야 백년도 못 살고 갑니다. 그렇게 살다 4,50이 넘어가면 아픈 곳이 많아져 몸이 마음대로 안 되는 생로병사에서 총 든 병사兵士가 아니라 늙어서 병들어 죽을 일만 남은 병사病死만 남습니다. 틀어지고 괴로워지고 힘들어지는 게 전부 병이 되어서 나타나니까, 그냥 가만히 있으면 아프고 나오면 어디가 아픈지 모르겠고 들어가면 아프고 나오면 안 아프고 이렇게 자꾸 쉴 없이 반복하고 사는 거라는 거죠.

그런데 부처님은 전생의 상불경 스님일 때 만나는 사람들 모두에게 '당신은 부처가 될 것입니다'라는 축복의 말을 하였습니다.

소리에는 뜻이라는 에너지가 있어 큰 의미가 있습니다. 남편을 보고 '당신 정말 멋있는 사람이야! 당신 안 만났으면 누구 만났을까?' 속으로는 더 좋은 남자를 상상하더라도 당신이 제일이라는 소리를 한다면 남편은 세상천지를 다 얻은 듯 기뻐할 겁니다. 하물며 부처님이 될 거라는 축복의 말에 순수한 사람들은 기뻐하였지만, 마음이 부정한 사람들은 건방지게 어디서 수기를 주냐며 상불경 스님에게 주먹질까지 하였습니다.

어느 경계든 잘 받고 기뻐하는 게 최선이고 최고의 인생비법입니다. 집에서 남편이나 자식도 마찬가지고 부모님도 칭찬해줄 줄 알아야 합니다. 칭찬은 고래도 춤추게 한다고 하듯이, 기가 팍팍 살아나게 하는 특효약입니다. 그러니 '당신은 부처가 될 것입니다'라는 소리는 내 시아버지도 부처가 되고 내 시어머니도 부처가 되고 내 자식들도 부처가 되고 내 주위 사람도 다 부처가 될 사람들이라는 말인데, 그렇다면 모두 부처님처럼 대하는 게 마땅한 도리 아닙니까. 작은 것도 칭찬해 주고 감탄해 주세요. 아이 키울 때 아빠 엄마 소리 못하다가 어느 순간 애가 엄마인지 아빠라는 말인지 모르지만 말문이 트이면 얼마나 자랑스럽고 부부가 함께 감탄하고 경이로워 합니까. 그렇게 자식을 대하고, 남편을 그리고 아내를 대접해야 합니다. 작은 것에 기뻐해야 합니다.

팔은 안으로 굽는다 하지만 무슨 일에도 공평무사하게 대처하려고 노력해야 합니다. 부모들은 자식 문제에는 판단이 흐려지는 경우가 많이 있습니다. 전부 자기 자식밖에 모릅니다. 남의 자식도 생각을 좀 해주고, 공생 공존하는 걸 아이들에게 가르쳐 주어야 하는

데, 가정교육이 엉망이고 세상이 이러니까 왕따니 뭐니 오만 일이 생기는 겁니다. 내 자식이 야단맞거나 선생님에게 한 대라도 맞거나 뭐가 잘못됐다 싶으면 학교에 쫓아가서 삿대질하고 막말까지 합니다. 이게 지금의 현실입니다. 더 이상의 개인주의가 될 수가 없을 만큼 개인주의와 이기주의로 팽배하다는 거예요. 이게 뭐냐? 자기 이상대로, 자기 생각대로 그렇게 사는 것을 보면 안쓰럽고 불쌍합니다.

나 같은 스님의 입장에서 보면, 나는 부처님을 믿고 부처님을 부모처럼 의지하고, 그 다음에 뭐든지 부처님이 알아서 주실 거라고 생각하고 최선을 다하고, 믿고 따르고 의지만 하면 된다고 생각하니까 참으로 편안하게 살아요. 이 입장에서 세상 그게 보인다 말입니다. 장기를 두고 있는 사람보다 장기를 두지 않는 사람이 판이 잘 보여서 귓불을 맞아 가면서도 훈수를 두잖아요. 이와 같은 세상이 바깥에서 보면 다 보입니다. 한 발짝 조금 떨어져서 생각해 보고 내 마음을 조금 먼 산에 놓고 보면, 나는 왜 이렇게 발버둥치고 살았을까? 생각되고, 그게 전부 내 이기주의, 내 위주로 똘똘 뭉쳐진 삶 때문이라고 알게 되며 달관이 됩니다.

어떤 사람이 '나는 가야 될 길이라면 가시밭길이라도 가겠지만 가지 말아야 될 길이라면 비단 금침을 깔아놔도 가지 않습니다!'라고 중심이 있는 소리를 했습니다. 내가 가야 될 일이라면 가시밭길이라도 내가 선택해서 가겠지만 내가 가지 말아야 될 길이라면 레드카펫을 깔아놔도 안 가겠단 소리잖아요. 결론은 뭐냐 하면, 밝고 반듯하고 정직하게 사는 길이고, 대의를 위하고 모든 사람을 수용하는 길이라면 나는 그 길로 가겠지만, 나 혼자만 잘 먹고 잘 살고 편안하고 남에게 높게 보여서 칭송 받는 짓은 하기 싫습니다, 이 뜻일 겁니다.

우리들이 상불경보살품을 보고 '아! 나도 이렇게 한번 살아 봐야 되겠구나! 내 남편한테 감탄할 줄 알고 내 주위 사람에게 감탄할 줄 알고 내 자손에게도 감탄하고 칭찬하며 살겠다'고 마음먹는 그 순간 원인이 지어져 그렇게 되는 겁니다. 그 다음에 사랑이라는 것으로 덮어주고 안아주고 보듬어주면 남편부터 자식들까지 잘못 어긋날 일이 없을 겁니다. 그러나 아이가 여타 이유로 도리와 예의를 벗어난 행동을 했을 때는 호되게 야단쳐서 나쁜 습관이 안 들게 하는 것이 가정교육입니다. 나쁜 짓이나 습관과 버릇은 단번에 끊어주는 것이 좋은 것이나, 아이들이 단번에 인생관이나 가치관이 바로 서지 않으니 계속 해야 하는 게 가정교육이고 어머니의 모성입니다. 비싼 음식 먹이고 비싼 옷 입힌다고 모성母性이 아닙니다. 아이가 바르게 자라 많은 중생에게 이익 되게 살고 부처님을 믿고 의지하며 한평생 살아갈 수 있게 하려면 어릴 적부터, 아니면 잉태하기 전 기도부터 부처님과 가깝게 원인을 지어야 합니다. 그리고 정의와 진리, 대의를 위해서는 소아를 버릴 줄 아는 큰 자식으로 키워야 되는 거지, 오냐오냐 보듬어 안고 온실 속의 화초로 키워서 나가면 고난과 환난을 만나면 고통을 이기지 못하고 말라 죽습니다.

요즘에는 30살이 넘어서도 부모가 용돈 주고 밥 먹여주고 백수가 되어서 집안에 들어 앉아 하루고 이틀이고 컴퓨터게임에 빠져사는 젊은 사람들이 너무도 많다고 합니다. 사실 대학까지 나오고 석사, 박사까지 받아가지고도 취직이 안 되는 이 현실이 문제가 큽니다만, 각각 자신들이 마음의 힘을 내어 살지 않으면 앞으로 힘든 세상을 만나게 됩니다. 자식들을 떠올리면 정말 눈물 날 일이고 어쩌다 세상이 이렇게 됐나 싶지만, 부모들이 지나치게 자식만 보고 살아온 결과가 이것이 아닌가 생각합니다. 자식만 보고 감탄하는 게 아니라 남편을 보고 감탄하고 이웃을 보고 감탄하고 자기 주위의 어른들을 보고 감탄하고 살았으면 적어도 이렇게 되지는 않았을 겁니다. 자식 하나 낳아 잘 기르자는 표어대로 하나를 잘 기르려고 파출부에 대리운전 기사까지 하며 공부시켜 대학 졸업을 시켰는데 취직도 못하고 컴퓨터게임에 빠져 사는 자식들을 보는 부모 심정은 얼마나 참담할까요.

자식은 적당하게 키워야 합니다. 왕자병 공주병 걸리도록 만들어 놓으니까 엄마 것도 자기 것, 아버지 것도 자기 것, 심지어 이런 애들도 있다고 합니다. 자기 엄마 아빠가 해외여행 간다고 하니 '갔다 온 지 얼마나 됐다고 또 가요?' 성질을 내더라는 거예요. '야! 이놈아! 네가 성질 낼 것 뭐가 있냐'고 하니까 '그 돈 그거 내가 다 상속받을 건데 자꾸 가져다 써버리면 나는 어떡하느냐'고 했답니다. 참말 영악한 아이지요. 그렇게 자란 아이들이 근간이 되는 미래가 걱정됩니다. 지금 우리가 이런 세상을 산다 이 말입니다. 우리들 스스로가 자식에게 너무 공을 들인 결과가 이것입니다. 부처님 앞에 와서 공들여야 자식이 바르게 크는데 주객이, 손님과 주인이 뒤바뀐 꼴입니다. 인연 따라 내 몸 빌려 왔으니 천륜으로 부처님을 믿고 의지하는 아이로 바르게 키워야 합니다. 아마도 상불경 스님은 어린 아이에게도 절하시며 부처를 이루리라고 찬탄하셨을 겁니다.

상불경 스님은 불성의 종자種子 싹수는 누구나 가지고 있기 때문에 그걸 보시고 아시고 그 중생을 인도하기 위해서 '당신은 부처가 될 것입니다. 미래에 당신은 꼭 부처가 될 것입니다'라고 감탄하십니다. 그 감탄을 우리들 삶 속에 가져와서 남편을 보고 '당신은 나중에 꼭 부처가 될 것이다, 당신은 정말 멋있는 사람이다, 당신이 정말 우리 가족을 이렇게 보듬어 주니까 우리가 이만큼 살았지 않느냐' 감사하면 남편은 눈물로 그 고마움을 표할 것입니다. 그런데 마음이 부정한 사람들이 상불경 스님에게 주먹질을 했듯이, 남편에게 아직 때가 안 되고, 그런 감탄사를 이해할 위인이 아니면 자제하고 나중에 시기를 보세요.

요즘 이 법화경을 보면서 제가 그런 이야기를 누누이 하는 게, 부처님이 제대로 좋으면 부처님을 칭송하고 찬탄하고 공경하고 공양하고 예배하고 부처님만 있어도 그냥 좋은 거예요. 왜냐? 상주불법이라, 부처님을 내가 늘 모시고 사니까 먹고 사는 게 걱정이 없어요. 입는 것이 걱정이 없고 누워 자는 것이 걱정이 없어요. 왜? 상주하고 있다고, 항상 같이 있다고 했단 말이에요. 그러면 제대로 내가 부처님의 자식으로 들어와서 부처님과 함께 한다면 어떻게 되겠느냐? 부처님의 권속으로 들어와서, 부처님의 자식으로 들어와서 한 집안에 부처님과 함께 산다면, 그러면 부처님만 상주하겠습니까? 부처님 것이 다 내 것이 되는 거죠.

먹을 것 때문에 걱정할 것 없고, 입을 것 때문에 걱정할 것 없고, 자는 것 때문에 걱정할 것이 없는데도 우리 중생들은 스스로 고아가 돼서 집을 나가가지고 먹는 것도 걱정하고 자는 것도 걱정하는, 결국은 고아로 사니까 그런 처지에 드는 겁니다. 그러니까 요 소갈머리 속에는 오로지 자기 생각밖에 없는 거예요. 우리들 마음속에서 진실된 '아! 부처님이 정말 내 아버지였구나! 내가 부처님 권속으로 살아야 되겠구나!' 이런 생각을 가졌다면 이 사람은 자기라는 욕심을 내려놓는 거예요. 내가 지금 질투하고 시기하고 갖고 싶어하고 아첨하고 거짓말 하고 이런 것은 대개 먹고 살자고 하는 짓거리이니, 어리석은 자기 욕심을 내려놓는 겁니다.

자기라는 욕심을 내려놓고 나면 큰 눈으로 세계를 볼 수 있습니다. 산골에서 졸졸졸 흐르는 냇물만 보는 게 아니라 큰 바다를 볼 줄 알아야 되는 눈이 있어야 됩니다. 그게 안목이라는 거잖아요. 그러면 내려놓고 보면 천지에 그냥 모든 것이 한눈에 들여다보이고 '아! 내가 옹졸하게 살았구나. 내가 잘못했구나. 내가 이해하지 못했구나. 내가 너무 내 중심적인 생각만 가졌구나' 이런 게 보인다는 거죠. 그래서 내가 이해하고 받아들이고 인정할 수 있는 삶이 될 수 있는데 그걸 안하니까 욕심이 눈앞을 가려가지고 한 치 앞도 몰라보고 중생심으로 살아가는 겁니다. 중생으로 산다는 것은 이와 같다는 거죠.

그래서 제 19 법사공덕품에서 부처님은 '설령 부모의 몸을 받아서 태어난 육체인 육근을 가지고 있더라도 법화경에 의지하고 나에게 의지한다면 너희들은 아라한과를 증득하지 않더라도 육근이 청정하고 맑아져서 앉아서도 볼 줄 알고 서서도 볼 줄 알고 아비무간지옥부터 시작해 유정천까지도 볼 수 있고 들을 수 있고 느낄 수 있고 알 수 있고 모든 것이 다 될 수 있다'라고 했습니다. 분명한 것은 이 믿음 속으로, 부처님 품속으로, 권속으로 쑥 들어와서 살 때는 모든 것이 편안히 놓아져 이해가 되는데, 스스로 불자라면서도 그런가 아닌가 절문 열어보고 들여다보고 우물쭈물 하는 것은 아직도 한 끼니 밥 걱정하는 고아로 부모라는 것을 모르고 있기 때문입니다. 우리들 속에 진실로 부처님이 내 부모라고 생각이 든다면 그렇게 왔다가 조금 들여다보고 관광객이 되어서 왔다가지 않는다는 겁니다. 절에 와도 대자대비하신 부처님 앞에 관광객은 사진을 찍지만 부처님 자녀들은 자비가 뚝뚝 떨어지는 그 모습을 나의 모습으로 받아들여 부처님 앞에 참회하고 찬탄하고 공경하고 공양하고 예배드립니다. 절문을 나서며 관광객들은 어디 맛있는 식당으로 찾아가지만 부처님의 자녀들은 '집에 가서 오늘부터 내가 부처님처럼 내가 관세음보살님처럼 살아보자'라는 생각을 합니다. 관광객은 막걸리에 취해 집으로 돌아가 아내와 남편과 싸움을 하지만, 부처님 자녀들은 집사람을 봐도 참 너무나 예쁘고 애틋해 보이고 남편 가장을 보면 가족 먹여 살리려고 고생하는 게 안쓰러워 맛난 저녁을 준비하여 용기를 줍니다.

남편들이 옛날에는 가족사진을 지갑에 넣고 다녔는데 요즘은 마누라 사진을 넣어 다닌다고 합니다. 왜 그런고 하니, 직장생활 중에 위 상사한테 눌리고 아랫사람에게 치받칠 때는 '때려 치워야지, 도저히 못 다니겠다' 하다가 혼자 가만히 창가에 가서 지갑을 꺼내서 마누라 사진을 본데요. '내가 이 여자하고도 20년을 넘게 참고 살았는데 이걸 못 참아? 참아야지' 이렇게 생각한답니다. 참으로 어처구니없는 비유이지만, 아무튼 아내들은 밖에 나가서 벌어 먹여 살린다고 억눌리고 집안에 들어와서 마누라한테 억눌리는 그 마음을 알고 위로해 주고 용기를 주어야 합니다. 집에 들어가면 '이렇게 늦게 오면서 밥도 안 먹고 왔어?' 모르겠다! 휙 돌아누워 버리고, 이러지 맙시다. 돈은 좋고 남편은 싫습니까? 이러면 안 됩니다. 절에 다니는 불자님들, 부처님의 복과 지혜는 받고 싶고 부처님은 싫습니까? 왜 그렇게 삽니까?

우리가 진짜 제대로 해야 될 일은, 내가 부처님을 칭송하고 찬탄하고 공경하듯이 내 가정에서 내 남편도 칭송하고 찬탄할 줄 알아야 되는 거예요. '참 고생했다. 당신이 이만큼 해주니까 참 고맙고 미안하다'고 말해 주어야 합니다. '내가 당신에게 해줄 것은 없고 절에 가서 부처님께 기도 열심히 한다. 당신 위해서 기도한다'고 말할 수 있는 아내가 되어야 합니다.

우리는 스스로 자업자득으로, 자작작수自作作受로 짓고 받은 업력을 가지고 스스로가 그 자리를 못 면하고 힘들고 괴롭게 사는 삶을 되풀이합니다. 그처럼 어리석은 게 어디 있습니까. 스스로가 아주 밑바닥 인생까지 내려갔을 때 거기서 다시 부처님을 찾고 부처님의 권속으로 들어와서 부처님을 믿고 의지하고 찬탄하고 공경하고 공양하고 예배하면서 '부처님! 제가 지금 이 바닥까지 왔지만 저는 더 필요한 게 없습니다. 지금부터 시작해도 저는 많은 사람에게 좋은 일을 할 수 있고, 지금 시작해도 부처님의 권속으로서 저는 살수 있습니다' 이런 생각을 가지고, 이런 믿음을 가지고 산다면 밝은 내일이 금방 찾아올 것입니다.

'나는 부처님이 지켜주고 부처님의 보호를 받고 부처님의 가피를 입고 사는 불자이기 때문에 겁나는 것이 없다. 어려움들아! 나와 봐라!' 이런 식으로 되어져야 그게 제대로 된 믿음을 가진 사람이라고 볼 수 있습니다. 부처님 자식으로 무얼 겁내고 두려워하겠습니까. 흉악 범죄를 저지르는 인간들은 대개 어릴 적부터 자격지심도 많고 피해의식도 많아 속으로 품고 속으로 떨고 속으로 두렵고 속으로 힘들어 하다가 그 분노와 적개심을 결국 이기지 못하고 어느 한순간 사고를 치는 것입니다. 부처님 자녀로 살면 부모 품속에 믿고 의지하는 것으로 두려움이 없는 것입니다.

인생만사 새옹지마塞翁之馬라고, 어느 때까지는 잘 살던 사람도 형편이 바닥을 쳐 먹고살려면 무엇이라도 해야 될 처지가 될 수 있습니다. 옛날 생각만 하며 술이나 퍼먹는 사람도 있겠지만 용감하게 과일행상을 하는 사람도 있습니다. 과일 하나 팔려고 해도 동네가서 아줌마라고 하면 아줌마들이 째려보고 그냥 가니 사모님, 사모님 이렇게 해야 합니다. 이런 사람들도 두 종류입니다. '그래 내가 한번 무너졌지만 한발 한발 다시 일어서겠다'고 마음먹고 위축되지 않고 집으로 와서는 아내와 자식들에게도 용기를 주는 사람이 있는가 하며, 또 다른 사람은 자존심 상하면서 사모님, 사모님하려니 울화통이 나서 그 스트레스를 집에 와 아내와 아이들에게 화풀이하며 '너희들만 아니면 내가 이렇게 살 이유가 없다'고 깽판치는 불쌍한 인생도 있을 것입니다. 두 종류의 과일장수 중에서 어떤 사람이 참다운 인생을 살겠습니까?

제 마음은 과일장수 두 사람 모두 부처님 앞에 오기를 기도합니다. 이렇게 철저하게 부처님 중심적으로 우리들의 삶을 바꿔 나간다면 그 이상 더 좋을 것이 뭐가 있겠습니까. 그때부터 '불행 끝 행복 시작'이 되는 건데도 우리들은 오늘도 행복을 찾아서 '파랑새를 찾아 아무리 돌아다녀 봐도 찾지 못하고 돌아와 보니 진짜 파랑새는 집안에 있었다'는 격으로 헤매고 있습니다. 행복한 가족이 되기 위해서는 남편 기 살려주고 자식 기 살리고 일가친척 기 살리고 이웃 사람을 기 살려주고 감탄해 주고 찬탄해 주고 공경해 주고 공양해 주는, 그 삶이 상불경보살님의 행적을 따라 배우는 것입니다.

부처님 앞에 자주 와서 내가 응어리지고 괴롭고 힘들던 모든 것을 기도로 풀어내고, 그 기도로서 부처님의 자비나 지혜나 복력을 수시로 충전 받아야 합니다. 그리고 아내로서 꼭 해야 하는 서원이 있습니다. 부처님의 자식으로 우리 집을 남편과 자식들과 함께 동수정업同修靜業하는 행복의 도량으로 만들겠다는 서원을 세우고 살아야만이 절에서만 보살이 아니라 진짜 보살님으로 한발 나서는 것입니다.

우리들 마음속에 있는 이 모든 것들을 장막이라고 합니다. 내 마음에 떨고 있고 쫄고 있고 기죽어 있고 괴로워하고 원망하고 절망하고 두려운 무명無明, 이게 전부 장막이라는 거예요. 다 걷어내야 합니다. 우리가 상불경보살품을 공부하고는, 마음 가운데에 있는 착하지 못한 습성의 뿌리나 나의 잘못된 단단한 습관의 철의 장막을 걷어내고 여기에 부처님의 가르침을 고고하게 심어야 합니다. 부처님은 오늘날 21세기가 이렇게 펼쳐질 것도 이미 다 아셨습니다. 불타는 집 소꿉놀이 장난감들이 지금처럼 인간을 현혹한 때도 없을 것입니다. 앞으로 다가올 미래는 어떨까 추론하면 암담한 생각이 듭니다. 풍요롭지만 빈부격차는 커지고, 첨단 과학의 장난감들이 사람의 주머니와 뇌를 다 털어갑니다. 그 속에서 방황하고 고뇌하고 힘들어하는 말법시대를 위해 법화경은 불타는 집 장난감을 가지고 노는 아이들로 21세기 중생들 모습을 참으로 적절하게 비유하십니다. 그리고 부처님을 믿고 의지하고, 법화경을 읽고 외우고 사경하며, 나아가 이 귀중한 법화경을 다른 사람에게 전하면 무량한 공덕을 얻고 끝내 아뇩다라삼먁삼보리를 얻게 됨을 수기하셨습니다.

21세기 현대사회에 불안감으로 심리상담을 받는 사람들이 늘어나는 것은 물론이고 조울증, 정신분열증, 사이코페스 등 정신병이 전염병처럼 번지는 듯합니다. 이런 말들이 돈다는 것 자체가 마음에 여유가 없이 조바심만 내는 현실의 반영이고, 탐욕으로 가득 차 갖고 싶은 것은 어떻게든 가지려고 애를 쓰는 우리 중생들이 모두는 정신병 환자입니다. 외로움과 방치와 존재감의 상실이 원인이라고 합니다. 사람과 소통하고 사람에게 위로받아야 하는데, 모든 중생이 정도의 차이일 뿐 모두가 힘이 드니 병자가 어떻게 병을 치료할 수 있겠습니까? 우리는 재물과 권력과 명예를 행복이라 생각하고 추구하는데 그것들은 파랑새와 무지개처럼 잡히지 않는 것들입니다. 그러니 점점 외로워지고 괴로움은 많게 돼 있다는 말입니다. 일단 무지개는 몰라도 파랑새는 집 안에 있는 사실을 알고 부처님을 중심에 두고 가족끼리 오순도순 서로가 위로하고 용기를 주며 살아야 합니다. 가화만사성, 수신제가치국평천하를 염두에 두세요.

우리들이 상불경보살품을 보며 느끼는 점은, 남편을 위하고 찬탄하며 '당신은 언젠가 부처가 될 사람이니 존중 받아야 한다'고 마음으로 대하면 돈이나 건강은 부수로 따라오게 되어 있다는 점입니다. 당연히 시부모님 재산이 좋은 게 아니라 시부모도 같이 좋아야 합니다. '당신들이 없었으면 내 사랑하는 남편이 어디 있고, 내 자식이 어디 있고, 내 후손들이 어디 있겠습니까' 하는 마음으로 감사하며 상불경보살님처럼 그분들을 대해야 합니다. 결국은 나 중심적인 사고로 보는 것이 아니라 가족 중심적인 사고로 보면 모든 것이 한 뿌리인데, 내가 너무 내 아상과 고집과 아집으로 똘똘 뭉쳐 내 위주로만 살아서 슬프고 괴롭고 힘들었다는 사실을 알아야 합니다. 전체를 아우를 수 있는 그 마음이 바로 상불경보살품을 보고 우리가 알아야 되는 것입니다. 이렇게 상불경보살품에는 우리들이 상불경보살이 되어서 가정을 아우르는 그런 아내와 남편, 자녀들이 되기를 바라는 생각이 담겨 있습니다.

합장하겠습니다.

부처님 감사합니다. 오늘도 상불경보살품으로 인간을 존중해야 함을 배웠고 가정의 중요함을 알았고 부처님의 위신력을 또한 배웠습니다. 거룩하신 부처님을 항상 믿고 따르고 의지하면서 우리 모두 바른 불자가 되고, 이 땅이 불국정토가 되기를 서원하는 바입니다.

나무 석가모니불 나무 석가모니불 나무시아본사 석가모니불

18

여래의 모든 신력을 믿음으로 받아들이며

여래신력품

여래신력如來神力이란 글자 그대로 부처님의 위신력을 말합니다. 위신력威神力을 간단히 말하자면, 부처님이 가지신 헤아릴 수 없이 불가사의하고 무량대수한 존엄한 힘을 뜻합니다. 부처님 위신력은 사실 표현할 수 없는 것이지만 중생에 맞게 표현한 것입니다. 보통의 신력神力은 실력實力을 키우면 도달할 수 있다고 할 수 있습니다. 한자로 표기하기 때문인지도 모릅니다.

보통 어떤 사람의 활 솜씨가 좋으면 귀신같다고 하고, 솜씨 좋은 장인들이 물건을 만들면 살아 움직이는 듯 생생하여 귀신같은 솜씨라고 합니다. 신라의 화가 솔거가 황룡사에 그린 소나무 벽화에 새들이 진짜인 줄 알고 날아와 부딪쳤다고 하니 귀신같은 그림 솜씨입니다. 이렇듯 실력을 쌓아 신의 경지의 오른 사람을 신력이 있다고 하는 것입니다. 수학을 잘하면 수학 실력이 좋다, 씨름 잘하면 씨름 실력이 좋다고 하고, 운전을 잘하면 저 양반은 운전 실력이 참 좋은 사람이라는 이야기를 하잖아요. 그 실력을 단련하여 육식 육근을 벗어나 일어나는 경지를 신력이라 합니다. 눈이 저울이다, 이런 식으로 이야기하잖아요. 그렇게 안이비설신의 이 육근을 선도라든가 무술로 단련하면 초인超人으로 사람을 벗어나 이르는 경지를 신력이라고 합니다. 실력을 닦아서 귀신의 경지에는 오를 수 있어도 부처님 위신력에는 손톱만큼도 티끌만큼도 다다를 수 없습니다.

부처님의 위신력을 얻는 것은 당연히 아뇩다라삼먁삼보리를 얻어 붓다를 이루어야 합니다. 여래신력품은 그 위없는 위신력, 무량대수 묘용한 힘을 이야기하는 것입니다. 부처님 위신력은 우리의 한계로 표현할 수도 가늠할 수도 없기 때문에 가장 현명한 방편은 우리 어리석은 중생 입장에서 이야기해야 합니다.

육근이 그와 같이 부처님을 닮으려고 하면 무엇이 있어야 되는가? 마음자리가 있어야 됩니다. 그게 없으니까 안이비설신의 육근이 자기 마음대로 작동을 해서 마음에서는 '내가 이 말을 안 해야지' 하면서도 입으로는 험악한 말이 벌써 튀어 나오는 겁니다. 그런데 마음의 작용이 자기 마음대로 어떻게 안 돼요. 이게 또 사람들마다 다릅니다. 그러니까 속으로는 남편한테 기분 나쁜 소리 안 해야지 하면서도 한마디 들으면 바로 그냥 화살 나오듯이 쫓아나와 뒤집어져서 싸움이 나고 동네가 시끄러운 겁니다. 요즘은 매 맞고 사는 남자들이 적지 않다고 하네요. 여자가 때리는 신력을 보이면 남자들은 도망가는 신력을 보여 18계, 36계 신력을 보인다고 합니다.

잔머리 굴리는 것은 버려야 될 신력이에요. 잔머리 살살 굴려가면서 자기 유리한 대로만 하는 그런 신력은 버리고 듬직하게 살아야 합니다. 물이 높은 데서 낮은 곳으로 흐르듯이 나 역시 그렇게 살아간다면, 즉 순리에 순응하는 마음을 써서 봄에 열심히 씨를 뿌리면 뜨거운 여름을 거쳐 가을에 결실이 있습니다. 오늘 열차를 타고 오는데 연밭에 연이 가득 피었더라고요. 너무 좋았습니다. 조금 지나 열차가 깨밭을 지나는데 참깨 꽃이 새하얗게 피었어요. 저는 농촌 태생이라 참깨 꽃을 압니다. 그런데 참깨 꽃은 하얀색인데 가만히 들여다보면 꽃 입술 부분은 연분홍색이에요. 어쩌면 그 분홍빛이 참깨의 고소한 맛이 아닐까 하는 생각이 듭니다.

우리가 부처님 법을 이야기할 때 꽃을 어디에 많이 비교하는가 하면, 보살도에다 많이 비교를 합니다. 보살님들을 연꽃에다가 많이 비교를 해요. 그 연꽃이라는 게 연밥 열매를 맺기 위해 활짝 피어난 아름다움입니다. 사람들은 아름다운 연꽃만을 보지만, 태풍이나 비바람에 흔들리지 않고 피는 꽃은 없습니다. 더욱이 진흙 속에서, 더러운 진흙일수록 아름답게 피는 연꽃은 분명 깨달음을 가장 잘 표현합니다. 그래 묘법연화경이라 하고 법화경이라고도 하는 것입니다. 그러니 사람도 이와 같다는 거죠. 하물며 꽃이 열매가 되는 것도 그러한 풍파를 겪는데, 사람이 완성을 향해 갈 때에 얼마나 시련이 많겠습니까? 여래의 신력을 나의 신력으로 본다면, 스스로 물이 흐르듯 진실된 마음을 쓰는 것이 바로 여래의 신력이고, 왔다 갔다 하는 그 마음을 다잡는 것이 가장 큰 신력입니다.

세상 사람들을 보면 손바닥 뒤집듯이 거짓말을 한다든지, 속이는 말을 밥 먹듯이 한다든지, 남의 것을 훔쳐놓고 안 훔친 척 행동합니다. 이런 것들이 모여서 이 중생계를 이루고 있다면, 이 중생계가 얼마나 오탁악세로 살아가기가 힘들겠느냐는 거지요. 그런 속마음으로 살다 보니까 암까마귀인지 수까마귀인지 구분이 안 되어 세상의 정의와 진실이 구분되지 않습니다. 곡식보다 잡초가 더 클수도 있어요. 선근의 종자라는 것은 녹아 없어지고 아주 악한 것들만 살아나서 증장이 되는 듯 보여도, 가을에 추수할 때는 알곡과 잡초가 구분됩니다. 세상이 정의와 진실이 보이지 않는 지금의 세상이라 해도 결국 알곡과 쭉정이와 잡초는 구분됩니다. 그러면 인생의 끝에 알곡은 무엇이냐 하면, 한평생 부처님을 믿고 의지하며 이법화경을 읽고 외우며 사경하고 안락한 경지를 얻어 옆 사람에게 기쁘게 전한 사람이 알곡입니다. 죽는 시점에 이르면 자신이 알곡인지 쭉정이인지 잡초인지를 자신은 알 수 있습니다.

신력이라는 것은 개인의 신력이 있고 가정의 신력이 있고 사회의 신력이 있고 국가의 신력이 있을 수 있지만 위신력은 될 수 없습니다. 부처님의 위신력은 아뇩다라삼먁삼보리를 얻어 부처를 이루기 전까지는 알 수도 가늠할 수도 없기 때문입니다. 그러나 우리가 꼭 알아야 할 부처님의 가장 큰 위신력은 지금도 늘 상주하고 계신다는 것입니다. 우리 중생에게 이보다 큰 위신력은 없습니다. 석가모니 부처님은 바로 아시고 보시고 우리 중생을 인도하시기 때문에 부처님의 위신력을 믿고 의지해야 합니다. 우리들이 부처님의 위신력을 무시하며 잘났다고 생각하면 믿음 없는 고아와 같습니다. 부모가 없고 일가친척이 없는 고아는 자기 혼자 세상을 헤쳐 나가야 하니 얼마나 힘들겠습니까. 대부분 우리 중생들이 자기 머리만 믿고 자기가 제일인 줄 알고 자기 생각이 제일인 줄 알며, 자기 손끝으로 열심히 돈 벌어 사는데 부처님이 무슨 상관이 있느냐며 교만합니다. 그러나 뛰어봐야 벼룩이고 부처님 손바닥 안입니다. 손오공이 그랬잖아요. 아무리 뛰어 보아도 손오공이 부처님 손바닥 안에서 놀았지 딴 데 가서 놀았습니까? 이렇게 모든 것을 아시고 보시고 계십니다. 인도를 하신다는 거예요. 내가 지금 고통 받고 고생하고 힘들고 어떤 일이 잘 풀리지 않으면 무엇 때문에 그런가를 되돌아보면서 절에 와서 부처님 앞에서 찬탄하고 공경하고 공양하고 예배하면서 부처님께 갈 길을 제시해 달라고 기도할 줄 아는 그게 제대로 된 불자입니다. 곧 죽어도 돌아가지 않는 자기 머리 돌려가면서 살려고 해보아야 허망할 뿐입니다.

부처님은 중생을 기쁘게 하시려고 한량없는 신통의 힘을 나타내신다고 하셨습니다. 넓은 혀가 범천까지 이르고 몸에서는 수없는 광명을 놓아 불도를 구하는 이를 위해서 이렇게 희유한 이런 일을 하신다고 이야기하셨습니다. 그게 부처님의 위신력입니다. 혓바닥이 범천까지 가고 털구멍마다 형형색색의 무량무수한 광명을 놓으사 시방세계를 비추었다는 것이 무엇을 말씀하시는지 우리가 알아야 합니다. 그것은 부처님의 말씀인 법이 최대한의 숫자인 무량대수로 과거에도 현재에도 미래에도 진행형이라는 겁니다. 그 점 또한 부처님이 칭송받고 찬탄받고 공경받고 공양받아 마땅한 이유인 것입니다.

우리들이 계속 부처님께 하다 보면 습관이 되어서 우리 주위 사람들을 공경하고 칭송해 주는 그런 겸손한 불자로 살아갈 수 있습니다. 내가 먼저 대접을 해줘야 남도 나를 대접해 줍니다. 내가 말 한마디라도 순하게 하고 유하게 하고 사랑으로 넘치는 말을 하고 부처님 같은 말을 하고 보살 같은 말을 하고 자비가 뚝뚝 떨어지는 말을 할 때 주위가 밝아지고 불타는 이 사바세계도 밝아집니다. 그 밝음이 온 우주 법계에 둘러차면 그것이 곧 미래세에 부처의 씨앗이 되고 종자가 되는 겁니다.

혀뿌리가 여러 사람 죽인다는 말이 있을 정도로 한마디 한마디 말이 중요합니다. 오죽하면 천수경에 "수리수리 마하수리 수수리 사바하!" 정구업진언이 제일 먼저 나오겠습니까. 언중유골, 말 속에 뼈가 있다고 합니다. 전생부터 지금까지 잘못한 말들이 많으니까 참회해야 합니다. 부처님은 늘 상주하셔서 나와 같이 계시기 때문에 내 말이 곧 여래의 말이 돼야 하는 거고, 스스로가 사랑과 자비와 칭찬과 찬탄이 넘쳐나는 말을 했을 때 내 가정이 바뀌기 시작합니다. 부처님을 따라 우리가 바른 말과 행동을 하면 법계에 그것이 다다라 부처님께 전해져 육근은 청정해지고 몸에 안락이 오며, 하는 일마다 재수대통하고 복덕은 구족하며 부처님의 진실된 제자가 되어서 모든 중생과 더불어 동수정업同修靜業하는 사이가 됩니다. 내가 부처님의 권속으로 들어와 부처님의 집이 내 집이 되고 나는 거기에 권속으로 사니까 늘 칭송하고 찬탄하고 공경하고 공양하는 것입니다. 범천에까지 이르도록 하는 이 말은, 바로 여러분들 스스로가 입에서 광명이 나올 수 있고, 입에서 향기로움이 나올 수 있고, 입에서 칭찬하고 찬탄하고 감탄하는 말이 나올 수 있습니다.

우리 마음 문이 열려 미웠던 사람도 받아들일 수 있고 용서할 수 있고 화해할 수 있는 것은 나부터 시작이 되어야 합니다. 여래신력품에서 부처님이 말씀하신 범천까지 내 혀가 이른다고 이야기를 하신 거는, 우리들의 입과 혀가 세 치도 안 되지만 사람을 죽일 수도 살릴 수도 있는 양날의 칼처럼 무서운 것이라는 말입니다. 입도 위신력하고 눈도 위신력하고 귀도 위신력하고 코도 육근이 다 위신력해서 이게 부처님의 불성의 종자를 닮으려고 하고 따르려고 애쓰고 노력하면 중생의 근기를 벗어나 부처님의 근기로서 나갈 수 있습니다.

믿음은 오로지 부처님을 믿고 따르고 의지하고 찬탄하고 공경하고 공양하고 예배하는 것입니다. 이렇게 하는 것이 자식된 도리고, 그래서 불자행도佛子行道 내세득작불來世得作佛하는 겁니다. 풀이하면 내 스스로가 부처님께 시봉을 열심히 하고 부처님 자식으로 살면서 점점 증장되면 부처 되는 것은 따 놓은 당상이라는 말입니다. 결국은 내가 부처 되기 위하여 부처님을 따르고 의지하고 찬탄하고 공경하는 것이고, 그러기 위해서는 내 속의 응어리진 마음을 다 없애서 일단은 청정해져야 하는 것입니다. 청정해진다는 것은 결국은 뭐냐? 내 마음에 그런 시기하고 질투하고 원망하고 간사함 자체를 다 녹여버려야 하는 겁니다. 그래서 여래의 위신력이란 것은 실생활에서 용서하고 이해하고 화해하고 받아들이고 인정해주는 것입니다.

금생에 그렇게 고생스럽습니까? 힘드십니까? 그냥 금생에 안 태어난 것으로 요량하면 그 마음은 현생을 영화 보듯 할 수 있어서, 고생도 작아지고 힘도 많이 안 듭니다. 없고 안 태어났는데 뭐가 어려운 게 있겠습니까. 그렇게 마음먹기가 힘들지만 할 수 있다면 좋은 수행입니다.

부처님 전생 이야기를 읽으면 눈물이 납니다. 굶주린 호랑이에게 육신 공양하는 얘기 보세요. 이번 생에 원수 같아서 미워 죽겠더라도 다 해원하고 가지 않으면 다음 생에 또 만나러 오는 거예요. 힘든 숙제 금생에 다 풀고 가야 합니다. 미움이 가득 찬 마음을 비워서 허공과 같았을 때 해원이 되어 숙제 다 하는 겁니다. 그렇게 숙제 다 하면 부처님은 '그래, 왔나? 그래 내가 네 마음을 안다. 그래 내가 너 알지' 이렇게 반기며 인도하십니다. 이와 같은 마음을 가지고 부처님 상호를 쳐다봐도 눈물 안 나는 사람은 불자가 아닙니다. 부처님은 여래신력품에서 다시 한번 더 이 경전을 널리 펼 것을 강조하십니다. 잠시 읽어 보겠습니다.

"이 경전을 지니는 이는 이미 나를 보았고, 또 다보 부처님과 여러 분신 부처님을 보며, 또 오늘날 내가 보살들을 교화하는 것도 보느니라. 그래서 이 경을 지니는 이는 나와 나의 분신과 열반하신 다보 부처님 모두 다 기쁘게 하느니라. 시방의 현재 부처님과 과거 미래의 모든 부처님을 뵙기도 하고 공양도 하여 모두들 기쁘게 하느니라. 부처님들이 도량 앞에 앉으신 비밀스럽고 요긴한 법을 이 경전을 지니는 이는 오래지 않아 얻게 되리라!"

이 법화경을 발씀하신 것입니다. 바로 보라는 소리는 법화경을 설법하신 부처님을 바로 보라는 거죠. 뿌리를 바로 보고 가리키는 손가락을 보는 것이 아니라 달을 볼 줄 알고, 던지는 돌을 보고 따라가는 강아지 새끼가 되는 게 아니라 던지는 놈을 쫓아가는 사자가 되라는 소리입니다.

그 하나는 우리 모두가 해탈할 일승의 도리입니다. 이승, 삼승이 아니라, 대승이 아니라 일승의 도리로 이어지는 진정한 불자로서의 삶이 법화행자로서의 삶입니다. 우리들은 항상 이 법화경을 수지 독송하면서 법화경전에 나와 있는 어떤 가르침이 나의 가르침이 되고, 내가 모든 것을 습득하고 소화해서 더 많은 사람에게 포교하며 나누어서 하나의 인드라망이 되고, 이 세상이 살기 좋은 불국정토가 되기를 간절히 바라고 바라야 합니다. 그와 같은 도리를 중생들이 다 해서 모두가 부처의 지견을 이루는 그런 세상을 만들고자 원을 하고, 사바현장에 우리 중생을 인도하기 위해서 늘 부처님이 밤낮없이 상주하고 계신다고 믿어야 합니다. 이 마음을 먹고 부처님을 믿고 의지하며 기도하고 믿고 맡겨놓아야 합니다. 앞에서 말했듯이 대중목욕탕에 가도 맡겨놓지 않은 물건은 책임을 지지 않는데, 우리들이 아무리 불자고 절에 와 있다고 해도 믿고 맡기지 않은 것을 어떻게 부처님이 책임져 주겠습니까.

이렇게 살아도 부처님, 죽어도 부처님, 나는 부처님의 자식으로서, 권속으로서, 가족으로서 살겠다고 원을 세운다면 우리들의 가정에도 그와 같은 원이 이루어져서 모든 난관이 녹아 없어집니다. 내가 지금 힘듦이 있으면 힘듦이 녹아 없어집니다. 믿고 맡기고 따라 의지하며 행주좌와어묵동정, 가고 오고 앉고 서고 누워 자더라도 늘 부처님은 나와 함께 상주하시기 때문에 우리들의 발원은 이루어지게 돼 있습니다. 이런 생각을 가지고, 믿음을 제대로 가지고 꾸준히 파고 들어가고 부처님을 의지할 때 여러분들 마음속에 부처의 원이라는 것이 성취가 되고, 가정은 화목하며, 더 나아가 사회나 국가가 발전할 수 있는 겁니다. 개인이 원천이 되지 않으면, 개인의 발전이 일어나지 않으면, 어디서도 그 발심이 일어나지 않는다면 국가나 사회 누구도 어디서도 발심을 일으킬 수 없습니다. 우리들 한 사람 한 사람의 불심이 모아져서 결국 불국정토가 되는 거지, 그 어디서 뚝 떨어지는 그런 일은 일어날 수가 없습니다. 이런 생각을 가지고 우리들이 공부하고 수지 독송하고 부처님께서 항상 상주하도록 기도하고 발원한다면 우리들 가정뿐 아니라. 이 세상 모두가 불국정토로 다시 거듭날 수 있는 21세기를 우리가 잘 살아갈 수 있다고 생각합니다.

합장하겠습니다.

거룩하고 대자대비하신 부처님 감사합니다. 여래의 위신력이 우리의 힘이 되어서 가정 가정마다 어렵고 힘든 고통의 뿌리는 다 소멸시켜 주시고, 부처님께 발원하는 중생들의 마음을 살펴서서 안락함으로 바꿔 주시기를 간절히 기원 드립니다. 또한 이 사바세계의 모든 중생들이 부처님의 뜻에 맞는 도리를 행할 줄 아는 그런 불자로 거듭나기를 간절히 기도드립니다.

나무 석가모니불 나무 석가모니불 나무시아본사 석가모니불

19

순종하는 자만이 사랑받을 수 있다

—

촉루품

—

한여름 햇빛 쨍쨍 더울 때는 한 줄기 소나기가 좋고 한겨울에는 따스한 햇빛이 좋은 법입니다. 자연은 봄 여름 가을 겨울 봄으로 순환하며 변화하고, 사람은 생로병사로 인생이 가고 다시 태어나 돌아옵니다. 말법시대여서 그런지 자연도 인간도 급하게 변하고 있습니다. 자연은 기상이변을 통해 인간에게 경고를 합니다. 오염물질을 덜 쓰자고 하는 이유도 알고 보면 공생하기 위함입니다. 이득과 손해를 떠나서 우리가 함께 푸른 지구를 되살리고 환경을 덜 오염시켜 후손에 물려줘야 하는 의무가 있습니다.

　법화경 제22 촉루품囑累品을 읽겠습니다. "그때에 석가모니 부처님이 법상에서 일어나 큰 신통의 힘을 나타내시고 오른손으로 한량없는 보살마하살들의 이마를 만지시며 이렇게 이야기하셨습니다. 내가 한량없는 백천만억 아승지겁 동안에 이 얻기 어려운 최상의 깨달음의 법을 닦아 익힌 것을 이제 그대들에게 부촉하노라. 그대들은 마땅히 한결같은 마음으로 이 법을 유포하여 더욱 널리 퍼지게 하라."

이 촉루품이란 게 글자 그대로 부촉한다는 소리에요. 이 부촉을 저는 어떻게 봤냐 하면, 여자분들은 특히 출가하기 전까지 부모 말을 잘 들어야 되죠. 부모 말을 잘 듣는 것을 순종한다고 말하잖아요. 그와 같이 불자라면 부처님의 말씀에 순종할 줄 알아야 됩니다. 촉루품에서 제가 본 것은 '순종하는 자만이 사랑받을 수 있다'는 사실입니다. 요즘 우리 생활에서 가만히 들여다보면 아상我想이 커서, 아만我慢으로 꽉 차서 자기 존재를 드러내기를 좋아하는 사람들이 너무나 많습니다. 남들이 알아주길 좋아하고, 남이 봐주길 좋아하고, 자랑거리가 없으면 자랑거리를 만들려고 하고, 나를 못 알려서 난리고, 안 알아주면 거기에서 괴로움이 생기고, 밖으로 사람들에게 알리고 칭찬받고 잘한다는 소리를 들어야 직성이 풀리나 봅니다. 남보다 명예나 높은 직위에 올라가 있으면 있을수록 남이 알아준다고 생각하다가 명예나 지위가 막상 없어지면 기가 죽어 사람들도 안 만나고 방에만 있는다고 합니다. 주위 사람에게 인정받으려고 하고 사회에서 인정받으려고 뜻 없는 행동을 과장되게 하는 사람들이 많습니다. 그걸 축구에서는 할리우드 액션이라고 황당하게 그냥 폼만 크게 하는 겁니다. 하지만 제 속마음을 가려놓고 위선을 떠는 건 조금만 겪어보면 알게 돼 있습니다. 그렇게 인정 받고 칭찬 받고 싶은 사람에게 뭐가 와요? 우울증이 오고 괴로움이 오며, 스스로 힘들어하고 갈등을 일으킵니다.

인생살이의 근본은 나라는 존재입니다. 그런데 어머니들의 마음은 내가 죽어도 자식은 키워야 하고, 내가 힘들어도 가정은 일으켜 세워야 하는 마음입니다. 어머니는 희생을 할 줄 알잖아요. 그러나 가족에서 조금 벗어나면 털끝만큼도 손해를 안 보고 전혀 희생이 없습니다. 요즘 세상이 아주 살벌한 세상이다, 각박한 세상이다, 흉악한 세상이라는 소리가 나오는 이유는, 사회 시스템이 전부 개인주의에 천착돼 있으니까 이런 현상이 오는 겁니다. 그럼 나부터 수용할 줄 알고 받아들일 줄 알고 남을 인정해줄 줄 알고, 그 다음에 '내 모든 것을 희생해서라도'라는 생각을 가졌을 때 부처님 제자다운 삶이 될 수 있습니다.

나라는 아만을 버리지 않고는 누구에게도 순종하기 어렵습니다. 진실로 우리들이 부처님을 믿고 의지한다면 부처님에게 와서 순종할 줄 알아야 하는 것입니다. 내 모든 것을 믿고 맡길 줄 알아야 되는 거예요. 그 다음에 열심히 노력하고 말 잘 듣고 착실한 불자로서 살았다면 그 나머지, 주고 안 주고는 어떻게 보면 부처님 마음이다, 아버지 마음이라고 생각을 하는 거예요. 모든 것을 믿고 맡겼을 때, 정녕 힘들어 죽으려 하고 괴로워할 때 부처님이 가만히 있겠습니까? 부처님 자녀로서 산다는 것은, 내가 부처의 자손인데 설마 죽도록 놔두겠냐는 그것조차도 놔버려야 합니다. 그것조차도 생각하지 말고, 자신감을 가지고 모든 것을 내가 알아서 다 살더라도 근본은 뭐예요? 믿고 순종하는 겁니다. 부처님 법에 의지하고 가르침에 의지하고 부처님을 아주 믿고 따르면서 지극하게 하면서 잘 돼도 못 돼도 마음 편안히 하면 부처님을 아버지로 둔 자녀이기 때문에 늘 천하를 다 얻은 것 같은 만족감, 그런 기분이 드는 겁니다.

이렇게 순종할 줄 아는 삶이 되었을 때는 눈빛만 봐도 알아요. 말 안 하고 있어도 '아 저 사람은 불자 맞네!' 남에 눈에 먼저 띄고, 우리가 절에 오더라도 역시 마찬가지에요. 진실된 부처님 자녀들은 절에 와서 스님을 보기 전에, 도반을 보기 전에 부처님께 절하고 기도합니다. 절에 오는 건 부처님을 뵈러 오는 것이지 친목모임을 하러 오는 것이 아닙니다. 주인과 손님이 바뀜, 주객이 전도되면 안 됩니다. 내가 잘하는 사람 잘 못하는 사람 구별 지으려고 절에 간 것도 아니고, 저 스님은 몇 근이 나가나 그것 보려고 간 것도 아니고, 스스로 복력을 닦고 지혜를 얻고 부처님의 권속이 되어서 함께 하고자 절에 가는 겁니다. 거기에서 딴 것만 보고 '그 절이 마음에 드네, 안 드네', 또 '신도들이 엉망이네 아니네', '아 저 사람은 뭐 저렇게 행동해, 이 사람은 뭐 이렇게 행동해' 그렇게 웃기는 소리로 간섭하려고 하는 분들은 그 마음 이것 좀 치웁시다.

제22 촉루품은 부처님이 거듭 거듭 부촉하시는 것을 말씀하십니다. 부처님의 깨달음을 우리들에게 부촉해서, 법화경 이 법을 많은 사람에게 읽게 하고 많은 사람에게 이익 되게끔 하라는 책임을 주시는 것입니다. 법화경전을 통해 많은 중생들을 이렇게 오도록 하고, 많은 불자들이 세세생생 복전이 끊어지지 않게 유전시켜 나가도록 하라고 하신 것이 촉루품입니다. 부처님이 부탁하신 거지요. 우리들이 부처님께서 법화경 이런 큰 설법을 내리시고 부탁까지 하는 이런 자애함을 보지 못하고, 믿고 따르고 의지하고 공경, 공양, 예배할 줄 모르면 불효자식인 겁니다.

절에 가는 것은 사람 보러 가는 게 아니라 부처님 만나러 가는 것임을 명심해야 합니다. 기도하고 염불하고 참회하고 밝혀서 많은 사람에게 이익 되게 하는 겁니다. 부처님을 공경 공양하고 예배하면서 진실된 불자로 살아야 되는 것이 도리인데도 불구하고 이 도리는 간 곳이 없고 살아가는 자기들 업식業識대로, 자기들 생각대로 그렇게 절까지 와서 절을 나쁘게 물들이고 버려놓고 가는 도깨비들이 많습니다. 절은 그렇게 오고가면 안 됩니다. 부처님 모신 곳을 헤집고 분란을 일으키는 과보가 얼마나 큰지 알면 도깨비들은 몸서리를 칠 겁니다. 부처님을 공경 공양하고 예배하고 권공하는 도량으로 닦아 나가고, 부처님의 법을 만 곳에 유포하고 많은 불자들이 와서 귀의처가 될 수 있도록 만들어가는 곳이기 때문에, 스님을 볼 것도 아니요 도반을 볼 것도 아니고 절에 와서 바로 부처님을 볼 줄 아는 그런 곳이 되어야 합니다. 제대로 부처님 법을 믿고 부처님을 믿고 의지해야 불자라고 할 수 있는 것이지, 절에 와도 부처님은 안 보고 스님만 보고 신도만 보고 보살들 잘못하는 것만 보면 안 되는 겁니다.

우리들은 부처님이 거듭거듭 부촉하여 주시는 책임을 순종하는 마음으로 기꺼이 감당해야 합니다. 법화경을 읽고 외우고 사경하며 주위 사람들에게 전하는데, 촉루품에서 부처님은 아뇩다라삼먁삼보리를 부촉하셨으니 위없는 그 법이 있음을 전해야 하는 것입니다. 그럴려면 부처님을 늘 모시고 늘 공경하고 공양하고 예배하는 그 마음 습관이 되도록 해야 합니다. 버릇이 되도록 해야 됩니다. 습관이 곧 버릇이요, 버릇이 곧 업입니다. 그러니 업業이라는 것이 달리 있는 게 아니고 내 습관과 버릇이 업이 돼서 업력으로 우리 삶에 작용합니다. 그래서 착한 선업을 많이 쌓아야 합니다. 부처님 제자로 살려면 나쁜 습관을 버리고 좋은 습관을 들여야 합니다. 조그만 것부터 좋은 습관으로 바꿔나가야 하는 거예요. "아! 이게 나쁜 행동이다, 나쁜 말이다" 하면서 말이죠.

또한 다른 사람의 나쁜 점을 욕하면서 나도 모르게 그 사람 버릇이 나한테 전이가 됩니다. 계속 욕을 하는 사람과 만나게 되면, 처음에는 '야! 욕하지 마라. 뭐 그렇게 욕을 하냐?' 이렇게 해놓고도 그게 하루 이틀 사흘 계속 그 친구를 만나면 자기 입에서 자기도 모르게 욕이 막 나옵니다. 자기도 모르게 나쁜 습관이 내 습관이 됩니다. 그래서 습관이 정말 무서운 것입니다.

습관이 버릇이 되고 버릇이 업이 되어서 그 업력대로 버릇대로 습관대로 이 세상 살다가 다음 세상에도 그 습관과 버릇이 홀연히 업이 되어서 또 다시 살아가게 되는 것입니다. 이 세상에 살면서 늘 부처님처럼 습관을 들이고 부처님처럼 버릇을 들이고, 행주좌와어묵동정, 가고 오고 앉고 서고 모든 행동을 할 때도 늘 새겨서 습관과 버릇을 들여야 합니다. 그런데 잘된 습관은 들이기가 어렵고 못된 습관은 정말 잘 들어요. 나쁜 건 가르쳐주지 않아도 너무도 잘 알아서 합니다. 이게 불타는 집 장난감에 놀아나는 인간살이입니다. 그러니까 스스로 불자라면 부처님의 습관을 들일 줄 알아야 합니다.

그 다음, 응공지 명행족 선서 세간해 무상사 조어장부 천인사 불세존 여래라는 십호, 즉 부처님 열 가지 이름 중에서 우리들은 그 한 가지라도 가지도록 노력을 해야 합니다. 그 한 가지라도 가지도록 해보려고 이름값 하라고 법명과 불명을 주는 겁니다. 거사 오계나 보살 오계를 주고 난 뒤에 불명을 주면 그 불명 하나값도 못하고 살아가는 보살들이 많습니다. 받을 때도 책임감 없고, 무슨 연예인들 가명인 양 쉽게 생각하는 것 같습니다. 반야화를 주면 반야화로 받고, 길상화를 주면 길상화로 받아 길상스러운 행동을 하고 지혜스러운 행동을 해야 하는 것입니다. 법명과 불명은 서원하는 마음으로 받아야 합니다. 이름값 하려고 자꾸 하다 보면 자기도 모르게, 애가 어른 흉내 내면서 어른이 되듯이 부처님 흉내 내다 보니까 나날이 좋은 버릇과 습관이 들어 바른 공부 길로 가는 것입니다. 부처님의 법이 함축된 불명대로 살아간다면 분명 이름값 하며 부처님 권속으로 늘 좋은 날이 될 것입니다.

앞서 제8 오백나한수기품에서 비유를 들어, 품속에 보배구슬 가지고 있으면서도 그것을 모르고 밥을 빌어먹으며 고생하는 우리 중생을 말씀하셨습니다. 부처님께서 뭐라고 하시냐면, "자, 여러분들은 다 갖추어져 있다. 여러분들은 다 행복할 수 있다. 왜냐? 이미 갖추어져 있고 이미 모든 것이 만족하게 구족되어 있는데 품속에 보배를 모른다"고 얘기하십니다. 물질을 추구하면서 그 물질이 자기 마음대로 안 된다고 뒤집어졌다가 엎어졌다가 난리를 피우며 스스로 고통 속에서 가족을, 세상을, 그 끝에서는 부처님까지 원망합니다. 품속 보배도 모르며, 중생의 업력으로, 늘 중생의 습관과 버릇을 내는 우리 자신이 싫지 않습니까? 정말 어리석은 자신이 싫지 않습니까?

옛날 부처님 재세 시에 앙굴리말라라고 하는 힌두교 수행을 잘 했던 사람이 있었습니다. 그러나 사악한 스승의 말을 듣고, 사람 목을 백 개만 따면 도사가 된다는 말을 듣고 사람을 잡으러 쫓아 다녔어요. 사람을 보이는 대로 닥치는 대로 죽이니까, 사람들이 다 도망을 가서 99명밖에 죽이지 못했어요. '이제 한 명만 더하면 나는 도사가 되는데'라고 하며 쫓아다니니 나라에서 미친 살인자를 죽이기 위해 군사를 보내려고 했습니다. 그 소식을 들은 앙굴리말라의 어머니가 도망가라고 알려주러 아들이 있는 숲으로 갔습니다. 미친 살인자 앙굴리말라는 엄마를 죽여 백 명을 채워야겠다고 마음먹습니다. 부처님이 그걸 아시고 보시고는, 패륜아가 되는 걸 막기 위해 앙굴리말라 앞에 나타나셨습니다.

앙굴리말라는 안 그래도 엄마를 그러려니까 좀 껄끄러웠는데 오늘 너 잘 만났다! 부처님을 쫓아가는 거예요. 죽이려고 달려갔는데, 부처님은 천천히 걸어가시는데도 죽을 둥 살 둥 달려가도 부처님과 거리가 좁혀지지 않았어요. 좁혀지지 않으니까 "거기 서라! 거기 서라!" 하자, 부처님이 "나는 서 있네"라고 말하셨습니다. "나는 언제든지 멈춰 있네." 부처님이 멈춰져 있다는 것은 뭐냐? 마음이 늘 행주좌와어묵동정, 정定에 들어가도 그대로 마음이 하나로 있고, 와도 그대로 마음이 하나로 있고, 마음 자체라는 것이 요지부동 변화가 없다는 거죠. 그게 깨달음에 세계입니다. 가고 오고 앉고 서고 누워 자고 해도 늘 정에 든 채로, 모든 것은 그냥 순리대로 있다는 것이죠. "나는 멈춰 선 지가 오래였는데 네가 쫓아와도 나를 못 잡는구나!" 부처님이 그러신 거예요. 어떻게 하니까 "그러냐고" 자기가 따라 오다가 지치고 이제 숨이 차 헐레벌떡, "나는 당신만 죽이면 이제 도사가 된다. 나는 이렇게 숨이 차고 힘이 드는데 당신은 어떻게 그러냐?" "앙굴리말라여, 네가 참 어리석구나! 사람을 죽여서 그렇게 되었느냐? 나는 사람을 하나도 죽이지 않고 오히려 많은 중생들을 다 잘 살도록 이익 되게 하려고 하는데도 나는 이만큼이니라." 그래서 앙굴리가 어떻게 됐어요? 나중에 부처님의 제자가 됐죠. 권속이 되어서 제자가 됐습니다.

한 사람도 아니고 99명을 죽인 살인자를 부처님은 제자로 받아들였습니다. 잘했거나 못했거나 죄를 지었거나 설령 그 사람이 많은 사람을 죽인 놈이라도 대자대비 부처님은 받아들여주고 안아주십니다. 여러분들, 자식이 죄를 지었다고 해서 내 자식 내가 안 보듬어요? 감옥을 갔다 왔다고 해서 내 자식을 안 보듬느냐, 이거죠. 무슨 짓을 해도 내 자식은 내가 보듬잖아요. 그와 같이 부처님 눈에는 무슨 죄를 짓거나, 잘 살거나 못 살거나, 가난하거나 힘들거나 다 내 자손들입니다. 그렇게 앙굴리말라가 결국은 부처님 제자가 되어서 수도를 하고 수행을 하고 열심히 부처님 시봉을 하다가 어느 날 갑자기 인과응보라는 것을 받아요. 탁발이라고 그러죠? 밥을 얻으러 갔다가 "어! 저거 앙굴리말라네? 저 자식 누구 죽였는데" 하니까 동네사람들이 나와서 돌로 때리고 매질을 해서 죽이려 했어요. 부처님이 피를 철철 흘리는 앙굴리말라에게 가서 물었어요. "앙굴리말라여, 지금 네 마음은 어떠냐?" 묻자, 앙굴리말라는 "마음이 너무나 편안합니다" 이렇게 대답하였습니다.

내가 업력에 의해서, 중생의 업력으로 인해서 고통 받고 괴로움 받고 힘듦 받고, 아주 지금 인생살이가 힘들고 괴롭습니까? 힘들면 힘드는 대로, 괴로우면 괴로운 대로 살다 보면 좋은 날이 옵니다. 모든 것은 변합니다. 중생심을 완전히 여의지 않고는 어디 가도 피할 수가 없습니다. 그래서 중생의 업력을 벗는 길이 바로 부처님을 믿는 길이고, 중생의 힘듦을 모두 믿고 맡길 수 있는 분이 바로 부처님입니다. 그 다음에 부처님께 순종할 줄 아는 그 불자만이 부처님께 진실로 사랑 받을 수 있는 불자라고 할 수 있습니다.

이 촉루품에는 이렇게 다시 한 번 "너희들에게 부탁하자!" 부처님 말씀이 그거에요. 부처님께서 법화경을 널리 알려 중생을 이익되게 하고, 중생들의 어리석음을 눈뜨게 하고, 중생들의 괴로움을, 중생들의 힘든 것을 밝은 미래로 바꾸어 놓을 수 있는 법화경을 수지독송하고 서사차경해야 한다고 말씀하셨습니다. 부처님의 가르침을 그대로 따르려거든 믿고 의지하고, 그 의지 속에서 순종해야 진실된 불자가 되는 거고, 그래야 우리들이 이루고자 하는 소원도 이루어지는 겁니다. 왜냐 하면 자기가 순수하게 원한 대로, 뜻을 세운 대로, 꿈을 꾼 대로 이렇게 이루어져 나가는 것이기 때문입니다. 따라서 지혜롭게 소원을 바라야 합니다.

부처님은 밝음을 비춰주고, 미래나 꿈이나 심지어 왕생까지도 부처님은 비춰서 알게 해주지만, 마구니들은 어떻게 해요? 바늘구멍으로 황소바람이 들어오듯이 샛길로 들어오고 옆길로 들어오고 문틈 새로 들어오고 이렇게 들어와서 온 집안을 풍비박산을 내고 괴로움을 줍니다. 그러니까 우리들이 이루고자 하는 일이 하나씩 하나씩 천천히 이루어져도 조바심내지 마세요. 소욕지족이라! 조그만 것에 만족하고 행복을 느낄 수 있는데, 엉뚱하게 한 방에 대박을 바라다가 머리 터지는 일이 많이 생기죠. 이렇게 살아서는 안 됩니다. 우리가 진정한 불자로 진정한 부처님의 자식으로 산다는 것은 믿어야 하고 순종해야 되는 것입니다. 부처님의 가르침에 순종하고 지극하게 행하려고 하고 노력하고 믿고 의지하고 그렇게 살아가는 겁니다. 인생 별 거 없다고 하잖아요? 인생무상을 알아야 합니다. 가정에서 내 가족이 중요한 줄 알고, 부처님이 우리를 권속으로 안아주듯이, 남편을 돕고 자식을 바르게 키우는 그런 삶이 바른 불자의 삶입니다. 믿고 의지하는 삶이라면 그것이 점진적으로 쌓이고 쌓여 선업이 되는 거예요.

순종하는 사람은 첫째 눈빛이 잔잔합니다. 물이 흐르듯이 살아가지는 거예요. 물은 담담하지요. 수많은 사람이 와서 물을 마시고 해갈을 하건 기갈을 풀건 샘물은 말이 없이 계속 물을 내어 놓습니다. 인생도 그와 같이 담담하게 흐를 줄 알아야 됩니다. 천하에 어떠한 일을 당해도 담담히 받아들일 줄 알고, 그 다음에 모든 것이 내 탓인 줄 알고, 이 사회가 지금 이렇게 어수선한 것도 내 업력이 같이 거기에 동조했다는 생각을 가지고 살아야 합니다.

그 다음에 참회하고 기도해서 나쁜 업력은 정화하고 좋은 업력은 증장해야 합니다. 선업을 자꾸 짓고, 부처님전에 와서 부처님을 바로 보고 참회하고 공경하고 공양하고 스스로가 거기에서 찬탄하고 예경하면 모든 것이 잘 풀리게 된다는 거죠. 그러면 바른 길로 가고, 자손들에게 끊어지지 않고 복력이 전달되는 것입니다.

우리는 이 촉루품에서 순종을 배워야 합니다. 부처님 제자로 삶이 정리되지 않으면 미친 듯이 사는 겁니다. 그렇게 살 것이 아니라, 불자로서 도리를 따르는 삶은 절에 와서 도반을 보는 것도 아니고 스님을 보는 것도 아니며, 오로지 부처님을 볼 줄 아는 불자라야만 합니다. 법화경전을 펼쳐서 우리가 수지 독송하더라도 그 속에서 부처님의 진실된 가르침을 바로 볼 줄 알아야 되고, 늘 행주좌와 어묵동정을 놓치지 말아야 공부입니다.

내가 세상살이에 속아 살 것이 아니라, 세상에 취해서 살 것이 아니라, 부처님의 가르침대로 꼭 살겠다는 마음을 굳세게 지켜야 합니다. 동요되지 않는 내심이 불심으로 충만해져야만 올곧게 흔들리지 않습니다. 부처님이 여기 촉루품에서 다시 한번 우리들에게 법화경을 읽고 외우고 사경하고 주위에 전하라고 거듭거듭 부촉하십니다. 어쨌든 이 경을 널리 설하고 널리 유포하고 많은 불자들이 읽게 하고 쓰게 하고, 이렇게 해서 수만 대에 복전이 계속 지어지고 지혜가 증장돼서 부처님이 이 땅에 오신 근본을 바로 깨닫게 해주라는 부촉입니다. 부처님의 마음이 우리들 마음속에 가득 들어와서 우리들의 삶 자체가, 이 현실이 실상이 되어야 합니다. 내 생활이 부처가 되고, 믿음이 불교가 되어서 제대로 살아갈 때 우리들의 삶 가운데서 부처님의 촉루품으로 거듭나는 삶이 될 것입니다.

합장하겠습니다.

거룩하신 부처님 감사합니다. 오늘도 이 촉루품을 통해 순종하는 법을 배워 자만과 아만을 없애고, 부처님을 믿고 따를 수 있게 해주신 거룩한 부처님께 감사드립니다. 이 세상에 고통과 괴로움이 끊어지지 않았듯이 불법 또한 끊어지지 않았으리라는 것을 저 역시 알고 있습니다. 부처님 가르침대로 믿음대로 살 수 있도록 부처님이 이끌어주시고 이 촉루품대로 살기를 서원하는 바입니다. 나무 석가모니불 나무 석가모니불 나무시아본사 석가모니불

20

마음을 확고히 하라

약왕보살본사품

약왕보살본사품은 부처님께 수왕화보살이 약왕보살의 내력에 관해 질문하는 것으로 시작됩니다.

"세존이시여, 약왕보살이 어찌하여 사바현장에 나타나셨습니까? 세존이시여, 이 약왕보살이 백천만억 나유타의 행하기 어려운 고행을 얼마나 겪었습니까? 거룩하신 세존이시여, 원컨대 간략히 해설하여 주십시오. 여러 천신 용 야차 건달바 아수라 가루라 긴나라 마후라가와 사람과 사람 아닌 이들과 다른 국토에서 온 보살들과 여기 있는 성문 대중들이 들으면 환희할 것입니다."

이렇게 수왕화보살이 약왕보살에 대해서 물었어요. 약왕보살은 부처님의 어떤 배움을 얻고자 아주 고생을 했고, 심지어 소신공양을 했다고 합니다. 소신공양이란 것을 아시지요? 내 몸에 가루 향,

수많은 좋은 향을 입으로 마시고, 그러고 난 뒤에 자기 몸에 불을 질러서 수억 겁이 되도록 타고, 그 향기가 진동을 하고, 이렇게 약왕보살이 고행을 하고 소신공양을 하면서 오로지 아뇩다라삼먁삼보리법 얻기를 서원했던 보살입니다. 그래서 이 약왕보살이 삼매를 얻고는 마음이 매우 기뻐서 어떻게 말했느냐 하면, "내가 현일체색신삼매를 얻은 것은 모든 법화경을 들은 덕분"이라 말하였습니다. 현일체색신삼매는 보현색신삼매普現色身三昧라고도 합니다. 모든 중생들을 교화하기 위하여 중생들의 근기에 맞추어 몸을 변화시키는 것을 의미합니다.

색이라는 것은 눈으로 보이는 것을 이야기하는 건데, 우리들의 색과 부처님이 보는 색은 차이가 납니다. 여러분들의 색이라는 것은 이성적인 친구 이걸 생각하잖아요. 그죠? 그런데 색이라는 것은 눈으로 보는 모든 것을 색이라고 이야기합니다. 이래서 이 색신삼매를 얻었고, 그리고 이 삼매에 들어 허공중에 만다라화와 마하만다라화와 미세하고 굳고 검은 전단가루가 비 오듯이 내리니 허공에 가득하여 구름처럼 내려오고 전단향이 비 오듯 내렸는데, 이 향은 6그램의 값이 사바세계와 맞먹는 가치를 가지고 있답니다. 이렇게 가격을 따질 수 없는 그런 향을 뿌리며 부처님께 공양을 하였다 합니다. 우리들은 이 삶에서 과연 부처님께 어떤 공양을 어떤 마음으로 올립니까?

부처님께 공양을 올린다는 것은 최고의 공덕입니다. 다들 아시겠지만, 최고의 공양을 올린 이로 급고독 장자가 있습니다. 기원정사를 부처님께 지어드린 분인데, 정사 지을 땅을 사려고 하는데, 땅

주인이 왕자였어요. 그래 왕자한테 가서 "왕자님! 그 땅을 저에게 파십시오" 하니 "그걸 왜 팔아!" 하고 거절하였습니다. 계속해서 찾아가 "그 땅을 파십시오, 파십시오" 하니 왕자도 화가 나 "그래! 팔게! 대신 그 땅에다가 금을 다 깔아! 그러면 내가 팔 것이다!"라고 했습니다. 급고독 장자는 그때부터 금을 깔기 시작했어요. 그렇게 금을 엄청나게 깔기 시작하니까 아무리 장자의 재산이 많더라도 결국은 집도 팔고 집안의 노비들까지 다 내보내야 했습니다. 그러면서도 금을 깔고 있으니까, 왕자가 "그 땅을 어디다가 쓰려고 그러느냐?"고 물었습니다. 그러니까 급고독 장자가 "실은 부처님을 우리나라로 모시고 싶어서, 여기에다 절을 지어서 부처님께 바치고 싶어서입니다." 솔직히 이야기했습니다. 아! 생각만 해도 가슴이 뭉클한 이야기란 말이에요. 지심귀명례, 지심귀명례란 목숨조차도 바쳐서 부처님께 맡겨버리는 거예요. 이렇게 믿고 맡기고 의지하는 겁니다. 그러니 이렇게 급고독 장자 같은 경우에도 이렇게 했지만, 이 일체중생희견보살도 워낙 값이 비싸서 사바세계와 맞먹는 향을 부처님 앞에 뿌리고 바쳤습니다.

우리들도 절에 가서 초하루, 보름날, 관음재일, 지장재일 날 등 부처님 앞에 공양을 올립니다. 정성을 다해서 음식을 만들어 '이 음식을 부처님이 정말 공양 드셨으면 좋겠다'는 그 간절한 바람을 가지고 공양을 올립니다. 그런 마음으로 '내 목숨을 다해서라도 부처님께 귀의하겠다'며 공양을 해야 하는 것입니다. 부처님 법이 2,500년 동안 이어져 왔듯이 앞으로 우리들을 디딤돌로 삼아 2,500년을 또 이어져 가야 합니다. 그렇게 되려면 이와 같은 지극한 정성과 지극한 마음을 내어서, 목숨까지 내어 주더라도 승단을 지키고 부처님을 지키고, 부처님께 이와 같은 공양을 올리겠다는 이 마음이 있어야 합니다. 진실로 믿고 따르고 의지하고 이와 같은 도리를 알고 부처님께 의지한다면 우리들 잘잘못이나 업력을 걱정할 필요가 없습니다. 많은 사람에게 회향하는 삶을 살려고 하는 사람은 늘 부자로 살 수 있지만, 자기만 가지려고 하는 사람은 천석꾼이라도 가난뱅이입니다.

일체중생희견보살이 귀한 향 공양을 하고는 삼매에서 일어나 스스로 생각하기를, '내가 비록 신통의 힘으로 부처님께 공양하였으나 몸으로서 공양하는 것만 같지 않으리라' 하고는 소신공양, 부처님을 위해서 몸을 바치는 그런 거룩함을 보였던 분이 후세 약왕보살입니다. 약왕보살본사품에는 법화경 공덕을 찬탄하는 이야기가 있습니다. "만일 어떤 사람이 삼천대천세계에 칠보를 가득 채워서 부처님과 대보살과 벽지불과 아라한들에게 공양하더라도 그 사람의 공덕은 이 법화경을 수지하되 한 사구게만을 받아 지닌 것만 같지 못하다"고 나옵니다.

법화경 사구게四句偈는 제법종본래 상자적멸상 불자행도이 내세 득작불(諸法從本來 常自寂滅相 佛子行道已 來世得作佛)입니다. 이 세상의 모든 것은 본래 스스로 고요하고 청정하므로 우리가 이와 같이 닦고 닦으면 내세에는 부처를 이룰 것이라는 뜻입니다. 이게 법화경의 사구게이고, 열반경의 사구게는 제행무상 시생멸법 생멸멸이 적멸위락(諸行無常 是生滅法 生滅滅已 寂滅爲樂)입니다. 제행은 무상이라, 우리들이 보고 이야기하는 모든 것이 무상이라는 말입니다. 시생멸법이라, 죽고 삶이 없다는 본래 공한 도리를 알면 바로 그것이 적멸위락이다, 그것이 바로 즐거움이라고 이야기를 한 거예요. 화엄경 사구게는 약인욕요지 삼세일체불 응관법계성 일체유심조(若人欲了知 三世一切佛 應觀法界性 一切唯心造), 모두 다 공한 도리를 알아라! 그 다음 금강경은 범소유상 개시허망 약견제상비상 즉견여래(凡所有相 皆是虛妄 若見諸相非相 卽見如來)로, 이것도 역시 공한 도리를 이야기하는 거예요.

삼천대천세계만큼 모든 것을 다 공양하더라도 법화경의 이 사구게를 수지하고 독송하고 그와 같은 도리를 알고 사는 것보다 못하다고 부처님께서 말씀하십니다. 이와 같이 엄청난 말씀을 법화경에는 많이 해놓으셨어요. 그래서 우리들이 법화경을 수지하고 독송하고 사경하면 그만한 공력과 복력이 먼 후대 자손에게까지 유전되는 겁니다.

"수왕화보살이여, 마치 모든 시내와 개천과 강들의 모든 물 가운데에 바다가 제일이듯이 이 법화경도 그와 같아서 모든 여래가 말씀하신 경 가운데서 가장 깊고 크다"고 말씀하셨습니다. 골짜기 골짜기 흐르는 물 다 어디로 가요? 강이 되고, 강에서 흘러서 바다로 들어가는데, 바다에 들어가면 뭐예요? 한 맛이에요. 동서남북 다 가서 찍어 먹어보아도 짠맛 한 맛이에요. 부처님은 이와 같다는 거예요. 그래서 바다가 제일 넓고 큰 것과 같이 법화경이 제일이라는 말씀을 하신 겁니다. 그 다음에 산으로 이야기를 해요. 토산, 흑산, 소철위산, 대철위산과 열보산 등 모든 산 가운데도 수미산이 제일이듯이 이 법화경도 그와 같이 모든 경전 가운데서 가장 으뜸이니

라. 산 중에 산이라고 하죠. 수미산이 제일이듯이 이 법화경이 제일이다. 또 모든 별 가운데 달이 가장 제일이듯이 이 법화경도 그와 같이 천만 억 모든 경전 가운데 가장 밝게 비추인다고 하였습니다. 달이 별 중에 제일이라는 말은 그 빛을 이야기하는 겁니다. 그와 같이 법화경을 보고 듣고 지니고, 그와 같이 행하고 믿고 따르고 의지하고, 부처님께 공경하고 공양하고 참회하고, 이것이 제일입니다.

그러니 법화경을 따라간다는 것은 부처님을 바로 보고 바로 믿고 바로 의지하라는 소리거든요. 그래서 해가 능히 모든 어둠을 없애듯이 이 경 또한 그와 같아서 온갖 좋지 못한 어둠을 능히 깨뜨린다고 말씀하십니다. 역사는 밤에 이루어진다고 말하지만 밤에 이루어진 역사는 뒷골목 왕초를 하고, 낮에 이루어진 역사는 일월과 같이 많은 중생들을 이끌고 갈 수 있는 밝음을 주어 세상을 끌고 갑니다. 태양과 같은 부처님의 가르침 가운데서도 태양과 같은 존재가 바로 이 법화경의 가르침입니다. 그래서 이와 같이 믿고 따르고 의지하라, 이런 말씀을 하신 거예요.

또 대범천왕이 모든 중생들의 아버지이듯이 이 경도 또한 그와 같아서 모든 현인, 성인, 유학인, 무학인과 보살의 마음을 낸 사람들의 아버지라고 부처님은 이야기하는 겁니다. 이 아버지라는 소리는 여기에서 무슨 경, 무슨 경을 이야기해도 그 경들 가운데 법화경이 제일 아버지라는 말입니다. 믿고 따르고 의지하고 공경하고 공양하고 예배하고 그 부처님을 찬탄하는 것, 이것이 제일이라는 소리에요. 알고 보면 거기서부터 시작이 되어야만이 여러분들이 바른 불자라고 할 수 있고, 거기서 지심정례 할 수 있고, 모든 것을 부처님께 순종하고 따를 수 있는 그 불자만이 제대로 된 불자라고 이야기할 수 있습니다.

또한 법화경에는 이러한 능력이 있다고 또 말씀해 놓으신 것이 있어요. "수왕화보살이여, 이 경은 능히 모든 중생을 구원할 것이다"고 하셨습니다. 구원이라는 것은 응당 불타는 집 중생들을 구하는 거예요. 중생을 오욕락에서 구하는 것이고, 잘못된 것에서 구하고, 육도 중생하는 거기에서 부처님 세계로 인도하는 것을 구한다고 이야기하는 것입니다. 이 경은 모든 중생들로 하여금 모든 괴로움을 여의게 하며, 이 경은 모든 중생들을 이익 되게 하여 그 소원을 만족케 하리라고 말씀하십니다. 중생들의 괴로움이 한두 가지가 아니잖아요? 내 마음속에 내가 너무 많아서 나도 나를 모르잖아요. 내 몸 위주로, 편한 위주로 살아가니까 세상이 어떻게 돼요? 오탁악세로 더럽고 지저분하고 돈만 있으면 제일인 줄 아는데, 사람은 도덕을 알고 윤리를 알아야 됩니다. 요즘 세상에 도덕과 윤리를 모르니까 오만 짓을 하는 거예요. 학교에서 우선적으로 가르쳐야 할 부분이 도덕과 윤리인데도 도덕과 윤리를 멀리하고 성적 위주로 하다 보니까 요즘 세상이 그렇고, 이런 아이들이 자라 이 사회의 중심이 되었을 상황을 그려보면 암울합니다.

이런 모든 근심과 걱정과 괴로움을 한방에 홈런 치듯이 날려버릴 수 있는 것이 바로 이 법화경을 믿고 의지하는 법입니다. 마치 시원한 못이 일체 모든 목마른 이들을 만족하게 함과 같고, 추운 이가 불을 얻음과 같으며, 헐벗은 이가 옷을 얻은 거와 같고, 장사하는 사람이 물주를 만난 거와 같습니다. "아들이 어머니를 만남과 같고, 물을 건너는 이가 배를 만남과 같고, 어둠 속에서 등불을 얻은 거와 같고, 가난한 이가 보물을 얻은 것과 같고, 백성이 임금을 만난 것과 같고, 장사하는 사람이 바다를 건너는 것과 같으며, 횃불이 어둠을 없애는 것과 같으니라"라고 이 법화경의 공덕을 찬탄합니다. "또한 그와 같아서 중생으로 하여금 모든 고통과 모든 병을 여의게 하며 능히 모든 중생들의 생사의 속박을 풀어 주리라"라고 합니다. 법화경 이상 더 좋은 경이 없다는 거죠. 그런데 왜 안 믿느냐? 믿음이 박하니까 안 믿는 것입니다.

내 인생살이가 길옆에 있는 밭 같은 인생인지, 가시밭이 내 인생 길인지, 아니면 옥토 밭이 내 인생인지, 생각을 한번 해 보시라는 거예요. 옥토 밭 정도가 되어야 이걸 받아들일 수 있다. 길가의 밭은 농작물을 아무리 잘 심어놓아도 아무나 그냥 들어가 밟아 버리면 다 망가져 버리잖아요. 그런데 그 밭은 그래도 괜찮아요. 가시밭이 돼 있고 잡초밭이 돼 있고, 옛날 말로 쑥대밭이 돼 있는 게 내 인생살이의 팔자는 아닌지를 한번 되돌아보라는 거죠. 그런 밭은, 쑥대밭은 내가 아무리 곡식을 잘 키워도 쑥이 먼저 크기 때문에 쑥대밭입니다. 가시밭길은 아무리 노력해도 어떻게 돼요? 밟으면 찔리고 아프고 따갑고 괴롭잖아요.

말 두 마디도 안 넘어가 그냥 꽥꽥거리고 패악을 부리고, 그냥 난리를 피워가면서 으르렁 거리고 사는 게 가시밭길입니다. 나를 꺾어 버리고 거기에 남편을 심고 자식을 심고 권속을 심고, 절에서도 나를 내려놓은 자리에 부처님께 순종하고 따르고 믿고 찬탄하고 의지하고 공경 공양하고 예배하는 그런 보살로 거듭나면 가시밭이 기름진 옥토가 되는 겁니다. 또 시댁 어른들에게 가서는 며느리로서의 도리를 하면서 중생심을 다 없애버렸으니 내가 시어머니로 거듭나고, 친정에 가서는 친정 부모님 마음으로 거듭나고, 또 아내로 살면서 남편을 이해한다는 것은 남편을 받아들이고 수용하는 거니까 내가 남편이 되는 겁니다. 이것이 나와 남을 바꾸는 자리이타自利利他 마음 바꾸기입니다. 부처님 앞에 와서 공경 공양 예배하고 찬탄하고 그것도 중요하지만, 그것을 그대로 가져가서 가정에도 이와 같이 하고 사회에도 이와 같이 했을 때 이것이 바로 실상불교입니다.

우리들의 믿음이 확고하게 서 있으며 어딜 가도 부처님을 벗어난 행동을 하지 않고, 부처님 손바닥 안에서 살아도 좋습니다. 손바닥에서 벗어나면 떨어집니다. 손오공이 아무리 자기가 잘났다고 해도 손바닥 안에 있었기 때문에 안 떨어지고 안 죽었지요. 내가 항상 부처님 가피 속에, 보호 속에, 지금은 어렵고 힘들고 경제적으로도 원만치는 좀 못하지만 그래도 이렇게 살 수 있는 것을 감사해야 합니다. 항상 부처님의 자식으로 순종하고 살아야 합니다. 그러면서 결국 업력이 점점 녹는 것이고, 쑥대밭도 자꾸 쑥을 베고, 가시밭도 자꾸 꺼내어 버리고 나면 옥토 밭이 되는 것과 같습니다. 지금 번뇌 망상심이 많으니까 가시밭이요, 중생심으로 너무나 똘똘 뭉쳐져 있으니까 쑥대밭인 겁니다. 쑥대 캐내어 버리고 가시밭 캐내어 버리고 나니까 그 밭 역시 옥토 밭이 되는 것입니다.

내가 받아들이고 인정하고 사는 것이 바로 부처님 가르침대로 살아가는 거고 부처님 집에 들어와서 사는 겁니다. 곧 가정으로 가든 남편에게로 가든 개인에게로 가든 사회에 나가서든 그것이 발현하면 그 자체가 실상불교입니다. 부처님 마음으로 다 받아들이고 인정해 주고 거기서부터 시작하는 거예요. 잘못됐으면 잘못된 데부터 시작하고, 어긋났으면 어긋났던 데서부터 시작하고, 괴로움은 괴로운 데서부터 시작하는 거예요. 그 자리에서부터 시작되어야 하는 겁니다. 비록 힘들고 괴롭고 어렵고 남이 알까봐 부끄럽고 겁이 나지만 그 자리에서부터 시작해서 바꾸어 나가는 거예요. 보살도라는 것은 거기에서 일어나는 것입니다. 성냥불을 하나 그어대면 그냥 온 방안이 환해지듯이, 내 주어진 환경 거기서부터 불을 밝혀서, 촛불이 자기 몸을 태워 가면서 주위를 밝게 하듯 나라는 존재를 희생하지 않고 밝은 빛이 나올 수가 없다는 것을 아셔야 합니다.

죽여야 할 것은 아상, 인상, 중생상, 수자상이고, 거기에 보리심, 진실로 자애와 자비스러움의 빛을 채워야 합니다. 받아들인 바 없이 받아들이고 그걸 이루어 낸다면 화택중생이 아니고 고해중생이 아니며, 극락세계가 거기서부터 시작이 되는 것입니다. 그와 같이 법화경을 수지하고 독송하고 거기서부터 내 어려움이나 모든 것을 부처님께 맡겨버리면 됩니다.

"좋은 것도 맡기고 나쁜 것도 맡기고 그렇게 해서 부처님들의 신통의 힘으로 그대를 수호하나니 일체 모든 세간의 천신과 사람들 중에 그대와 같은 이가 없으리라." 부처님께서 법화경으로 우리를 가장 귀한 존재로 승화시키는 것입니다. 이를 믿고 의지할 때 모든 고난과 어려움은 사라집니다. 부처님이 이 법화경을 수지독송하고 서사차경하고 법화경을 가지고 열심히 공부하고 열심히 유포하여 많은 중생에게 이익 되게 하려고 애쓰는 이런 사람들은 천신과 사람들 중에 그와 같이 귀한 이가 없다고 했어요. 오로지 이 법화경을 가진 자만이 진실로 귀하고 빠르게 아뇩다라삼먁삼보리를 얻는 것입니다.

"약왕보살이 이와 같은 공덕과 지혜의 힘을 성취하였다." 우리들이 법화경을 믿고 따르고 의지하고 칭송하고 찬탄하고 공경하고 예배하라는 이유가 바로 여기에 있다는 거죠. 우리들이 약왕보살이 되고, 우리들 스스로가 촉루품을 받들어서, 이 법화경을 통해 거듭 부촉 받은 책임으로 열심히 불자의 도리를 하고 살아야 합니다. 이것이 수지독송하면 바로 이 자리가 불국정토가 된다는 소리입니다. 그래서 "이 법화경은 남섬부주 사람들의 병에 좋은 약이 되기 때문에 병들고 힘들고 고통스럽고 살아가는 게 힘들다면 이 경전을 열심히 수지 독송하고 부처님을 찬탄하고 공경해라. 만약 병이 있는 사람이 이 경을 들으면 병은 곧 소멸하고 평생에 잘 늙지도 않는다"고 하셨습니다. 법화경전은 속임이 없고 꾸밈이 없고 있는 그대로 부처님 말씀이니까 진실로 믿고 의지해야 합니다.

합장하겠습니다.

거룩하신 부처님 감사합니다. 약왕보살본사품을 가지고 부처님이 증명하신 대로 부처님의 가르침대로 열심히 살려고 노력하겠습니다. 많은 중생들이 한치 앞도 모르고 늘 중생심이 먼저였던 이 마음자리에 부처님의 지견으로, 약왕보살의 원력으로 부처님의 근기를 심어 이 법화경이 널리 유포되고 홍포되어 많은 불자들이 옹호하는 그런 경전이 되기를 지극한 마음으로 서원하는 바입니다.

나무 석가모니불 나무 석가모니불 나무시아본사 석가모니불

21

천하를 받들어 가진 즐거움

묘음보살품

제23 묘음보살품妙音菩薩品의 주인공 묘음보살은 옛날 운뢰음왕부처님 때 일만이천 년간 십만 가지 음악으로 공양하고 팔만사천 칠보로 된 바리때를 공양한 뒤 깨달아 안 보살이십니다. 오묘한 소리를 묘음이라 합니다.

오늘 길을 가다 우리나라 꽃 무궁화를 보았습니다. 우리 민족을 잘 대변하는 꽃입니다. 살아가는 게 은근과 끈기로 죽었다 싶으면 또 피고, 꽃이 끝났다 싶으면 또 피어납니다. 우리 민족의 저력이라 할 수 있습니다. 그러니 지금 답답하고 힘들고 어렵더라도 용기를 내어 무궁화같이 은근과 끈기로 어려움을 이겨야 합니다. 괴로운 사람들은 다시 한 번 마음 고쳐먹고 무궁화가 피듯이 다시 또 피우면 됩니다.

우리는 바깥경계에서 일어나는 것을 보고 미워하고 원망하고 시기하고 좋아하고 질투하고 괴로워합니다. 하지만 자신을 들여다보는 것을 출발점으로 삼아야 합니다. 바깥에서 깨끗한 것만 찾고 아름다운 소리만 들으려고 하고 잘한다는 칭찬만 들으려 하니까 바깥경계에 괴롭고 힘들어지는 겁니다. 저력이라는 것은 무궁화처럼 내가 참아내고 이겨내고 보듬어주고 안아주고 말 한마디라도 감탄해줄 줄 아는 마음의 힘입니다. 눈으로 아름다운 것만 보는 것이 아니라 슬픈 것을 보고 위로하고 보듬어줄 수 있는 눈이 있어야 합니다. 내가 다른 사람들의 힘듦을 내 귀로 듣고 그 사람들의 힘듦을 내가 어루만져줄 수 있어야 합니다. 내가 발이 있어서 걸을 수 있으니, 힘든 사람 가서 도와줄 수 있으니 행복한 거고, 다 골고루 갖추어져 있는 '나'라는 존재를 귀하게 생각해야 합니다.

천석꾼 천 가지 걱정, 만석꾼 만 가지 걱정이라는 말이 있습니다. 세상은 가진 만큼 부담이 있는 겁니다. 우리 보살님들이나 저는 별반 가진 게 없으니까 걱정이 별로 없습니다만 진짜 걱정은 한 가지 있지요. 부처님을 믿고 의지하며 법화경을 읽고 외우고 사경하며 포교를 해야 하는데, 게으름이 문제고 걱정거리입니다. 사실 품속에 보배구슬을 가지고도 있는 줄 모르고 밥을 빌어먹고 다니는 게 중생입니다. 본래 자성에 다 갖추어져 있는데, 부자인데도 부자인 줄 몰라서 그러니 무명이고, 치심癡心으로 어리석은 것입니다. 갖추어진 것을 모르고 스스로가 나도 부자면 좋겠다고 탐심을 부립니다. 가장 큰 부자는 만족이라 합니다. 그러나 밥 얻어먹는 거지 근성이 있는 중생은 더 가져봤으면 좋겠다는 탐욕으로 자꾸 끝 간 데

없이 그쪽으로 가니까 점점 자신이 사는 모양새가 초라해지고 괴로워지고 힘들어지는 것입니다. 우리들이 다 아는 사실이지만, 돈이 가지고 싶어 한다고 벌리고 옵니까? 돈! 돈! 하다 돌아 버리거나 괜히 트라우마가 생기고 말 못하고 주눅 들고 기 죽고 당당하지 못하고 불행을 짊어지고 삽니다.

우리가 불타는 집에서 소꿉놀이에 빠져 사는 중생이니 어리석은 욕심에 끌려 사는 겁니다. 부처님 말씀에 의하면, 완벽하게 갖추어져 있고 완벽하게 부자인데도 내 자신이 부자인 줄 몰라요. 그래서 허망한 물질만 쫓아가니까 환장한 시대를 살아가는 거고, 물질을 쫓아가니까 아버지도 모르고 어머니도 모르고 형제도 모르고 자기 혼자 잘났다고 설쳐댄단 말입니다. 이런 어리석은 중생에게 묘음이라는 것은, 본성을 알게 하는 아름다운 소리입니다. 칭찬해주는 말이나 힘을 주고 용기를 주는 이런 말들이 묘음입니다.

묘음보살품에 보면 묘음보살님이 얻은 삼매가 나옵니다. "이때에 정광장엄세계에 한 보살이 있었으니 이름이 묘음이었습니다. 그는 오래 전부터 모든 덕의 근본을 심었으며 한량없는 백천만억 부처님께 공양하고 친근하면서 매우 깊은 지혜를 다 성취하였습니다." 그래서 쭉 보면 이제 묘당상삼매에도 들고 법화삼매에도 들고 정덕삼매에도 들고 수왕희삼매에도 들고 무연삼매에도 들고 이렇게 해서 백천 가지의 삼매를 모두 통달하셨다고 나옵니다.

삼매三昧는 인도 산스크리트의 사마디Samādhi에서 나온 말입니다. 눈 감고 아무 소리 안 하는 게 삼매가 아니고, 눈 감고 생각은 천지사방으로 헤매는 게 삼매가 아닙니다. 묘음보살만 삼매에 드는 게 아니라 중생심을 가진 우리들도 사실은 생활 속에서 삼매 맛을 보기도 합니다. 내가 집에서 밥을 할 때 밥에만 신경 쓰지 다른 데 신경 쓰면 까맣게 태우잖아요. 아침에 밥하고 반찬은 뭘 하고 국은… 이거를 쭉 빨리빨리 차려야 되겠다고 그렇게 마음을 먹고 쭉 하잖아요. 그죠? 그렇게 하면 그게 뭐에요? 내가 거기에만 빠져서 몰입하니까 딴 것은 다 잊고 통일된 그것 역시도 삼매라는 거죠. 청소를 깨끗하게 한다, 집안 정리를 말끔하게 한다, 그게 뭐에요? 청정삼매에 든 겁니다. 어떻게 하든지 집을 깨끗하게 하고, 집을 정리하고 정돈하여 깔끔하고 깨끗한 집안을 만들겠다고 생각하고 열심히 하는 그것이 또 삼매라는 거죠. 염불을 하면 어떻게 돼요? 염불속에 푹 빠져서 하니까 그것도 삼매가 되는 거예요. 염불할 때는 오로지 염불이고, 청소할 때는 청소만 생각하고, 밥을 할 때는 밥 짓는 것만을 생각하고, 자식을 키울 때는 자식에 대한 생각만 끊임없이 하면서 키워 왔다면 자식삼매에 빠져 있는 겁니다.

모든 것이, 내 생활이 삼매인데, 단 뭐가 차이가 나느냐? 이 묘음보살의 삼매는 삼매에 딱 들어서 근본은 믿음의 삼매가 되고, 법화삼매는 부처님을 칭송하고 찬탄하고 공경하고 공양하고 덕을 심고 부처님이 되고자 하는 삼매입니다. 일체 중생을 구제하겠다는 보리심 삼매라든지, 이런 원력을 세운 삼매가 되는데, 우리들의 가벼운 삼매는 오욕락의 몰입일 뿐이지 삼매가 될 수가 없다는 거죠.

옛 어른들은 삼매에 들면 머리에 새가 집을 지어도 모르고 삼매에 빠졌다고 합니다. 공부하는 사람에게 삼매는 선택이 아닌 필수입니다. 그러나 삼매가 고집스럽게 앉아 있는다고 되는 것은 아닙니다. 공부가 되면 자연스레 되는 겁니다. 우리가 생활 속에서 부처님 법에 몰입하여 철저하게 살며, 오욕락에 흔들리지 않는 때가 삼매상태인 것입니다.

금생에 돈 많이 쓰고 자기 것이라고 풍족하게 썼던 사람, 낭비벽이 심했던 사람은 다음 생에 가면 궁핍하다고 합니다. 어제는 주인이 소를 몰고 밭을 갈더니 오늘은 소가 주인을 몰고 밭을 갈더라는 소리가 있잖아요. 그러니까 그게 전생, 내생을 들여다보면 전생에는 주인이 소를 몰고 밭을 갈았는데, 이 금생에 와서는 소가 주인이 되고 주인이 소가 되어서 그 밭을 간다는 말입니다. 우리들이 알게 모르게 살아가며 소가 될 짓도 하고 개가 될 짓도 하고 해서 금생에서는 잘 살더라도 다음 생에는 초라한 인생이 될 수도 있습니다. 그래서 항상 인연법을 믿는 겁니다. 철저하게 인연법을 믿고 따르는 거예요. 인과법을 믿어서, 내가 이렇게 풍족하게 쓰면 언젠가는 가난하게 될 때도 있을 것이라는 생각을 해야 하고, 반면 지금 가난하고 좀 덜 쓰고 김치 쪼가리만 먹는 양반들은 희망을 가져도 된다 이 말입니다.

지금 생에 여유 있는 사람들은 어려운 사람들에게 보시를 많이 해야 합니다. 가난은 불편이라고 합니다만 지금 21세기 가난은 불편을 넘어 고통으로 옵니다. 가난해서 드릴 것이 없어도 절에 가야 합니다. 부처님 앞에 가서 "저 아무것도 없습니다. 저는 가진 것 없지만 부처님을 사모하고, 부처님께 공양 올릴 것 없지만 지심정례, 제 목숨 다 바쳐서 부처님께 귀의합니다"는 그런 생각을 가지고 절하고 기도하면 되는 것입니다. 삼계의 주인이신 부처님이 원하는 게 있겠습니까? 부처님은 지극한 마음을, 정성을 좋아하시고 기뻐하십니다. 부처님 당시에 가난한 과부가 켠 초라한 등잔은 십대제자들의 신통으로도 끄지 못하였습니다. 지심정례, 지극한 정성으로 절 올리면 됩니다. 지극한 마음과 정성을 다 바쳐 부처님 앞에 오시면 됩니다.

그러나 열심히 기도하고 수행하고 정진하고 부처님의 제자로서 살겠다는 서원을 세워놓고도 도반끼리 싸우고, 틀어지면 또 상처 받고 힘들다고 그 절에 안 가는 사람들도 있습니다. 사람 모인 데는 다 뭐가 있어요? 사람 모인 데는 다 말이 있게 돼 있다는 거죠. 좋은 말이든 나쁜 말이든 우리들 속에서 나옵니다. 20명, 30명 모이면 잘난 체하고 튀어나가고 튀어들고 분란을 일으키는 사람이 있습니다. 그래서 여러 사람 앞에서 그러지 말라고 하면, 내가 뭐 어떻게 했는데? 하며 또 잘났다고 하고, 그러다가 따돌림 당해 쫓겨납니다. 대중은 대중생활을 할 줄 알아야 합니다. 그게 어려서부터 교육을 받고, 그 다음에 지속적으로 위아래를 알아보는, 도덕과 윤리를 세워주는 교육을 해야 되는데, 그런 게 전혀 없고 한두 자식만 낳아 무조건 최고로 키우겠다며 돈을 쳐 들여 '너는 공부만 해라!' 이런 식으로 키워 놓으니까 요즘 세상 돌아가는 것이 시끄러운 겁니다.

그렇지만 젊은 세대들이 사는 게 요즘 힘듭니다. 신용사회, 신용사회라는 게 뭐냐? 빚을 낼 수 있는 한계를 이야기해 놓은 거예요. 등급을 매겨 너는 얼마까지는 해준다, 너는 얼마까지 해준다 이거잖아요. 그렇게 장기적으로 빚을 내서 쓰는 세대이다 보니까, 우리

나라 젊은 세대들은 지금 통계학적으로 47퍼센트, 50퍼센트가 다 빚쟁이라고 합니다. 예를 들어 월급을 200만 원 받으면 100만 원은 빚 갚는 데 쓰고 나머지 100만 원 가지고 먹고 산다는 거예요. 그러니 허덕이고 살고 힘들어 하며 사는 거예요. 신용사회가 알고 보면 다 할부인생으로 만들고, 나라는 존재를 만날 저당 잡힌 인생을 살아가게끔 만드는 것이 그 진짜 얼굴입니다. 그래서 신용을 내세운 외상사회는 절대 좋은 것이 아니고 은행의 간교한 술수입니다. 선진국을 봐도 그래요. 미국 같은 나라를 봐도 지금 장기적인 하우스 푸어 세대들이 엄청나게 많다고 이야기하거든요. 예를 들어 금리가 올라가면 갚지 못하고 나자빠져버릴 그런 사람들이, 쫓겨나야 될 사람들이 너무 많다고 합니다. 그런 잠재적인 하우스 푸어들이 그렇게 많다고 합니다. 우리나라도 지금 똑같은 처지의 하우스 푸어가 많습니다. 하우스 푸어, 말 그대로 집 가진 거지라는 말입니다. 우리나라도 가계부채가 몇 천 조라고 하잖아요. 집집마다도 그만큼 빚을 지고 살아갑니다. 그러면서 물질에 자꾸 쫓기고, 이렇게 힘들어지다 보니까 뭐가 없어져요? 신앙심이 없어집니다. 마음에 여유가 없어지는 거예요.

21세기의 우리는 잘 살면 잘 사는 만큼 마음에 여유가 있고 행복지수가 높아져야 되는데 오히려 마음에 여유는 더 없고 정신적인 쫓김과 강박관념은 더 심하고, 심지어 뭐가 생겨요? 트라우마가 생기고 자존심들만 팍팍 세우다가 정신줄 놓아 이상하게 되는 사람들도 너무 많습니다. 그래서 이런 현상을 풍요 속에 빈곤이라 합니다. 인간을 시스템화하고 과학과 물질이 팽배해지는 이 시대가 사실은 좋은 시대가 아니라 굉장히 야박하고 각박한 시대라는 거죠. 이걸 바꾸어 나가자면 점진적으로 은행이니 신용이니 그런 것보다 두레나 향악 등 옛날 미풍양속을 오늘에 맞게 되살려 서로가 더불어 사는 공동체로 되돌아가야 합니다. 먼저 현실 속에서 현명하게 살아가려면 내 경제규모를 직시하고 거기에 맞춰 절약하고 근면하며, 그리고 사회 공동체의 일원으로 여유 있는 만큼 어려운 이들을 돕는 삶을 살아야 합니다. 백화점에서 명품을 휘감고 잘난척하는 허망한 짓거리가 아니라, 재래시장을 다니더라도 편안할 때 그게 진실로 마음이 편한 겁니다. 명품 가방 하나 사고 일 년 열두 달 할부 값 갚는다고 허덕이는 바보가 되지 말라는 말입니다.

물질을 쫓아가는 마음은 끝이 허망하고 슬프다는 걸 알아야 합니다. 마음이 편하고, 마음이 여유가 있고, 마음에서 모든 것을 늘 새로 시작할 수 있고 만들어갈 수 있고 지어갈 수 있어야 현실을 잘 사는 겁니다. 뱁새가 황새 따라가려다 가랑이가 찢어진다고 이런 식의 삶의 태도가 지금 세태이며, 거품이 많이 끼어 있는 허망한 사회를 우리는 살고 있습니다. 그래서 진실된 믿음은 약해지고 가면 갈수록 물질에 속아서 생각 없이 본능적으로 물질만 보고 쫓아갑니다. 이것을 어떻게든 바꾸어 진실된 믿음 속으로 다시 돌아와야 합니다. 믿음이 없으면 사회가 안정되지 않습니다. 철저하게 종교적인 신앙심이 있거나 믿음을 가지고 살 때는 안정이 되고 평화가 존속되지만 이것이 없으면 늘 들떠 있는 겁니다. 불안정하고 혼란스럽고 혼돈스럽고 물질만 쫓아가니까 늘 거짓말해야 되고 사기치는 사람들이 많고 부부간에도 속여야 되고, 그렇게 살아가는 거예요. 투명하지 못하니까 괜히 방귀뀐 놈이 성질을 냅니다. 목소리 큰 놈이 이긴다고, 큰 소리는 잘못한 사람이 먼저 칩니다. 부처님 앞에 참회하고 상처를 준 사람에게도 용서를 빌어야 참다운 참회가 되는 것입니다.

묘음보살님은 백천 가지 삼매를 닦았다고 합니다. 그렇게 큰 수행자는 참으로 겸손합니다. 지금 세상에는 작은 삼매 들고 깨달았다고 폼 잡는 헛똑똑이들이 많아요. 빈 수레가 요란한 법입니다. 묘음보살님은 정화수왕지부처님이 계시는 다른 세계 보살님이었지만 그 지극한 신심으로 우리세계로 와서 석가모니부처님께 공경과 예배와 공양과 칠보로 된 발우를 바쳤습니다. 묘음보살이 부처님 발에다 절을 하고 석가모니부처님과 다보부처님 두 분에게 정중하게 안부를 물으며 기쁨을 표합니다. 한 번에 두 분 부처님을 뵙는 묘음보살님이 부럽습니다. 이 일의 원인은 석가모니부처님이시고 묘음보살님이 마음을 일으킨 것입니다. 모든 일은 박자가 맞아야 하고 손바닥도 마주 쳐야 소리가 나듯이 우리 석가모니부처님의 미간 백호에서 뻗은 광명이 그 세계에까지 비치니 묘음보살이 이제 석가모니부처님을 알현하려는 마음을 낸 것입니다. 자기 세계 정화수왕지부처님 허락을 받아 우리 세계 영취산까지 오셔서 석가모니부처님께 문안을 드렸습니다.

우리들도 힘들고 괴롭고 외로울 때 누가 옆에서 위로해주고 도와줬으면 하잖아요? 내가 어려울 때 누가 옆에서 도와줬으면 좋잖아요? 그 힘들 때 결국 누군가 도와준 겁니다. 왜 이 말을 하냐 하면, 누군가 도와줬기 때문에 위기를 극복하고 지금 이 자리에 살아

있는 거 아닙니까? 그렇잖아요? 힘들었을 때 내 옆에 누가 좀 있어 줬으면 좋겠다고 할 때 있어준 사람이 있어요. 당사자는 모를 수 있지만 그 누군가가 있어서 그 고비를 넘기고 이 자리에 있는 것입니다. 지나 왔던 모든 일들을 가만히 생각해 보면 도움 받지 않은 것이 없고, 어떻게 보면 나라는 존재는 늘 항상 불보살님들의 도움을 받아 살아 온 것입니다. 불보살님들이 그때그때 주위에 현신하여 부모나 친구나 친척이나 그 누구로 나타나 해결해 주신 겁니다. 그러니까 우바이로 돕고자 하면 우바이로 도와주고, 거부 장자로 도우려면 거부 장자로 도와주고, 천대장군으로 도와줘야 될 것 같으면 천대장군으로 도와주고, 제석천으로 도와줘야 될 것 같으면 제석천으로 도와주시는 묘음보살님의 공덕을 부처님께서 말씀하셨습니다.

이 세상은 작은 조각 천을 붙여 만든 큰 조각보입니다. 우리 중생 하나하나가 한 조각 한 부분이고, 그 작은 조각보를 모아 붙인 것이 이 사바세계 중생입니다. 우리들은 한 조각으로 태어나 완성된 큰 조각보를 만들기 위한 일생으로 볼 수 있습니다. 한 조각을 가지고 와서 남의 도움을 받고 보살님들의 도움을 받고 주위 사람들의 도움을 받아서 하나의 큰 조각을 완성해 나가는 게 인생입니다. 우리들 스스로는 한 조각을 가져와서 옆에 남편이란 조각을 붙이고 자식이란 조각을 붙이고 부모란 조각을 붙이면 가족이라는 조각보, 여기에 시부모 친정형제 시집형제 이렇게 조각을 붙이면 일가친척 조각보입니다. 이렇게 인연법으로 모으면 지구 중생의 조각보가 됩니다.

지구 중생의 큰 조각보에서 우리는 각기 특색이 다르고 크기도 다르지만 하나입니다. 그 하나가 인연 따라 마음먹는 대로 역할을 합니다. 어떤 사람은 부처님을 믿고 의지하며 법화경을 읽고 외우고 사경하여 법화세계를 알리는 최고의 역할을 하고, 어떤 이는 천주교, 어떤 이는 기독교, 어떤 이는 무슬림으로 살아갑니다. 우리는 종교가 다르다고 적대시하거나 거부감을 표하면 안 됩니다. 믿음이 틀리다고 잘못된 것은 아닙니다. 잘못된 종교 교리가 있는 것이 아니라 잘못된 종교인이 있는 것입니다. 자기 것만이 최고라거나, 자기 것만이 유일하다는 편협한 믿음으로 사람을 죽이는 것은 광신도들의 짓입니다. 종교로 사람을 죽이는 것은 인드라망 조각보로 있을 수 없는 것입니다.

내가 아는 만큼, 조각을 만든 만큼의 알음알이가 결국 내 인생이 되는 것입니다. 우리들이 돈으로, 물질로 무조건 쫓아다니다 보니까 눈만 멀어버린 새와 같이 살게 돼 있어 실상을 보지 못하는 겁니다. 우리들 스스로도 가만히 들여다보면 저마다 그 한 조각의 조각보이듯이 한 가지의 특색과 기술과 재능을 가지고 있습니다. 한 사람 한 사람 내가 이 세상 사람에게 무엇을 가지고 이익 되게 하는 삶을 살 수 있는지 성찰하고 노력해야 합니다. 과연 내가 이 세상 사람들에게 뭐를 가지고 도움 줄 수 있고, 자리이타하고, 너도 좋고 나도 좋은 삶이 될 수 있을까? 내가 가져온 것이 뭘까? 생각해 보며 사는 것이 깨어 있는 생활입니다.

그냥 돈 따라 세월 따라 가다보면 엎어지고 자빠지고 이런 엉뚱한 일이 생기고, 이런 식으로 살아진다는 거예요. 그러니 과연 내가 많은 사람에게 이익 되게 하는 삶을 살 수 있는 것이 무엇인지, 그걸 빨리 찾는 사람이 성공한 사람이에요. 빌 게이츠 같은 사람도 그걸 빨리 찾았기 때문에 성공한 거고, 하는 일이 좋고 하는 사업이 재미가 있고 밤낮없이 즐거우니까 성공한 겁니다. 일을 쫓아가며, 어떻게 보면 더 행복한 세상을 만들고자 했던 사람들이 나라에서도 큰일을 하고, 집안에서도 보면 큰 어떤 기둥이 되고 이렇게 살았던 거지요. 돈, 돈, 돈 하고 쫓아간 사람 치고 돈 번 사람이 있었어요? 없습니다. 왜 제가 이런 말을 하냐 하면, 돈에 속지 마라! 돈, 돈 하다가 잘못하면 돌아버리는 수가 있으니까 돌아버리지 말고 제대로 가자는 겁니다.

그러면 삼매를 어떻게 볼 것이냐? 내가 남편이나 자식들을 위해서 청소하고 정리하고 밥 짓는 거기에 몰입하고, 말 한마디 행동 하나를 가족 중심적으로 해 나가다 보면 자연히 그 가운데서 안락함이 있어지는 거잖아요. 돈은 계속 쫓아가봐야 돌아버리는 일밖에 없지만, 내가 이렇게 가족 중심적으로 살고 그걸 보듬다 보면 가정이 따뜻하고 훈기가 나는 것입니다. 그 다음에 고통스럽고 힘들고 괴로웠던 모든 것, 심지어 좋았던 것까지 절에 와서 부처님 앞에 기도하고 공양 올리면 한 풀고 원 풀고 다 풀 수 있습니다. 우리들의 살림살이가 반듯하려면 이와 같이 살아야 되는데, 이와 같은 삼매는 들지 않고 엉뚱한 돈 삼매를 잡고 돌아버리며 귀한 인생 낭비하는 겁니다. 이렇게 엉뚱한 삼매로 가다보니까 세상이 오탁악세 속으로, 자꾸 수렁에 빠지는 현상들이 오지 않았습니까.

묘음보살님과 같은 진실된 삼매라는 것은 오로지 내가 이걸 이루어 내겠다는 지극함이 묻어나야 됩니다. '내가 이 집안에 들어와서, 아무 가정 며느리 잘 보아서 일어났다'는 소리 한번 들어 봐야지!' 이런 원만한 생각을 가지고 살아야 합니다. 마음을 항상 원만하게 쓰니 저 달보다도 더 밝고 원만한 그것이 결국은 얼굴에 나타나서 주위 사람들이나 가족들이 모두가 다 좋아하고 사랑하며, '너 없으면 안 된다'는 소리 듣고 살아보세요. '아~ 저 인간하고 언제 끝내 버릴까?' 이런 소리를 자꾸 듣고 살면 서로가 괴롭지 않습니까. 한평생이라고 해봐야 70, 80 살고 나면 끝나잖아요? 지금 나이에는 지금 이 시기가 제일 중요합니다. 스무 살 먹었으면 20 먹은 만큼 중요하고, 서른 살 먹었으면 30 먹은 만큼 중요하고, 사십, 오십 먹었으면 40, 50 먹은 만큼 중요한 것입니다. 사람살이가 곱고 아름답도록 하는 것은 그 내면에서 우러나오는 겁니다.

왜 이 말을 자꾸 하냐면, 여래수량품이 정종분이고 말분에 와서는 보살품이 계속 나와요. 약왕보살, 묘음보살, 관세음보살, 묘장엄보살, 보현보살, 이렇게 보살품을 쭉 달아놓은 이유가, 믿음은 실천 없는 믿음이 되면 안 된다는 귀중한 가르침입니다. 보살님들이 보살을 이룬 이유가 보리심이잖아요. 그 실천 덕목은 보리심입니다. 보살님들이 하는 서원 중에 '이 허공이 다할 때까지 모든 중생의 고통을 감당하겠다'고 마음을 낸 구절이 있습니다. 그러니 보살님들 따라 육바라밀로 보리심을 증장해야 합니다. 먼저 보시바라밀을 해야 합니다. 말 그대로 어려운 사람 돕는 걸 주저하지 말아야 합니다. '내가 가난한데…' 하지 말고 형편껏 기꺼운 마음으로 무엇도 바라지 말고 주어야 합니다. 실천하는 믿음은 열 번 절을 하면 열 번 절을 하도록 하는 믿음이 있어야 되는 거고, 내가 지극한 마음으로 부처님 앞에 와서 기도하는 마음이 있어야 합니다. 그래서 보살품들을 이렇게 넣어놓으신 것 같아요. 그 결과 이 보살님들은 이와 같은 삼매를 얻었고 이와 같은 위신력으로 중생을 어떻게 하든 구하려고 애쓰시는 겁니다. 중생이 부른다면 응당 그 자리에 가서, 그 중생이 구하는 대로 우바새 우바이 천신 동자 동녀 어린이 장자 거부 이런 모습으로 그 중생의 필요에 따라서 도와주십니다.

우리가 이 묘음보살품을 보거나 관세음보살보문품을 보면서 무엇을 배우고 찾아야 되느냐? 우선 근본 동기가 착한 역할을, 내가 하고자 하는 발원을 해야 합니다. 보살님들이 은행인 줄 알고 99억 가진 사람이 1억 채워달라고 하면 안 이루어집니다. 반대로 남을 도울 수 있는 여유가 있게 도와 달라는 바른 동기는 빠르게 이루어집니다. 진실된 믿음과 진실로 내가 그렇게 많은 중생에게 이익 되고자 하는 거기에서 바로 묘음보살님이 출현하게 돼 있고 관세음보살님의 따뜻한 손길을 느낄 수 있습니다. 살면서 내가 원하지 않고 내가 꿈꾸지 않고 내가 행하고자 하지 않는데도 옆에서 누가 그거 다 들어주는 것 같으면, 전생에 복덕을 충분히 지은 사람입니다. 우리들 스스로 바른 동기를 꿈꿔야 합니다. 의욕이 있어야 되는 거예요. 그 다음에 노력해야 합니다. 보살님의 화신으로 실천하는 거예요. 그 가운데서 보리심이 자리 잡고 나날이 증장하는 것입니다. 바르게 서원하고 이루려고 애쓰고 노력하는 것입니다. 사람에게 공평하게 하루 24시간이 다 주어졌잖아요. 그러니까 열심히 수행하고 기도하며 이루고자 애쓰고 노력하는 사람은 부처님과 보살님들의 가피를 받습니다.

　노보살님들도 '내가 이 나이에'라고 생각할 것이 아니라 지금이라도 늦지 않다는 생각을 꼭 가져야 합니다. 스스로가 '내가 이제 뭐 끝난 인생이 아니라 지금부터 시작이다!'라는 생각을 가지고 꿈을 꾸어야 합니다. 부처님을 믿고 의지하면 건강과 축복을 받아 이번 일생에 좋은 공부 지을 수 있습니다. 믿은 대로 꿈을 꾸고, 꿈꾼 대로 노력하고 이루려고 하면 분명히 이루어지게 돼 있어요. 뭘 막연하게 바라고 생각하면 안 이루어집니다. 그걸 보고 언감생심이라고 그러잖아요. 자기도 막연하면서 부처님과 관세음보살님 앞에서 웅얼웅얼 아기 젖병 빠는 소리 하면 안 됩니다. 구체적으로 또박또박 꿈을 말씀드려야 합니다. 결국은 내가 마음먹고 믿음대로 꿈꾸고, 꿈꾼 대로 내가 이루려고 하고 실천하고 노력하고, 거기에서 부처님을 칭송하고 찬탄하고 공경하고 공양하고 예배하면서 불자의 도리로 살아가는 거예요. 그럼 당연히 어떻게 해요? 내가 부처님의 자식으로 들어와서 사니까, 내가 믿은 대로 내가 꿈꾼 대로 내가 노력한 대로 이루어질 것은 당연합니다. 보리심으로 많은 중생에게 이익 되게 한평생 살아가는 겁니다. 이보다 더 좋은 한평생이 어디 있겠습니까.

　돈, 명예, 권력, 쫓아간다고 잡히는 물건들이 아닙니다. 산성비가 와서 머리가 빠지는 줄 알았더니 바라는 게 너무 많아서 머리만 빠진다는 농담이 있듯이, 탐욕도 내려놓고 분노도 내려놓고 어리석음도 내려놓고 부처님을 믿고 의지하며 살아야 합니다. 그래서 진실된 믿음을 가지고, 진실로 이루려고 하는 꿈을 꾸고, 그렇게 꿈을 꿨으면 꿈꾼 대로 행동하고 실천하는 거예요. 그 다음에 이제 실천하고 나면 자연히 이루어집니다. 그와 같은 마음자리에서 차례차례 노력해서 이루어내는 것이 바로 제대로된 삼매이지 않을까 합니다. 중생은 막연한 삼매를 하는데, 이것은 오욕락의 삼매로 굳이 이름 붙이면 생활 삼매입니다. 부처님이나 보살님들 삼매와는 시작 원인부터 다릅니다.

절에 오면 처음부터 '보살님' 하니까 고견 있는 스님이 그러시더라고요. 보살은 무슨 보살이냐고. 보살이라고 하지 말아야 한다고 엄하게 말씀하셨습니다. 그런 말씀도 하시더라고요. "보살이 아니고 보산報産이고 업산業産이지!" 그런 말씀이거든요. 절 보살님들이 진짜 보살님이 되 시길 서원합니다.

관세음보살님을 포함한 모든 보살님들은 우리 중생을 위해 구제를 적극적으로 하시며, 다른 모든 일에도 적극적으로 합니다. 그래서 묘음보살님 같은 경우에도 다른 세계 보살님이면서도 우리 사바세계 법화경 현장에 석가모니부처님을 문안하기 위해서 오셔서 석가모니부처님 발에 예경하고 칠보로 된 발우를 바치고 공양을 올리십니다. 이와 같이 부처님을 뵙는다면 어디든지 주저하지 않고 가겠다는 이런 원이 있는 거죠. 그러면서 중생이 번뇌 망상이나 온갖 고통에서 벗어나 즐거움을 얻게 하는 이고득락離苦得樂을 위해서 보리심이 아주 간절하십니다. 그런데 우리 중생의 마음은 보살심이 아니라 오욕락과 제財·색色·신身·명名·수壽, 재물이나 명예나 돈이나 이런 것들에만 집착을 하니까 중생 삼매가 되어서 육도 중생하게 되는 것입니다.

반면 보살의 삼매는 상구보리 하화중생입니다. 위로는 부처님을 아주 지극하게 모시면서 아래로는 중생들을 모두 제도하겠다는 넓은 서원을 가진 분이 바로 이 묘음보살님입니다. 그래서 우리 중생 업력의 삼매를 묘음보살의 삼매로 바꾸려면 첫째 믿음이 있어야 됩니다. "부처님을 믿으세요! 됩니다!" 믿지도 않으면서 이렇게 할까, 저렇게 할까? 할 이유가 없다는 거죠. 지극하게 믿고 믿은 대로, 꿈꾼 대로 실천하면 이루어지는 것입니다. 믿지도 않고 꿈도 안 꾸고 실천한 바가 없으니까 맨날 제자리이지 뭐 다른 이유가 있겠습니까? 그래서 지극한 믿음이 원력이 되고 꿈이 되며, 꿈을 이루기 위해 노력하니까 이루어져서 많은 중생에게 자리이타自利利他한 삶이 됩니다. 나도 이익 되고 남도 이익 되게 하는 그런 삶을 우리가 살아갈 수 있다는 거죠.

합장하겠습니다.
거룩하신 부처님 감사합니다! 묘음보살님이 어렵고 힘든 중생들마다 근기에 맞춰서 도우며, 중생의 근기에 따라서 일어나게 하신다는 그 원력에 머리 숙여 지극히 귀의합니다. 묘음보살님의 이 지극한 원력을 보고 저도 그와 같이 함께 하기를 항상 염원하면서 묘음보살님의 지극한 그 원력이 저의 원력이 되기를 간절히 기도드립니다.
나무 석가모니불 나무 석가모니불 나무시아본사 석가모니불

22

모두가 찬탄하니 하나의 원만일세

|

관세음보살보문품

|

저는 관세음보살님 이야기만 나오면 가슴이 미어지게 아플 정도로 관세음보살님을 사랑합니다. 관세음보살님 때문에, 관세음보살님이 계셨기 때문에 제가 여러분들과 같이 이렇게 관세음보살보문품을 함께 할 수 있음을 감사드립니다.

관세음보살님은 제가 부처님을 알기 전에, 석가모니부처님을 알기 전에 먼저 알았던 것 같아요. 옛날에 시골에서 선친이 관세음보살 정근 기도를 굉장히 열심히 하셨어요. 어느 정도로 열심히 하셨냐면, 할아버지가 편찮으실 때, 그때만 해도 산골짜기니까 얼음을 깨서 세수를 하고 해가 떠오를 때까지 동쪽을 바라보고 관세음보살님을 염하시고, 그렇게 3년을 하신 걸로 제가 기억하고 있습니다. 그 다음부터 할아버지는 돌아가실 때까지 지병이 싹 없어지고 편안하게 사시다 돌아가셨습니다. 또한 저 역시도 이렇게 관세음보살님으로 인해서 출가하고, 부끄럽지만 오늘날까지 이렇게 승단에 몸을 담는 인연이 지어졌습니다. 제가 아주 어린 행자 때부터 관음기도를 열심히 하면서 관세음보살님을 친견하는 감사하고 고마운 일도 있었습니다. 그 자비하신 모습을 보며 "어머니! 세상 고통 받는 중생의 어머니"이신 줄 알게 되었습니다.

우리들이 클 때 보면 그렇잖아요. 형제들끼리 '왜 형과 동생은 많이 주고 나는 이렇게 조금 주나'라고 느낄 때 '엄마 맞나? 엄마 아닌 것 같은데'라는 생각이 들고, 아무래도 나를 주워 왔거나 저 엄마가 계모일 거라고 생각할 수 있잖아요. 나를 낳아준 어머니인데도 그런 생각을 한다는 거죠. 그랬다가 자라면서 '아! 우리 어머니였구나! 우리 어머니 맞으시구나! 어머니다!'라는 것을 알아가게 됩니다. 그렇듯이 천생 어머니라는 거예요.

저에게 관세음보살님은 천생 어머니입니다. 어머니는 당신 몸이 고단하고 힘들고 괴로워도, 심지어 몸이 아프셔서 두세 가지 어려움이 겹쳐 막 곤액困厄하게 계시더라도 자식이 오면 아프고 힘든 내색 안 하시며 자식을 위합니다. 옛날에는 치과가 없어서 그런지 어머니들이 치통을 참 많이 앓으셨어요. 저희 어머니만 해도 통통 부어 너무 편찮으시니까 누워 있다가도 학교 갔다가 와서 "엄마 왔어!"라고 이야기하면 "왔냐!" 하고 웃으시던 얼굴이 생각납니다. 내 몸은 괴롭고 힘들고 병들어 있어도 자식 앞에서는 그 찡그린 인상을 보이지 않기 위해서 그냥 말없이 엷은 미소로 "밥 먹어야지?" 하시며 아무리 고단해도 밥을 챙겨주시던 그런 어머니의 삶이었습니다. 그래서인지 저도 절에 오시는 분들에게 먼저 "밥은 먹었어요?" 이걸 묻습니다.

그와 같이 어떤 어려움이나 고통이나 괴로움에 빠지고 처해 있더라도 자식만큼은 제대로 키워 보려고 하는 그 어머니의 마음이 관세음보살님의 마음인 것입니다. 그래서 대성자모大聖慈母! 자비하신 어머니로 관세음보살님은 광대원만무애대비심廣大圓滿無碍大悲心으로 우리 모든 중생들을 보살피고 위로하고 고통을 떠안는 분이십니다. 우리가 힘들고 고통스럽고 참 답답하고 말 못할 고난의 뿌리가 있으면 관세음보살님 앞에 서 그냥 넋두리하고 하소연하고 그러면서 어머니를 대하듯이 그렇게 한번 기도해 보세요. 그러면 분명히 이루어집니다. 어떻게 이루어지느냐? 석가모니부처님께서 이렇게 말씀하셨습니다.

"선남자여, 만일 한량없는 백 천 만억 중생이 온갖 괴로움을 받을 적에 이 관세음보살의 이름을 듣고 일심으로 관세음보살의 이름을 일으키면 관세음보살이 곧 그 음성을 관찰하고 모든 괴로움에서 벗어나게 하느니라."

안 괴로운 사람이 어디 있어요? 부처님이 모든 것은 고통이고 그 원인은 집착이고 그 집착을 멸하는 건 공부라고 하셨듯이, 고통은 중생의 근본이라 사람마다 처한 환경은 다르더라도 그 가운데서 각각 괴로운 겁니다. 그래서 중생계예요. 그래서 이 세상은 불타는 집이고 고해중생입니다. 이 고통과 괴로움이 연속적으로 일어나는 고통의 바다에서 우리들이 의지할 분은 관세음보살님밖에 없다고 석가모니부처님이 말씀하십니다. 관세음보살님은 그와 같은 고통을 받고 괴로워하는 그 중생들을 능히 거기에서 건져냅니다. 어떻게? 큰 불이 나서 그 속에 있더라도 관세음보살을 일심칭명一心稱名하며 한 번이라도 관세음보살님을 찾는 자가 있다면 큰 불은 바로 연못으로 변한다고 하셨습니다. 관세음보살님은 또 큰 물에 떠내려가서 죽을 고비를 당했더라도 관세음보살을 일심으로 칭명하면 곧 얕은 대로 이르게 된다고 하셨습니다. 그러니 결론은 관세음보살님은 어렵고 고통 받고 괴로운 모든 중생계의 어머니이기 때문에 그걸 보시고 아시고 들으시고 거기에서 구해내시는 것입니다. 우리들은 그와 같은 진실된 어머니를 가장 깊이, 아이같이 순수하게 믿고 의지해야 합니다.

우리 육신의 어머니들은 아무리 세월이 지나도 시댁에 가면 시어머니 시아버지 앞에서는 어려워서 발도 한번 제대로 못 펴고 일하며, 명절 때에는 바리바리 좋은 것만 챙겨서 가져갑니다. 시댁 맘Mam은 어렵고 친정 맘Mam은 그리 편해서 친정가기를 바라잖아요. 친정 가서는 어떻게 해요? 마음 풀고 몸 풀고 돈 풀고 말 풀고 스트레스 풀고 속 시원히 위로받고 힐링하고 오죠. 친정어머니는 있는 거 없는 거 다 챙겨줍니다. 시댁 시어머니는 시집간 시누이 챙겨주고 친정어머니는 시집간 딸 챙겨주는 것이 똑같습니다. 시누이 챙기는 시어머니 마음을 친정어머니 마음으로 이해해야 합니다. 그러나 관세음보살님은 시어머니이자 친정어머니로, 며느리든 시누이든 함께 다 주십니다. 그리고 시아버지 친정아버지 역할도 하십니다.

관세음보살님은 나와 항상 함께 상주하고 있기 때문에 내 문제

해결을 위해 어떠한 모습으로든 나타나서서 도와주십니다. 나와 항상 함께 하고 있기 때문에 누구보다도 내 고통에 대해서 내 괴로움에 대해서 늘 아시고 보시고 계신다는 거죠. 그래서 우리가 힘들고 어렵고 소원을 이루고자 하면 관세음보살님만 지극하게 찾아도 관세음보살님은 그 즉시 소리보다 빠르고 빛보다 빠르게 나타나십니다. 빛처럼 음성을 알아듣고 보시고 바로 거기에서 고통과 괴로움에서 중생을 구제해 준다고 그랬거든요.

지금 우리가 공부하는 법화경 관세음보살보문품에서 관세음보살님을 믿고 의지하면 칠난七難을 면하고 삼독三毒을 없애고 이구二求를 이룬다고 하였습니다. 입으로 관세음보살을 지성껏 부르면 설사 큰 불에 들지라도 불이 능히 태우지 못하며(火難), 큰 물에 빠질지라도 죽는 일이 없으며(水難), 바다에서 검은 바람을 만나 죽음에 임박했더라도 벗어날 것이며(風難), 죽음의 칼이 목전에 다다랐을지라도 그 칼이 저절로 부러지며(劍難), 나찰 등 아무리 사나운 마귀라 할지라도 해를 끼치지 못하며(鬼難), 죄가 있거나 죄가 없거나 감옥의 고통을 맞게 되더라도 자유로워지며(獄難), 원수나 도적도 스스로 사라지는(賊難) 등 일곱 가지 재앙(七難)을 면한다고 말씀하셨습니다. 또 탐貪·진瞋·치痴 삼독을 없애고, 아들을 원하면 아들을 주고 딸을 원하면 딸을 준다고 명확히 하셨습니다.

지금 세대는 결혼을 피하고 혼자 살기를 원한다고 합니다. 그러다보니 혼기들이 늦어 결혼을 해도 아기가 안 생긴다고 합니다. 아기 안 생기는 부부들 걱정 말고 관세음보살님께 간절히 기도하세요. 좋은 자식 주시는 건 물론이고 아들 딸 원하는 대로 주신다고 경전에 나오는 부처님 말씀이니 확실합니다. 그리고 결혼이 늦어 노산으로 힘든 임산부들도 꼭 관세음보살님을 염하세요. "관세음보살……" 정성으로 태아와 남편과 일가친척과 모든 중생을 위해 기도하세요. 그렇게 엄마 뱃속에서 관세음보살님 명호로 태교한 아기는 분명히 큰 인물이 됩니다.

우리들이 그와 같은 생각을 가지고 관세음보살을 지극하게 믿고 의지해서 이루고자 하는 일들이 이루어지는 것은 관세음보살님의 위신력이 이 사바현장 그 어디나 미치기 때문입니다. 우리가 살고 있는 이 세상에는 관세음보살님만큼 위신력이 큰 어머니가 안 계십니다. 우리가 명심하고 믿고 의지해야 합니다.

옛날에 우리 아버지 세대가 군대를 가면, 그때만 해도 전쟁이 한창 나고 했을 때니까 집에서 어머니가 계속 장독 위에 정화수를 떠놓고 관세음보살님께 남편의 무사귀환을 빌었답니다. 당시 유행하던 노래 '전선야곡'의 가사를 보아도 정화수 떠다 놓고 빌던 어머니의 모습이 나옵니다. 관세음보살님께 늘 기도한 공덕으로, 전쟁통에 군대 가면 다 죽어서 올 확률이 높을 때였지만, 그 아들은 죽었어도 몇 번 죽었을 지경을 당했지만 한쪽 다리만 잃고 살아왔다고 합니다. 또 어느 분은 전투에 밀려서 포위가 되자 도망을 가는데, 정신없이 도망을 가다가 배낭에 총을 맞았는데 어찌된 연유인지 총알이 배낭을 통과하지 못해서 살아 왔다는 얘기도 있습니다. 6.25전쟁 때 그래저래 관세음보살님 은덕으로 살아난 그런 분들이 참 많습니다.

우리 중생은 태어나 첫 돌잡이부터 시작해 정년퇴직할 때까지 끊임없이 선택하고 분별하며, 날마다 치열하게 살아야 합니다. 지금 우리가 지나온 날들을 떠올려보면, 참 운 좋게 살아 왔다는 걸 알 수 있습니다. 수많은 재해와 교통사고 등등에서 살아남았고, 수많은 병에 걸렸었지만 죽지는 않았다는 걸 알게 될 겁니다. 내 운이 좋아서라는 어리석은 교만도 있지만, 부처님을 믿고 의지하는 불자들은 그 모든 게 부처님 말씀처럼 관세음보살님이 돌보아주신 은덕임을 알아야 합니다. 항상 알게 모르게 우리 모두를 세세히 치밀하게 돌보시는 관세음보살님의 천수천안千手天眼 가피력으로 살았음을 알아야 합니다.

우리 불자들 중에는 말로만 불자들이 많습니다. 대한민국 종교인구 중에 제일 많은 숫자 천백만 명이 불자라는데, 그 인구가 진실로 부처님 제자라면 대한민국이 이 꼴이 되지는 않았을 것입니다. 안 그렇습니까? 남 탓할 것 없습니다. 부처님은, 관세음보살님은 다른 사람이나 모든 중생을 위한 기도는 기뻐하셔도 자기 성공하고 돈 많이 벌고 자식들 출세하게 해 달라는 기도는 안 들어 주십니다. 보리심이 없는 성공과 돈 출세는 당사자에게 재앙이기 때문에 들어 주시지 않습니다. 왜 재앙인지 요즘 보면 알 수 있습니다. 관피아가 생기고 철피아가 생기고 정피아가 생기고, 요즘은 전부 피아들 시대가 되어가지고, 알고 보면 뭐에요? 그냥 갱단 같은 시대다, 이 말입니다. 출세하고 권력도 있는 인간들이 사리사욕을 위해 제 배를 채우잖아요.

자비심과 보리심 없는, 부처님과 관세음보살님이 빠진 인생들에게 권력, 돈, 출세는 결국 그들에게 재앙이며 동시에 우리 중생들에게 재앙입니다. 뱀이 물을 먹으면 독이듯, 그들에게 세상의 성공은 세상 망치는 일입니다. 정부부터 그러니, 그것 참 정부를 믿어야 하고 군을 믿어야 하고 공공기관을 믿고 의지하여야 되는데, 그게 철피아가 되고 관피아가 되고 정피아가 되어 갱들처럼 자기 욕심으로 칼자루를 휘두르니 어떻게 믿습니까. 이래서 부처님과 관세음보살님을 찾고 의지하는 그 마음속에 우리들이 보리심을 내고 자비심을 내어야 하며, 그럴 때에야 이루고자 하는 일들이 다 이루어지는 그 법칙을 명심해야 합니다.

관세음보살보문품을 보면 관세음보살님은 33응신으로 나투신다고 나옵니다. 관세음보살님은 소원을 들어줄 때 어떻게 들어주느냐 하면, 여자로, 남자로, 아주머니로, 할머니로, 범천왕으로, 용, 천신, 야차, 필요하다면 장군이나 일등병으로 딱 맞춰 들어주십니다. 이렇게 관세음보살님은 서른세 분, 33응신 중생 구제자의 역할로 모든 중생을 골고루 이롭게 하시는 분이십니다.

앞서 얘기했듯 관세음보살님은 일곱 가지 곤란한 지경에서 구원하시고 삼독을 없앤다고 하셨습니다. 삼독은 탐진치입니다. 제가 거듭 이야기하는 것은, 그 삼독을 없애기가 죽기보다 어렵기에 그럽니다. 우리 중생 사바세계가 불타는 것이 이 탐진치 삼독 때문이니 얼마나 지독하겠습니까. 탐심이라는 건 뭐예요? 내가 가지고 있지 않은 것을 탐해서 분노를 터트리며 그냥 뺏어서라도 가지려고 하는 어리석은 그 마음입니다. 진심이라는 것은 가지고 싶은 걸 갖지 못했을 때나 자기 자존심이 상했을 때 일어나는 어리석은 분노를 말합니다. 어리석은 치심이란 자기 것이 아닌 걸 탐내고 또 가질 수 없으면 화를 내는 마음입니다. 이게 삼독인데 탐심, 진심, 치심, 이놈들은 한꺼번에 움직여 정말로 골치 덩어리입니다. 우리 중생들은 이걸 벗어 던지기가 그렇게 어렵고 힘들다는 거죠. 예를 들어, 좀 좋은 것 있으면 '저것 좀 나 안 주는가 싶어가지고 그냥 친정이든 시집이든 어쨌든 그거 받아야 된다고 줄 때까지 들락거리고 결국 주도록 만들어 받아내면 그때부터 시집 친정 담쌓고 사는 사람들도 많다는 말이에요. 그 탐심으로 가진 재물은, 오래가지 못합니다. 결국은 탐내고 화내고 어리석은 삼독을 가졌기 때문에 뜬 구름과 같이 흩어지고 물거품같이 그냥 깨어져 버리고 마는 것입니다.

이 한평생 70, 80년을 사는 동안에 가만 보면 사소한 것에 목숨거는 일이 너무 많습니다. 말 한마디에 상처받아 속상해하고 힘들어하고 그냥 뒤집어져 다시는 안 본다고 합니다. 옳은 말 한마디를 하면 자존심 상했다고 그냥 밤새워 고민하고 힘들어하고 괴로워하고, 거기에서 자기 합리화를 찾고 그렇지 못하면 사람 만나기도 싫어하고 그냥 우울증이 와서 생난리를 피웁니다. 이게 알고 보면 어리석어서 그런 겁니다. 우리가 흐르는 물을 막는다고 해서 흐르지 않던가요? 모든 상황은 변하고 흘러갑니다. 그건 곧 흘러가는 것이거든요. 우리들 스스로를 보면 말로서 사람을 죽이고, 말로서 사람을 살리는 일들이 얼마나 많습니까. 그 말 한마디, 말 한마디를 가지고 화내고 어리석어서 결국은 나도 망치고 남도 망치는 일들이 너무나 많습니다. 때문에 삼독심은 내 마음 가운데서 가장 버려야 될 것인데도 그걸 버리지 못하고 한평생 살아가면서 덕지덕지 상처 받고 상처 주며 살아가는 꼴입니다.

그럼 어떻게 할 것이냐? 이럴 때 지극하게 관세음보살님한테 의지해야 합니다. 이 삼독심을 버리려고 할 때, 내가 너무 욕심이 많고 미운 사람이 많아 화가 많이 나며 '이거는 아닌데'라는 생각이 들 때에 지극하게 관세음보살님을 찾고 관세음보살님을 의지해서 기도를 하면 그런 마음이 싹 없어진다는 거죠. 그 다음 요즘 같은 경우에, 특히 이제는 아들 딸 한두 명 낳고 마니까, 아들자식 하나 낳고 싶은데 뜻대로 안 된단 말이에요. 그럴 때 관세음보살을 찾는 거예요. 아들을 달라고 하면 아들을 주고 딸을 달라면 딸을 준다고 했어요. 지극하게 내가 관세음보살을 찾으면, 이렇게 해서 자자손손에 복력이 미치도록 하는 그런 보살님이 또 관세음보살님이십니다. 아픈 사람이 있으면 아픈 사람을 낫게 해주고, 33응신으로 도우니 관세음보살 이름만 지녀도 그 복덕이 말도 못하게 큽니다.

우리들 스스로 복력을 가만히 생각해 보세요. 내 복이 과연 어디에 들었고, 내가 이 세상 살면서 내가 무슨 복으로 사나? 아무리 내 복이 많다고 해도, 알고 보면 그 복은 용렬하고 치졸하고 조그마한 것 가지고 목숨 걸고 싸워가면서 사는 복입니다. 그래서 금방 물거품처럼 꺼져 버리고 그림자놀음 하듯이 그냥 없어져 버리고 이렇게 되고 또다시 그것 때문에 괴로워하고 힘들어하면서 또 만들어 가는 시대를 우리는 살아갑니다. 우리가 한평생을 살면서 마음으로 열두 담을 넘는다고 그러잖아요. 인생 한 고비 넘어가고 나니까 또 한 고비가 생기고, 이제 밥 좀 먹고 살만하면 엉뚱한 일이 생겨 가지고 그냥 또 나자빠지고, 이렇듯 피 흘리며 이 악물고 고통 속에서 살아가야만 하는 이게 불쌍한 우리 중생의 삶입니다. 오죽하면 죽는 거보다 사는 게 힘들다 하겠습니까.

이 고통을 가지고 관세음보살님 앞에 가서 지극히 의지하는 거예요. 그러면 세상을 꿰뚫어보는 지혜, 예지력叡智力이 생깁니다. 관세음보살님 덕으로 현명해지면 어리석지 않으니 마음 편하게 욕심 안 부리고 화 안 내며 평안하게 살 수 있습니다. 이래서 관세음보살을 지극하게 믿으면 탐진치 삼독을 없앨 수 있다는 겁니다. 관세음보살 이름만 지녀도 그 복덕이 무한 복력이 되어서 돌아오게 되어 있다는 거예요. 그러니 우리에게 "믿음이 이와 같이 있느냐? 의심하지 말고 믿어라!" 경전마다 그렇게 나와 있는 것입니다. 의심하지 말고 믿고 의지한 채로 그냥 의지해 버려라! 그 다음에는 맡겨 버리는 거예요. 거기에 지극하게 귀의해서 그냥 부처님과 관세음보살님이 알아서 하시라고 하는 겁니다. 다른 도리 없이 이게 가장 크고 빠른 공부 방법입니다.

관세음보살님의 방편인 천수경에 보면 백겁적집죄 일념돈탕제 여화분고초 멸진무유여(百劫積集罪 一念頓蕩除 如火焚枯草 滅盡無有餘)라는 말이 있는데, 뜻은 이렇습니다. "백겁 동안이나 쌓인 나의 모든 죄업을 한 생각으로 제거해 주십시오. 산더미처럼 많은 마른 풀이라도 불을 붙이면 일시에 타버리듯이 제 죄를 다 흔적 없이 소멸되게 해 주십시오." 세세생생 쌓아 온 내 모든 죄업을 관세음보살님께 간절히 참회하고 지극히 매달림으로서 그 죄업이 일순간 다 소멸이 되는 것입니다. 얼마나 감사하고 고맙고 가슴 저리는 말씀입니까. 이런 분을 믿고 의지하라고 석가모님부처님께서 법화경에서 말씀하시는 것입니다.

우리가 온 정성으로 지극하게 관세음보살을 찾으면 내 옆에 33 응신應身 중 한 분이 현신보살로 나타나셔서 우리를 돕는 것이 관세음보살님 법칙으로, 한 점도 틀리지 않는 고귀함입니다. 현신보살은 내 옆에 친구같이 있다가 나를 보더니 "네가 그렇게 힘든 줄 몰랐다. 이걸로 가지고 해봐라!"하면서 도움을 줍니다. 이게 현신보살의 현전가피現前加被입니다. 또한 어려운 문제의 답을 꿈속에서 어디로 가서 어떻게 하면 된다고 알게 되기도 하는데 그것을 몽훈가피夢訓加被라고 합니다. 그 다음에 명훈가피冥勳加被라는 것은 가랑비에 옷이 젖는 줄 모르게 그냥 다 젖듯이 순간순간 관세음보살님을 내가 지극히 찾다보니까 관세음보살님의 위신력으로 모든 것이 원만 구족해지는 그런 것을 맛볼 수 있다는 거예요. 이래서 관세음보살은 대성자모大聖慈母 어머니입니다. 모든 중생들의 의지처가 되고 귀의처가 되고 어머니와 같은 분이기 때문에 관세음보살을 의지한다면 절대 허망한 일이 없는 것입니다.

무진의보살이 부처님께 물었습니다. "관세음보살은 어떠한 인연으로서 관세음보살이라 부르십니까?" 그러자 부처님께서 무진의보살에게 대답하셨습니다. "그대는 관세음보살의 행을 들어라. 어느 곳이든지 알맞게 잘 응하느니라. 크나큰 서원은 바다같이 깊어 헤아릴 수가 없는 여러 겁 동안을 여러 천억 부처님을 모셔 받들며 청정한 큰 서원을 세웠느니라. 내가 이제 그대에게 간략하게 말하리라. 그의 이름을 듣거나 몸을 보거나 마음에 생각하여 소중히 간직하면 모든 세상의 괴로움을 능히 소멸하리라. 가령 어떤 사람이 해치려는 생각을 품고 불구덩이에 밀어서 떨어뜨려도 관세음보살을 생각하는 거룩한 힘으로 불구덩이는 연못으로 변하게 되고, 혹 큰 바다에 빠져 떠내려가서 용과 고기와 귀신의 난을 만나더라도 관세음보살을 생각하는 거룩한 힘으로 파도가 빠뜨리지 못하게 되며, 혹 수미산 봉우리에 서 있을 적에 어떤 이가 밀어서 떨어뜨려도 관세음보살을 생각하는 거룩한 힘으로 해와 같이 허공에 떠 있게 되리라. 혹 흉악한 사람에게 쫓겨 가다가 금강산에서 떨어져서 굴러 내려도 관세음보살을 생각하는 거룩한 힘으로 털끝 하나도 손상치 못하게 되리라."

이렇게 석가모니부처님께서 확인해 주시는 것처럼, 그 명호를 부르면 일곱 가지 어려움에서 구해주고, 중생을 위해서는 작은 촛불까지 꺼지지 않게 세심하게 보살피는 분이 바로 관세음보살님입니다. 우리가 이 사실을 진실로 100퍼센트 믿는 마음이 있어야 됩니다. 그래야 부처님과 관세음보살님의 가피로 삶을 제대로 살게 됩니다.

앞서 말했듯이 삼매에 들었을 때는 다쳐도 다친 줄을 모릅니다. 우리들도 몰입하면 시간 가는 줄 모르잖아요. 그래서 이와 같이 관세음보살님도, 내가 관세음보살님을 생각하는 마음에 몰입하여 집중적으로 그 속에 푹 들어가 있을 때는 금강산에서 떨어져도 털끝 하나 다치지 않고, 또 그 다음에 내가 나쁜 일이 있어서 어떤 사람이 나를 해치려 하더라도 내가 관세음보살을 생각하는 그 지극함 때문에 어느 사람이라도 나를 해코지할 수 없다는 것입니다. 또한 원수나 도적에게 둘러싸여서 제각기 칼을 들고 해치려 하더라도 관세음보살을 생각하는 거룩한 힘으로 모두가 자비한 마음을 내게 되며, 혹 억울하게 사형을 집행 당하여 죽게 되어도 관세음보살을 생각하는 거룩한 힘으로 칼날이 조각조각 부서지리라고 하셨습니다.

관세음보살님의 덕은 헤아릴 수 없지만 제가 재미난 일을 겪기도 했었습니다. 옛날에 통금이 있었잖아요? 통금이 있어서 새벽녘에 일찍 움직이다 보면 경찰들에게 잡혀 파출소에 끌려가게 되는데, 관세음보살님을 열심히 외우고 지극히 찾다보니 문을 열어놓고 경찰들이 나가고 없어서 그 길로 나와서 절에 오고 그랬던 일도 있었습니다. 그러니 제대로만 관세음보살에게 의지하면, 지극하고 오롯하고 꾸밈 없이 믿는 마음을 내고 실천하면, 꿈이 이루어지고 소원을 성취할 수 있습니다. 이걸 안 하니까 늘 괴로운 거거든요.

이렇게 믿고 의지하지 않고, 늘 내 작은 머리로 생각하고 나 혼자서 생각하고 나 혼자서 고민하고 내가 해결하려니까 맨날 죽는 소리 해야 되고 힘든 소리 해야 되는 겁니다. 또 거기다가 가까운 이가 어려워져 찾아오면 돈 있는 거 들킬까봐 그냥 '없다다' 하고 거짓말하고 살아야 되니 그것 참 치사하게 사는 거예요. 우리는 이 치사함을 당당하게 바꿔주어야 합니다. 어디 가서도 당당하고, 모든 것을 품을 수 있고 안을 수 있는 우리들이 되어야 관세음보살님이 우리를 돕고 우리가 관세음보살님의 현신보살로 역할을 할 수가 있는 것입니다.

그렇게 하려면 우리 스스로 모든 것을 놓아 버려야 편안해집니다. 있는 대로 받아들이는 거예요. 원망하거나 억지로 버리려고 생각하는 게 아니라 있는 그대로 '내 업력이구나!' 생각하고 받아들이는 거예요. 인정해 주는 거예요. 거기서부터 시작해야 되는 겁니다. 내 신랑이 조금 못났습니까? 거기서부터 시작하면 돼요. 내 아들딸이 조금 못나고 공부를 안 합니까? 거기서부터 시작하는 겁니다. 거기서부터 믿음이 시작되어서 자식들에게는 감탄해주고 찬탄해주고 아주 지극하게 기도해주면서, 이렇게 하다 보면 바뀌게 되어 있습니다. 있는 모든 것을 그냥 수긍하고 인정하고 받아들여 거기서부터 시작하면 되거든요. 못났으면 못난 대로 받아들이면 되고, 잘났으면 잘난 대로 받아들이고, 그 다음에 나보다 나으면 나은 대로 받아들이고, 백수면 백수인 대로 받아들이고, 일꾼이면 일꾼 대로 받아들이고, 이렇게 하면서 거기서부터 시작하는 것입니다. 내 마음이 받아들이고 인정하는 거기서부터 시작이 되는 겁니다.

내 남편을 인정하고 자식을 인정하고 부모를 인정하고, 인정하면서부터 후회할 일을 하지 않게 됩니다. 있는 대로 인정하면 후회할 일 안 만든단 거죠. 잘났으면 잘난 대로 못났으면 못난 대로, 내가 거기서부터 인정하고 들어가면 그때부터 사람살이가 밝아지기 시작합니다. 못 났어도 못났다 소리 하면 안 되잖아요? 상대를 있는 대로 받아들이고 인정하고 안아주고 보듬어주고, 내 남편이 못났으면 못난 대로, 셈이 좀 어두우면 내가 셈 잘하면 될 것 아닙니까. 그렇게 같이 어울려 사는 거잖아요. 바깥사람들이 어쩌니 저쩌니 해도 신경 쓰지 말고 가족끼리 화목하면 됩니다. 우리 아들 공부 못한다고 흠 잡는 사람들이 우리 아들 데려다 공부시킬 거 아니잖아요. 그냥 대범하게 관세음보살님이 다 해결해 주신다고 개인 기도도 하고, 더불어 모든 사람들이 행복하기를 위한 자비희사慈悲

喜捨 사무량심 기도도 열심히 하면 되는 겁니다. 이렇게 우리들 자신의 인생과 삶을 인정하고 받아들이고 수긍하고, 거기서부터 기도하고 믿고 의지하고, 그렇게 관세음보살님을 찬탄하고 공경하고 예배하세요.

이렇게 법화경을 공부하고 기도하고 수지 독송하는 이 가운데에도 관세음보살님은 우주법계에 충만해서 우리와 늘 상주하고 계시는 걸 믿고 확신해야 합니다. 관세음보살님은 나를 늘 보고 알고 계시기 때문에 내가 어떻다는 걸 나보다도 먼저 알고 계십니다. 그래서 이 불쌍한 자식이 어떤 조각보를 받아서 어떤 형태로 인생을 만들어 가는지 잘 알고 계십니다. 때문에 고통과 괴로움이 연속적으로 일어날 때 우리들 스스로 관세음보살님에게 의지해야만 이 삶의 조각보가 허망하지 않습니다.

세상살이는 누구에게나 공평하게 24시간으로 주어져 있습니다. 주어져 있는 이 24시간을 얼마만큼 기도하고 얼마만큼 실천하고 노력하느냐에 따라서 결국 삶이 달라집니다. 믿음이 제일입니다. 우리가 믿고 꿈꾸고 노력하고 이루려고 할 때는 이루어지지만, 믿음이 없는 자에게는 늘 앙꼬 없는 찐빵이 되어서 살아가는 것이 고단하고 힘든 일입니다. 내 머리로만 살아야 된다는 거죠. 내 머리가 진짜 잘 돌아가고 내 머리가 정말 지혜롭고 명철하다고 믿는 사람들은 어리석은 교만에 빠져 자신들의 삶이 영원한 듯이 머리 굴리며 삽니다. 이렇게 머리만 좋고 가슴이 차가운 사람들은 절대 믿음을 가질 수 없습니다. 그러나 우리들은 그런 삶을 위해서도 자비의 기도를 해야 합니다. 그들도 우리와 같은 중생이기 때문입니다.

관세음보살님은 항상 대성자모大聖慈母 보문시현普門示現이라 하였습니다. 대자대비하신 어머니는 우리들 형편과 근기에 따라 현신하여 법문을 하시고 이끄신다는 말씀입니다. 넓은 문으로 크게 응하신다는 말처럼, 어떻게든 관세음보살님을 염송하고 믿고 의지하면 도와주시고 이끌어 주십니다. 마음 문을 활짝 열어놓고 우리들을 받아들이기 때문에 언제든지 여러분들이나 내가 관세음보살을 찾게 되면 절대 막지 않습니다. 다 받아줍니다. 그것도 어떤 문으로? 넓은 마음 문입니다. 그래서 보문시현입니다. 중생의 괴로움과 힘듦과 중생의 잘못 됨을 다 아시고 보시고 그걸 해결해 주시는 분이 관세음보살님이십니다.

우리들도 어렸을 때 잘못 하면 아버지는 "그냥 쫓아내 버려" 해도 어머니는 부엌 쪽으로 가서 들어오라고 하시잖아요. 아버지는 엄하지만 어머니는 자애로운 분이십니다. 그러니까 아버지 앞에서는 그러지 못하는데, 어머니 앞에는 좀 떳떳하지 못해도 자애롭고 보듬어주고 안아주는 분이니까 속사정을 말하고 그 품에 안겨 흐느껴 울 수 있는 거 아닙니까. 어머니 앞에서는 여러분들이 하고 싶은 말을 하듯이 절에 와서도 관세음보살님이 계시면 그와 같이 하소연을 다 하면 됩니다.

그와 같이 기도하고 의지하고 관세음보살을 찾는다면 관세음보살은 응당 이익을 얻게 해준다는 거예요. 응당 여러분들이 찾고자, 구하고자 애쓰는 그것을 다 구하도록 해주고 찾게 해주고 애쓴 만큼 거두게 해주는 분이 관세음보살님이라는 거죠. 옛날부터 우리나라는 석가모니부처님 명호보다 "관세음보살" 소리를 참 많이 했잖아요. 다 아시는 바와 같이 관세음보살님은 어머니세요. 그 어머니는 나를 아시고 보시고 들으시고 인정해 주며, 내가 믿은 대로 꿈꾼 대로, 실천하고 노력한 대로 거둘 수 있도록 도움을 주시는 분입니다.

관세음보살님은 빛의 속도로 우리들이 고통스러워하고 괴로워하고 힘들어하는 것을 늘 세세하고 미세한 부분까지 살피십니다. 지극한 믿음만 있다면 관세음보살의 가피를 누구든지 입을 수 있습니다. 거기에 의지해서 우리들의 삶이, 이 세상 죽는 날까지 관세음보살의 가피력으로 잘 살다가 나중엔 관세음보살님 손잡고 아미타부처님의 서방정토 극락세계로 그냥 갈 수 있습니다. 믿어 의심치 마십시오. 그 밑천이 관세음보살님이라는 어머니에게 귀의하는 것입니다.

자식들이 천하 없는 죄를 지었거나 잘못되었다 하더라도 가슴으로 보듬는 것이 어머니의 마음입니다. 그와 같은 어머니가 바로 이 관세음보살님이고, 특히 보문이라, 넓은 문으로서 시현하시고, 모든 중생들을 아우르는 그 힘의 위신력이 이루 말할 수 없는 분이 바로 관세음보살님입니다. 그래서 우리가 관세음보살을 지극히 믿고 의지하고 기도하면 우리들의 소원은 성취될 것입니다. 더불어 우리가 관세음보살님의 현신으로서의 역할을 다하여, 중생을 구제하기 위해서 밤낮으로 시현하시는 관세음보살님을 도와야 합니다. 관세음보살님을 지극히 믿고 의지하면 절대 허망한 일이 없습니다. 관세음보살님과 함께하는 우리들 인생살이의 삶이 발전하고 번창하리라는 것을 확신을 가지고 말할 수 있습니다.

합장하겠습니다.

관세음보살보문품으로 이렇게 함께 기도하게 된 저희들에게, 관세음보살님의 자비와 희사하는 보리심菩提心, 그 마음이 저희에게도 항상 더 충만해지기를 발원합니다. 남과 나를 구분 짓지 않는 자재한 마음으로 늘 관세음보살님을 닮는 그런 진실한 불자가 되기를 서원하는 바입니다.

나무 관세음보살 나무 관세음보살 나무대자대비 관세음보살

23

불법을 수호하는 다라니 신장이 되어

|

다라니품, 묘장엄왕본사품

|

제26 다라니품은 법화경을 독송한 공덕이 얼마나 크냐고 약왕보살님이 부처님께 물음으로써 시작합니다. 그 질문에 부처님께서 "평생에 만일 선남자 선여인이 백천만억 나유타 항하사 부처님들에게 공양하였다면 어떻게 생각하느냐? 그의 얻은 복덕이 얼마나 많다고 하겠는가? 말할 수 없이 많다"고 했어요. 그리고 나서 부처님은 "이 법화경을 독송하고 수지하고 서사하고 그 다음에 많은 사람에게 권선하고 유포하는 것은 그 공덕에 비할 바가 아니다. 엄청난 공덕이 있다"고 말씀하셨습니다. 그 말씀을 듣고 약왕보살님이 서원을 합니다. "그러면 부처님 좋습니다. 이 법화경을 수지하고 독송하고 서사하고 그 다음에 공경 공양하고 찬탄하고 예배하고 이런 법사나 이런 법화행자가 있다면 다라니를 외워서 그들을 철저하게

보호하겠습니다."

약왕보살님이 다라니로 법화행자들을 보호하는 서원을 하자 용시보살님도 다라니 주문으로 법화행자의 보호를 서원하고, 그 다음에 비사문천왕도 다라니로 역시 그렇게 보호하겠다고 서원하였습니다. 그 뒤를 이어 지국천왕과 열 명의 나찰녀들도 부처님 앞에서 일일이 서원했어요. 이렇게 이 경을 보호하고, 이 경을 수호하고, 법화경을 설하는 법사를 보호해서, 말세 중생을 구제하는 데 이경이 제일이라는 것을 제대로 나타내 보이겠다는 그런 말씀과 서원과 다라니를 끝없이 하셨습니다. 이렇게 부처님을 외호하는 모든 보살이나 신장들의 보호 내지 외호가 바로 이 법화경으로부터 일어나기 시작했습니다.

그 외에도 수많은 보이지 않는 허공계 신들이 다 다라니 주문으로 법화경을 수지하고 독송하고 서사하는 일체의 법화행자들을 위해서 마구니나 귀신이나 여러 가지 고액이 들려고 할 때는 철저하게 막고, 아예 얼씬도 못하게 이렇게 만들어 가겠다고 서원을 세웁니다. 이렇게 다라니품은 불법의 정수인 법화경과 법화행자를 보호하고 모든 난관과 장애를 없애주니 우리 중생은 믿고 의지하여 마음 편히 법화경과 함께 하라는 복된 소식입니다.

부처님 제자로서 우리가 신장들의 보호 받는 것을 누리기만 하면 안 됩니다. 우리도 부처님 법과 법화경을 보호하고 수호하는 신장 역할을 함께 해야 합니다. 그렇다면 우리는 과연 지금 불자로서 초하루나 보름, 지장재일이나 관음재일 날 절에 가서 어떤 일을 합니까?

우리 불자님들을 가만히 보면, 부처님을 보호하고 부처님을 외호하고 아주 공경하고 찬탄하고 공양하고 예경하는 그런 진중하고 굳센 모습들이 별로 없습니다. 수다나 떨고 마치 친목모임에 온 듯 호호 깔깔 소리가 온 절에 가득한데, 부처님 법문을 저리 좋아하는가 하고 가만 들어보면 전부 세상 이야기입니다. 세 살 버릇은 어디까지 가요? 여든까지 간다고 그러잖아요. 우리는 가정에서부터 부처님 법을 보호하고 수호하는 신장 역할을 해서 남편이나 자식들이 법을 귀한 것으로 알게 해야 합니다.

집에서 잘하면 절이나 세상에서도 부처님 법을 보호하고 수호하는 데 흔들림이 없어 신장 역할을 하는 것입니다. 그러지 못하면 절에 와 부처님께 꾸벅 절 한 번 하고 아는 체 잘난 체는 혼자 다 하는, 참 기가 찬 모습들을 보입니다. 천 날 만 날 절에 오고 부처님께 절해도, 우리가 마음이 없고 소중하지 않으면 지척도 천 리입니다. 마음이 없으면 옆집에 누가 사는지, 죽었는지 살았는지도 모르잖아요. 마음에 있으면 어떻게 해요? 마음에 있으면 천 리도 지척보다 더 가깝습니다. 마음이 없으니까 내 일이 바쁘고, 내 입장 내 주장을 먼저 하다 보니까 지척이 천 리 만 리가 되는 겁니다.

내가 진실로 법화행자로 살고 싶고 법화행자를 원하고 법화경을 수지 독송하고 부처님을 공경하고 찬탄하고 예배할 것 같으면 천 릿길도 한걸음이라고, 부처님 찾아뵙는 데 핑계가 있다는 것은 대부분 핑계를 만드는 것입니다. 시간 날 때마다 아니면 어떻게든지 시간을 만들어 부처님 뵙고 싶은 마음에 그냥 달려갈 줄 아는 그게 진짜배기 불자입니다. 어느 경전이든지 마지막 부분은 보현행원^普

賢行願입니다. 법화경에도 마지막이 보현보살권발품이에요. 그만큼 실천이 중요하고 행동이 중요한 겁니다.

집안에서부터 가족을 보호할 줄 알고 남편을 보호할 줄 알고 시집을 친정을 자식을 주위를 보호할 줄 알고 위할 줄 알던 사람들은 절에 와서도 부처님을 잘 위하고 승단을 잘 위하고 도반들끼리도 말없이 실천합니다. 청소할 일 하나 있어도 자기가 먼저 청소해요. 솔선수범하여 보호하는 게 이미 습관과 버릇이 들었기 때문에 그냥 행동하는 것입니다. 쉬운 거란 말이에요. 습관과 버릇이 안 들어 있으니까 뭐가 안 돼요? 쓰레기를 보고도 그냥 지나가고 발길에 걸레가 차이면 발로 쓱 밀어놓고 그냥 갑니다. 자기 갈 길만 간다 이거에요. 그러니 집안에서 어떻게 사는가를 단단히 들여다보라는 거예요. 가족을 진실로 보호하고 위로하고 남편 위주로 내가 돕는 사람으로서 살아가고 있는지, 아니면 내 주장만 하고 행동은 제멋대로이지는 않는지 생각해 보라는 거죠.

혹 남의 잘못이나 약점, 단점은 귀신같이 잘 보고 그걸 가지고 헐뜯고 남 흉보는 것을 즐겨하지 않습니까? 이것은 복을 감하는 짓이에요. 정말 복이 있으려면 이런 짓은 안 해야 합니다. 복은 어디서 오는가? 남의 약점이나 단점이나 허물을 보는 게 아니라 그 사람의 장점을 찾고 그 사람의 좋은 점을 찾아서 그걸 칭찬할 줄 알고, 허물이나 단점을 감싸 안을 줄 아는 사람이 복을 짓는 사람입니다.

우리는 죽자고 우락부락하게 생긴 달마대사님 얼굴을 안방에도 걸어놓고 자면서도 쳐다보고, 달마대사가 복을 준다, 운을 준다, 집안에 평화를 준다고 하니까 거실에도 걸어놓고, 수맥을 막아준다니까 머리에 베고도 잡니다. 왜 그렇게 합니까? 내가 나아졌으면, 좋아졌으면, 발전했으면, 아픈 데 없었으면, 건강했으면, 다 이렇게 바라는 마음 아닙니까? 걸고 깔고 하는 달마대사님 역할이 무엇이냐 하면, 집안을 수호하는 신장이거든요. 자기 가족을 보호하고 수호하려는 그 마음이 나쁜 것은 아니지만, 이런 것은 하열한 것입니다. 내 스스로 부처님 법을 보호하고 수호하는 신장으로 가정을 보듬어야 합니다.

결론은 뭐냐 하면, 부처님은 참 공평합니다. 내 그릇에, 지금 딱 사는 이 그릇에 맞게 줄 수밖에 없습니다. 더 많은 걸 받으려면 당연히 그릇을 키워야 합니다. 작은 그릇에 넘쳐버리면 결국 사람 구실도 못하게 되므로, 거기에 맞도록 주고 부족하도록 주어지는 것입니다. 작은 그릇을 크게 하는 방법은 두들겨서 늘리는 것입니다. 무엇으로 두들겨야 하느냐면, 큰 그릇이려면 큰 마음이 있어야 하니 내가 부처님 법을 보호하고 수호하겠다고 서원하고, 모든 중생들의 행복을 위해 살겠다고 보리심을 증장하여 보살도를 행하는 대승불법으로 그릇을 늘려야 합니다. 그릇을 늘릴 생각은 안 하고 자기 생존을 위해 오로지 채우려고만 허둥거리는 겁니다. 죽을 판 살 판 그것을 이루면, 또 다른 목표가 생깁니다. 그러다 보면 청춘은 가고, 북망산천이 가까워지면 눈물 흘리고 후회하는 것입니다.

사람은 서른 살을 먹었으면 30을 먹은 만큼, 가족이 있으면 가족이 있는 만큼, 권속이 있으면 권속이 있는 만큼, 내 가족의 신장이 되고 보호를 해주며, 앉으나 서나 가족을 위하고 가정을 위하고 사회를 위하고 직장을 위하여 최선을 다하고 열심히 살아야 합니다.

그런 모습으로 비춰져서 많은 사람에게 칭송받는 사람인지, 아니면 내 한 가족도 책임을 못 지고 엉뚱한 짓 하면서 그냥 불타는 세상살이 장난감 놀이에 빠져 사는지 잘 알아야 합니다.

그래서 우리들 스스로가 실상을 회복하려면 부처님 앞에 와서 기도하고 공경하고 공양하고 찬탄하고 예배하면서 내 자신을 하심하고 낮추어야 합니다. 로마의 교황도 "낮은 데로 임하소서!" 하며 땅에다 대고 뽀뽀하는 걸 보았습니다. 사실 낮은 데로 임하라는 것은 내 자신을 하심하고 낮춰서, 불교적으로 보면 가정에서는 내가 남편을 위해주고 보호해주고 도와주고 용기를 주고 희망을 주며, 자식들도 거기에 맞춰 단단히 키우는 것이 낮은 데로 하심하여 사는 모습입니다. 어떻게 보면 집에서 해야 될 당연한 일인데도 가족 중심적으로 살았는지 나 중심적으로 살았는지를 들여다보라는 거예요.

여러분은 남편과 머리를 맞대었을 때 어떤 기분을 느낍니까? 남편과 의논할 일이 있어 머리를 맞대면 두통밖에 안 생긴다고 하더군요. 부부가 뭐 말이 통해야 무슨 말을 하지, 그렇잖아요? 뭐 이번 달에 들어갈 돈은 얼마, 얼마 쭉 이야기하면 "알아서 해. 나는 모르겠다"며 거실로 나가버리죠. 이런 식이니 의논이 될 턱이 없는 겁니다. 부부가 머리와 머리를 맞대면 서로들 자꾸 속 뒤집는 소리가 오고가게 됩니다. 여자와 남자는 금성과 화성으로 출발하는 별이 다르다고 하지요. 그러니 머리를 맞대면 해답이 나올 수 없습니다. 머리가 아니라 마음과 마음으로 맞대야 해결이 되는 것입니다. 머리보다 가슴이고, 가슴보다 마음이 맞아야 합니다.

택시를 타고 오는데 기사님의 이야기가 참으로 와 닿았습니다. 전날 밤늦게 새벽 2~3시쯤에 어느 술집 앞에서 손님을 태웠다고 합니다. 술 취한 손님은 타자마자 바로 주소를 묻고 전화번호를 물어야 된데요. 왜냐? 5분도 안 돼서 곯아떨어지기 때문이랍니다. 그래 어떻게 해요? 내비로 주소를 찍어서 집 앞에까지 딱 와가지곤 집으로 전화를 한답니다. "아저씨 모시고 왔습니다. 택시 기사인데요." 오만 소리를 다 해도 부인들이 좀체 나오질 않는다고 합니다. "술을 쳐 먹었으면 자기가 쳐 먹었지, 돈 없으니 내려놓고 가든지 말든지…"라며 차마 입에 담지 못할 민망한 말들을 하는가 하면, 내려와 가지고도 아주머니들이 택시기사님에게 화풀이를 한답니다. 그 봉변을 많이 당하다 보니 아이디어가 떠올랐답니다. 그래서 그 다음부터는 집 앞에서 전화를 할 때 "남편 분이 숨은 쉬고 있는데 죽었는지 살았는지 잘 모르겠습니다. 빨리 와보세요!" 하면 부인들이 그냥 맨발로 뛰어나온다고 합니다.

이와 같은 세상 속에서 내가 정말 신장이 되어 내 가족과 권속을 보호하겠다고 두 눈 시퍼렇게 기세등등할 때 거기에는 고액苦厄이 침범할 틈을 찾지 못합니다. 옛날에는 가난한 시절이라 변변한 장난감도 없고 애들도 장난을 거칠게 했어요. 저희도 형제들이 많다 보니까 그렇게 놀았는데, 어느 날 단추를 입으로 돌리다 단추가 떨어져 목에 탁 걸렸어요. 숨을 못 쉬잖아요. 그 목소리만 듣고도 어머니는 한걸음에 달려와서 애를 그냥 옆구리에 팍 끼고는 두드려가면서 병원으로 빛살같이 달려가는데, 워낙 쿵쿵 울리니까 단추가 툭 튀어 나와 버리는 거예요. 그 작은 몸으로 자식을 살리려 미친 듯 달려가는 그게 어머니입니다. 그렇게 보호하려고 애쓰고, 그렇게 자식이 반듯한 길로 가도록 노력하며 애쓰던 어머니 세대에는 가난하고 고생도 많고 힘도 들었지만 가족이 깨졌다는 소리 들어 봤어요? 부부가 사별하지 않고는 별로 없잖아요.

요즘은 먹고살 만한 데도 해체된 가정이 많고 깨진 가정이 많습니다. 말이 안 되는 짓이 곳곳에서 벌어져 가정이 깨어집니다. 가족이 4명 있으면 4명이 개인플레이고 5명 있으면 5명이 개인플레이를 하고 있으니 사회문제가 된 지 오래입니다. 어릴 때부터 개인으로 화합 못하고 살다가 군대 가서도 적응 못하고 서로 학교 때처럼 왕따하고 폭력을 씁니다. 이렇게 군대 생활로 온통 나라가 시끄럽도록 만들고, 사회는 사회대로 고위공직자라는 사람까지도 물의를 일으키니, 우리가 어른이 없는 시대를 살아가고 있습니다. 그래서 우리들 스스로가 어른이 되고 가족을 지키고 권속을 지키고 보호하는 신장이 되지 않으면 우리 대한민국 가정들이 바로서지 못합니다. 그런데 보호하라니까 과잉보호를 해가지고 밖에 나가면 자기 혼자 아무것도 못하도록 만들어 놓고, 유명 대학까지 나오면 뭐합니까? 앞에서도 말했지만 꼬마가 부모님께 "어디로 여행 가요?" "이번에는 해외로 가기로 했다." "돈 좀 그만 쓰세요!" "왜 그런 소리를 하냐?" "그것 다 나 물려줄 돈인데 자꾸 써버리면 나는 나중에 어떻게 해요." 이런 소리를 듣고 이 대한민국 확 바뀌지 않으면 희망이 없다고 통감했습니다. 이런 아이는 대학을 나와도 부모 공경할 줄 모르고 자기 위주로 살아갈 것이고, 해외 유학을 보내도 그 다음에 부모에 대해서는 고마움도 사회에는 책임감도 없을 것이라는 거죠.

어른을 그냥 짐짝 내버리듯이 내버리는 세상입니다. 어렵게 자식을 키우고 좋은 대학에 보내고 유학까지 보내줬지만 부모에게는 뭐가 남느냐? 아무것도 남는 것이 없습니다. '나는 고생했지만 너는 고생하면 안 돼.' 이런 마음으로 키우니까 애들이 전부 나약해 빠져가지고 도덕과 윤리라는 것은 없어지고 부모를 공경할 줄도 모르고 학교 가서 선생님을 공경할 줄 모릅니다. 요즘은 각각 세대 차이가 년 단위로 끊기고, 심지어 쌍둥이도 세대 차이를 느낀다는 우스갯소리도 있는 세상입니다.

이제 근본으로 돌아가야 합니다. 우리가 밥 먹고 사는 데에 너무 치우치고, 집 한 칸 장만하는 데 너무 치우치고, 명품 하나씩 가지는 데 너무 치우치다 보니까, 애들은 애들대로 크고, 남편은 남편대로 직장 생활에만 매이고, 나는 나대로 살기 때문에 가족이라는 중심이 해체되어 사라져버린 것입니다. 그래서 보호해 줄 신장이 없어진 거와 같습니다. 옛날에는 부엌에 들어가면 조왕신이 있었고, 안방에 들어가면 성주신이 있었는데, 왜 그런가? 부엌에 들어가면 누가 뭐라 해도 가정주부가 대장이니까 거기에 조왕신이 있고, 안방에 들어가면 누가 뭐라고 해도 남편이 대장이니까 성주신이 거기에 있는 것이거든요.

이와 같이 한 가족이 권속들로 똘똘 뭉쳐서 제대로 도덕과 윤리를 가르치고 때에 따라서는 매를 들어가면서 자식은 자식답게 키우고, 남편은 기 죽지 않고 남편답게 일할 수 있도록 하고, 나는 가족의 건강과 행복을 생각해서 지극하게 베푸는 그 마음이 있어야 합니다. 거기에 나라는 존재는 하심해 버리고 나라는 존재는 완전히 희생이라는 것으로 묻어 버려야 합니다. 그렇게 해서 '남편만 봐도 좋고 사랑스런 자식은 보기조차도 아깝다'는 말이 실감나야 합니다. 그렇게 하면 시부모를 봐도 '남편을 낳아준 부모님인데' 하며 위하고 챙겨주고 보살피고 보듬어주고 싶은 마음이 생깁니다. 이렇게 사는 게 바로 가정을 지키는 신장입니다.

이렇게 법화경 속의 여러 보살이나 신들이 다라니로 이 법화경을 보호하고 옹호하겠다는 것은 그만큼 부처님의 가르침이 진리이고 당처이고 근본이기 때문입니다. 석가모니부처님의 가르침을 받들어 보살들이나 주위 성숭들이 전부 외호 신장을 자처하여 다라니로 봉헌한 것입니다. 법화경 말씀을 수지독송하는 우리 법화행자를 옹호해 주어, 집안에 먼지 하나 들어오지 않게 바람 한 점 들어오지 않게 지켜 주고 보호해 주겠다는 서원이 제26 다라니품입니다. 더불어 절에 와서 부처님 앞에 기도하고 법화경을 보호하고 찬탄하고 공경하고 공양하는 그 마음이 자연히 일어나니까 우리가 신장이 되는 것입니다. 그래서 어디를 가도 칭송을 받고 위함을 받고 모든 사람에게 '저 사람은 꼭 부처님 같다'는 소리를 듣습니다. 그런 보살들은 하는 행동만 봐도 다릅니다. 절에 와도 변함이 없어요. 10년 전에 왔던 그 마음이나 오늘 왔던 그 마음이나 늘 변함없이 그대로 한결같습니다. 한결같은 가운데서도 그 사람을 보기만 해도 편안해집니다. 그 사람은 상대방의 말을 잘 들어주고 감탄해 주며, 항상 주변 사람을 칭찬하고 감동시키고 즐겁게 해줍니다. 아이들에게 '까꿍' 하면 나오는 웃음이 순수하듯이, 이 사람의 마음

쏨쏨이가 순수합니다. 그게 우리의 마음을 웃게 하고 편안하게 합니다.

남편 앞에서도 '까꿍' 한번 해 보세요. 남편들은 늘 긴장하고 복잡한 시대를 살아가느라 머리가 잠시라도 쉴 시간이 없어요. 공사 현장도 그렇더라고요. 옛날에는 공사 현장은 막노동이라 힘만 있으면 한다고 했는데, 요즘은 전부 수학적인 공식 속에서 하다 보니까 머리를 엄청 써야 된다고 합니다. 그러니까 머리 안 빠지는 사람이 별로 없잖아요. 남자들이 그와 같이 애쓰고 눈치보고 코치보면서 돈 벌어 오는 거 보면 그 앞에서 '까꿍' 한번 해줄 만하잖아요? 그죠? 그렇게 해가면서 가족을 인드라망 속으로 엮어 넣는 거예요.

불교에서는 권속이 제일입니다. 우리가 부처님 자녀로 권속이기에 부처님 법을 들을 수 있는 겁니다. 그리고 당연히, 어른이 있는 권속이어야 합니다. 그 다음에 그 속에서 나는 늘 보호해주는 사람이 되고 도와주는 사람이 되어야 합니다. 그런 가족이 중심이 되는 사회가 되면 사회도 이렇게 문란하지 않고 모든 것이 질서가 정연해집니다. 모든 걸 바르게 하려면 '나'라는 존재의 희생이 있어야 합니다. 나 없는 나의 삶을 살고 가라는 게 부처님 가르침입니다. 그러다 보면 직장이나 친구나 반려자나 '너 안 만났으면 어쩔 뻔했을까?'라는 소리를 하는, 이렇게 아름다운 만남이 되는 것입니다. 이 소리를 들을 수 있는 그런 관계가 되어야 합니다.

이렇게 법화경을 옹호하고 수지하고 독송하는 일을 다 보호하겠다! 모든 보살님과 많은 신장들이 서원으로 뜻을 세우신 것입니다. 우리들은 가정에서는 가정을 보호하는 신장이 되고, 절에 와서는 불법을 보호하는 보살이 되고 신자가 되어, 부처님 앞에 모든 것을 기도로써 발원하고 서원하면서 살아가는 겁니다. 우리 모두 부처님의 보호 속에, 외호 신장들의 보호 속에 이렇게 가정에서나 불자로서, 어디 가서든지 간에 앉을 자리 앉을 줄 알고, 설 자리 설 줄 알고 돌아볼 수 있는 원만 구덕한 그런 사람이 되어야 한다고 다라니품으로 이야기 드립니다.

제27 묘장엄왕본사품에 보면 묘장엄왕에게 아들이 둘이 있었습니다. 정장, 정안 두 왕자는 부처님께 귀의하여 법화경을 수지하고 독송하며, 부처님의 정법 안에서 평온한 마음으로 살았습니다. 그런데 아버지 묘장엄왕은 불교를 믿은 것이 아니라 외도를 믿었습니다. 이런 아버지에게 부처님의 법화경을 받아들이게 하는 방편으로 두 왕자는 신통력을 써서 허공에서 걷고 눕고 여러 가지 변화를 아주 신통 묘용하게 보여주었습니다. 아들들의 신통한 모습을 본 묘장엄왕은 "아들들아! 너희는 그것을 어디서 배웠느냐? 너희 선생은 누구냐?"라고 물었습니다. "저희들의 선생님은 바로 부처님입니다." 그리고 부처님의 신통 묘용함을 자꾸 이야기해서 결국은 묘장엄왕까지도 나중에 부처가 되리라는 수기를 받은 이야기가 묘장엄왕본사품입니다.

인연이란 것은, 여러분들의 자식으로 지금 와 있는 그 아이들이 알고 보면 전생의 업력으로 와 있을 수도 있고, 나의 빚으로 왔을 수도 있고, 내게 진실로 빚을 갚기 위해 온 자식도 있을 수 있습니다. 그래서 어떤 집은 "저런 효자 자식이 있나? 저 집은 밥 안 먹어도 배부르겠다"고 칭찬 받는 자식이 있는 집이 있습니다. 그 아이는 아마도 '빚 갚으러 오지 않았나' 생각할 수 있습니다. 모든 것은 전생부터 나와의 인연이 어떠했느냐?에 따라 달라집니다.

내가 부모의 몸을 빌려서 이 세상에 왔지만 그 인연이라는 것이 어떠했느냐에 따라서 정말 복된 자식이 될 수도 있고 선한 선재 중의 선재로 착한 자식도 될 수가 있습니다. "스님, 아이들 때문에 미치겠습니다"라고 하는 분들도 많아요. 부모는 한평생 자식을 위해서 희생하고 감내하잖아요. 자식이 그걸 받아주고 알아주면 기쁘고 보람 있겠지만, 손가락들이 길고 짧듯이 자식마다 다 효자고 철들지 않습니다. 사고뭉치 자식이 못된 짓이나 하고 다니며 속을 썩여도 늘 걱정과 근심을 하는 게 부모의 마음입니다. 착한 자식 자랑하는 것도 어머니 마음이고, 못난 자식이 설령 죄를 짓고 교도소에 들어 앉아 있더라도 여전히 마음속에 그 자식을 담고 있는 것이 어머니 마음입니다. 이게 부모의 마음이지요.

선업으로 오는 자식은 묘장엄왕의 두 왕자처럼 부모를 부처님 권속으로 이끌게 되니, 외도를 믿는 아버지를 부처가 되리라는 수기를 받게 자식이 인도했다니, 얼마나 대단한 일입니까? 우리가 자식을 하나 낳아도 열심히 부처님 앞에 기도하고 그 다음에 보시하고 공덕을 쌓고 공양을 제대로 올리면서 자식을 낳아야 큰 아이를 얻습니다. 그래서 관세음보살보문품에는 뭐라고 나와 있느냐면, 아들을 원하면 아들을 주고 딸을 원하면 딸을 준다고 했잖아요. 관세음보살이 마음대로 점지를 해 주는데, 단 열심히 기도하고 수행하고 불자로서 살면서 부처님을 아버지로 모시고 관세음보살을 어머니로 모시고 찾고 믿고 따르고 의지해서 받는 것입니다. 공짜는 없습니다. 콩 한 알도 심어야 나듯이 하늘에서 뚝 떨어지는 건 없다고 이렇게 생각을 하고 살아야 됩니다.

그래서 이렇게 불법 만나기가 어렵고도 어렵다고 했습니다. 부처님 법 만나기가 맹구우목盲龜遇木으로, 눈먼 거북이가 백년에 한 번 바다 위로 머리를 내미는데 구멍 뚫린 나무판자에 목이 끼는 것과 같다는 말입니다. 넓고 넓은 사해 바다에서 백년에 한 번 떠오르는 거북이가 그것도 구멍 난 판자에 목이 끼는 확률이니 우리가 부처님 법을, 이 법화경을 만난 귀하고 귀한 기회를 놓치지 말고 용맹정진해야 합니다. 한 틈도 허비하고 낭비하지 않겠다고 마음을 다잡고 살아야합니다. 부처님을 믿고 의지하며 법화경을 공부하고 법화경을 전하는 인생이 되지 않는다면 우리는 땅을 치고 통곡하고 뼈를 깎는 후회를 하게 되어 있습니다. 이번 인생을 낭비하면 어느 생에 또다시 불법을 만날지는 모르지만, 확률은 제로에 가깝다고 생각하십시오.

우리들이 이렇게 법화경을 공부하고 옆 사람에게 한 줄만이라도 알려 준다면 그 복력으로 상락아정을 누릴 수 있습니다. 법화경의 공덕 복력이 이러한 사실을 굳게 믿고 의지해야 합니다. 하늘에 태어날 복력이 주어지니 감사하고 감사한 줄 알아야 합니다. 이와 같이 불법 만나기 어렵고, 더군다나 불법을 만나서 법화경 만나기는 더욱 어려운데, 이 법화경을 가지고 우리가 함께 공부하고 탁마해서 제대로 된 법화행자로 살아간다면 그 복력이 미래제가 다할 때까지 대대손손 끊어지지 않고 미치게 됩니다.

합장하겠습니다.

거룩하고 대자대비하신 부처님 감사합니다. 오늘도 다라니품과 묘장엄왕보살품을 가지고 함께 공부하고, 부처님의 가르침에 한껏 희유하고 찬탄하고 발심하고 서원하였습니다. 거룩하고 대자대비하신 부처님, 늘 중생의 근기로 사는 저희를 부처님의 지견에 가까이 다가갈 수 있도록 해주는 이 다라니품으로 신장이 되어서 늘 불법을 지키는 불자로서 살기를 서원합니다.

나무 석가모니불 나무 석가모니불 나무시아본사 석가모니불

24

실천하고 수행하는 법화행자

보현보살권발품

이제 법화경의 마지막 제28품 보현보살권발품을 가지고 함께 나누고자 합니다. 이렇게 여러분과 함께 법화정법과 법화신행을 공부하면서 다시 한번 법화경의 공덕과 복력이 크고 큼을 느끼게 되어 감사할 따름입니다.

석가모니부처님은 수많은 경전을 말씀하셨습니다. 화엄, 아함, 방등, 반야를 설하시고 마지막으로 법화경에 와서, 이곳으로 끌고 오기 위해서 그 많은 경전을 설하셨다고 말씀하십니다. 팔만사천 법문 가지가지 방편으로 중생들의 그릇 그릇에 맞도록 소견과 지혜가 넓어지게 이끌어서 결국은 이 법화경을 설법하는 영취산으로 우리 중생 모두를 데려 오신 것입니다.

법화경에서 먼저 삼승귀일三乘歸一 일불승一佛乘을 말씀하십니다.

성문, 연각, 보살의 삼승 공부가 하나임을 밝히셨습니다. 이렇게 부처님이 일불승으로 마지막 설법을 하신 것은, '너희들 지금까지 해온 그거 다 버려라! 내가 이 법화경을 너희들에게 가르치기 위해서 이제까지 하열한 근기를 상근기로 만들어 오느라고 그러했던 것이다'라고 하십니다. 이를 위해서 '너희들에게 때에 따라서는 전생을 이야기하고, 때에 따라서는 방편을 이야기하고, 때에 따라서는 비교로서 설법을 하였다'고 하시는데, 이것을 중생의 근기에 따른 대기설법對機設法이라고 합니다. 팔만사천 가지 법문의 연유가 이렇게 마지막 법화경의 정법과 신행으로 이끌기 위함이었던 것입니다.

부처님께서는 화엄경 53선지식을 찾아가는 선재동자를 앞세워서 지견을 넓히는 말씀을 하시고, 반야심경이나 반야부에서 세상사 유한 물질이란 것은 없고 다 공임을 알게 하여 지혜의 깨달음을 일으켜 주시고, 그 다음 대학교 교양과정이라고 볼 수 있는 지장경 등의 경전들로 가르침을 주다가, 이제 영취산 영산회상에서 모든 법을 하나로 만법귀일萬法歸一하십니다. 다른 경들은 가고 오고 앉고 서는 그때그때 비교해서 방편으로 대기설법對機說法하셨지만, 이 법화경만은 딱 영산회상에서만 설법하신 거예요. 그러면서 '모든 것은 버리고 지금부터 내가 하는 이것을 잘 들어라. 법화경을 믿고 따르고 의지하고 공경하고 공양하고 찬탄하고 예배하고 발원하고 기도하는 것이 불자의 도리다. 그러면 당연한 내세득작불, 부처를 이룰 수 있다'라고 말씀하십니다.

내세에 부처를 이룰 수 있다니 얼마나 감격스러워요. 수많은 경전에는 수기라는 것이 없었어요. 그런 부처님께서 법화경 서품부터 시작해서 마지막 제28 보현보살권발품까지 끊임없이 수기를 주십니다. 너는 어느 세에 부처가 되고, 너는 어느 세에 뭐가 되고 이렇게 계속해서 부처가 되는 수기를 주시며 용기를 주시는 말씀을 하십니다. 참으로 희유하고 찬탄하고 공경할 경전입니다. 그래서 이 경이 제일 빠르고 타당한 가르침임을 마음에 새기고, 법화신행으로 믿고 의지하고 그 뜻대로 살아야 합니다. 부처님의 마지막 가르침에 보살님들부터 수많은 존재들이 법문을 들었으나, 그중에서도 불타는 집에서 소꿉놀이에 빠진 우리 중생을 위한 설법입니다. 이 경을 정법으로 보고 가르침을 따라 신행하여, 우리들이 법화경을 읽고 외우고 사경하며, 옆 사람에게 큰 기쁨으로 알린다면 내세에 부처를 이룹니다.

법화경을 공부하는 게 아니면 소견머리 아무리 넓혀 봐야 한계가 있습니다. 우리가 다른 경전으로 공부하면 상근기는 상근기, 하근기는 하근기로 근기를 벗어날 확률이 적습니다. 근기는 아무리 고치려 애를 써도 못 고치는 경우가 많습니다. 그러나 부처님의 마지막 가르침인 법화경은 모든 중생을 구제하기 때문에 근기와 상관이 없이 가장 빠른 길입니다. 상근기 상품인 마하가섭존자님 사리붓다존자님 등 십대제자 분들과 수많은 보살님들을 부처님이 보니 참 갑갑하셨나 봅니다. 아무리 상근기 상품이라지만 아직 아뇩다라삼먁삼보리를 얻을 마음도 이해도 못하는 걸 보시고 아라한·유학인·무학인과 보살님들, 그리고 우리 중생에게 함께 설하신 경전이 이 법화경입니다. 결론은 모든 중생에게 가장 빠른 길을 보여주시고, 아라한과 보살님들에게는 미세한 번뇌까지 없애서 부처를 이루게 하신 가장 수승한 법문이 바로 법화경인 것입니다.

하근기가 중근기로, 중근기가 상근기로 넘어서는 게 참 어렵나 봅니다. 가르쳐 봐도 닭은 닭이지 닭이 봉이 되기 쉬운 게 아니잖습니까. 이게 정확한 비교에요. 닭은 닭이지 닭이 봉이 되나요? 소는 소지, 소가 용이 되나요? 근기 운운하기 전에, 세상 사람들이 "너, 그거 고쳐야 돼"라고 해도 돌아서면 그 짓을 되풀이하는 게 중생입니다. 그렇게 지겹게 육도윤회 하면서 또 도돌이표로 되풀이해요. 모르기 때문에 그런 것이 아니라, 나는 잘났다고 생각하는 어리석은 교만 때문에 그렇습니다. 자기는 잘났고 자기 판단이 최고라고 믿습니다. 이런 중생들을 위해서 믿음의 길인 법화경을 설하신 것입니다.

믿고 따르고 의지하고 공경하고 공양하고 예배하고 찬탄하고 기도할 줄 알면 됩니다. 제일 쉬운 걸 주셨다는 거죠. 그런데도 어리석은 교만에 빠진 중생은 부처님을 아버지로 모시고 믿고 의지하는 마음을 내기가 쉽지 않습니다. 그게 왜 안 쉬운 줄 알아요? 중생은 항상 바르게 알려주어도 자기 머리가 돌아가요. 이쪽으로 끌고 가려고 하면 자기 머리로 생각해 보고 맞다 싶으면 그때서야 따라오지, 안 그러면 안 따라 오는 거예요. 부처님의 말씀대로, 본 대로, 들은 대로, 나는 이렇게 가겠다고 따라오는 신심 있는 사람이 드뭅니다. 머리형 인간들은 부처님 말씀을 일방적이라 생각하고는 이리저리 얄팍한 머리를 굴립니다. 그러니까 중생입니다. 그래서 부처님은 이래서는 안 되겠다고, "믿고 의지만 해라" 하시는 것입니다.

우리들이 불자로서 부처님을 믿고 의지하며 마음을 맡기고 건강을 맡기고, 사랑이나 행복이나 가족 다 맡겨 보았습니까? 진짜배기 불자로서, 내가 어머니로서, 자식들을 위해서라도 모두 부처님 앞으로 데리고 와야 되는데, 혹 "가서 기도하고 올게 기도비나 줘라" 이러지는 않았는지요? 이게 잘못입니다. 우리 어머니들이 다 잘하셨는데, "나 혼자 가서 할게" 했던 것은 잘못입니다. 자식이 아직 어리지만 어린 자식 손을 잡고 절에 갈 줄 알고, 너를 이렇게 키워주고 이만큼 복력을 주시는 분이 부처님이라고 했으면, 그 아이도 부처님 모시고 늘 상구보리하고 하화중생하는 마음의 종자가 생겼을 겁니다. 어머니들이 참회해야 합니다. 그건 진짜 잘못한 겁니다. 지금도 늦지 않았다는 마음을 내어 남편과 아이들을 부처님 앞으로 데리고 함께 와야 합니다.

세상살이 복잡할 거 없어요. 뭐라 해도 우리들 스스로가 보현보살권발품을 실천하며 살면 됩니다. 보현보살님이 나왔다고 하면 무조건 실천수행입니다. 모든 경전의 마지막 실천으로 보현보살님이 나옵니다. 부처님의 마지막 가르침인 법화경의 마지막 품이 보현보살권발품인 점을 주의 깊게 보고 받아들여야 합니다. 농사짓는 법을 이론으로만 알고 있으면 쌀이 나옵니까, 콩이 나옵니까? 배운 이론을 가지고 직접 논을 갈고 밭을 갈아 벼를 심고 콩을 심어야 하는 겁니다. 이것이 보현행원普賢行願이고 보현보살권발품普賢菩薩勸發品입니다. 보현보살님은 큰 실천행입니다.

우리는 부처님이 가르쳐주신 이 법화경을 읽고 외우고 사경하며 삼칠일 기도를 많이 합니다. 21일에는 이유가 있습니다. 닭이 알을 품고 있으면 며칠 만에 깨어나는 줄 알아요? 닭이 알을 품고 있다가 병아리가 되어 나오는 최소한의 기한이 21일이에요. 안에서 삐약 삐약 소리가 들리면 엄마 닭이 알 껍질을 깨주는데, 혼자만 깨서도 안 돼요. 안에서도 동시에 깨는 거예요. 이걸 보고 줄탁이라고 합니다. 안에서도 깨고 밖에서도 깨고 동시에 이렇게 깨는 걸 줄탁이라고 하는데, 이렇게 깨어 나오는 것이 21일입니다.

여기 보현보살권발품에서 보현보살님이 이렇게 말씀하십니다. "정성을 다하여 법화경 한 구절, 사구게 하나라도 수지 독송하고 21일 동안 기도하는 자가 있다면 열흘이 넘어가면 진실로 기도하는 자에게 흰 코끼리를 타고 내가 나타내 보여 주리라!" 하셨습니다. 꿈에라도 보여 준다는 소리입니다. 문제는 여러분들이 그와 같은 기도를 했느냐? 이거죠. 심지어는 법화경의 본체인 제목만 가지고 "묘법연화경"을 염하고 기도하더라도 보현보살님이 흰 코끼리를 탄 모습으로 그 법화행자에게 "내가 보여주리라! 나타나리라! 소원을 이루어 주리라!"고 이야기했단 말이죠.

따라서 적어도 부처님을 믿고 의지하는 불자들이라면 스스로 기간을 정해 법화경을 읽고 외우고 사경해야 합니다. 그 정도도 안 하면 부처님 제자로 떳떳할 수가 없습니다. 집에서도 하고, 절에 오는 날은 절에서 하면 됩니다. 처음 시작이 어렵지 하다 보면 그 수행의 기쁨이 너무나 커서 나와 가족과 주위가 밝게 변하는 것을 체험하는 건 보현보살님이 약속한 가피이고, 실상으로도 꿈에서라도 보현보살님을 친견할 수 있습니다.

이렇게 실천하고 수행하고, 이 법화경을 내 생명같이 여기고, 부처님을 옹호하고 공양하고 공경하고 예배할 줄 아는 그런 부처님 권속들이 되어야 합니다. 법화경의 가르침대로 부처님을 믿고 따르고 의지하면 결국엔 내세에 부처가 되리라 하셨으니, 그 믿음의 길을 따라 우리 함께 가야 합니다.

법화경이 좋다고 하니까 어떤 사람은 법화경만 품에 지니면 다 되는 줄 압니다. 그 신심이 나쁘다는 게 아니라 하열한 것입니다. 달을 가리키면 달을 봐야지 달을 가리키는 손가락만 보고 앉아 있으면 안 되는 겁니다. 천강에 비친 달을 보는 것도 좋지만, 달을 가리키는 손가락 끝에서 달을 볼 줄 알아야 합니다. 그 바른 방법이 부처님을 믿고 의지하며 법화경을 늘 읽고 외우고 사경하고 기도하는 것입니다. 그와 같이 지극한 정성과 기도와 함께, 부처님과 법화경을 찬탄하고 공경하고 공양할 줄 알아야 됩니다. 법화경 수백 권을 집에 놓고 주위에 나누어 주는 공덕도 크지만 스스로 법화경을 읽고 외우고 사경하며 부처님 말씀의 진수를 알아야 합니다. 그래야지만 앙꼬 없는 찐빵처럼 속 알맹이 없는 쭉정이가 안 됩니다. 법화경만 쫓아가지 마십시오! 법화경을 설법하신 부처님을 바로 보고, 이 법화경의 가르침을, 부처님의 가르침을 생각하고 눈물을 뚝뚝 흘리면서 가슴으로 부처님을 맞이할 줄 아는 불자가 되어야 합니다. 이래야 내세득작불來世得作佛 하는 거지, 부처는 간 곳 없고 법화경만 들고 다니며 부처를 바라면 도둑놈 심보입니다.

제가 자주 보는 텔레비전 프로그램 중에 KBS 러브인 아시아가 있습니다. 캄보디아에서 우리나라로 결혼을 온 보살이에요. 나이가 이제 29살밖에 안 됐는데 남편은 아쉽게 마흔 살이 넘었더군요. 캄보디아 보살이 참 복 있게 생겼어요. 복이 있어 보이고 복 있게 행동하더군요. 충청도 서산 쪽에 사는데, 생선을 파는 일을 하며 살고 있었습니다. 생선을 팔면서 덤으로 더 줄 줄도 알고 착하게 장사를 하는 게 참 예쁘게 보였습니다. "우리 집에 오셨으니깐 더 드릴게요." 정말 적극적으로 살더군요. 결혼한 지가 7,8년 됐는데, 하루도 쉬지 않고 부부간에 같이 노력하고 살아요. 그런데 대한민국에서 아이 키우며 사는 게 우리도 알다시피 쉽지 않잖아요. 그래서 이 부부는 아이를 캄보디아 친정엄마에게 맡기고 보다 나은 내일을 위해 아침부터 밤늦게까지 열심히 살았습니다. 그 남편이 캄보디아에 맡겨놓은 자식 이야기를 하다가 눈물을 삼켜요. 사나이 눈물은 무겁지요. 눈물을 꾹 삼켜요. 그리고 그 프로그램이 좋은 게, 가족들 고국 방문을 시켜줍니다.

캄보디아는 근래 참 아픈 역사를 가지고 있는 나라입니다. 크메르루즈 정권이 킬링필드로 너무도 많은 사람들을 학살했습니다. 그런데 우리 대한민국이 조금 잘 살게 되었다고 동남아시아 못 사는 나라들을 무시하곤 합니다. 그러면 안 됩니다. 우리가 6,25 전쟁 끝나고 밥 굶을 때 미얀마, 캄보디아, 베트남, 태국에서 식량도 주고 우리를 많이 도와주었습니다. 캄보디아는 불교국가입니다. 전 인구의 98퍼세트가 불자인 나라입니다. 정도만 있지 외도가 없고 사도가 없는 불교국가여서 저는 그 나라를 좋아합니다. 한때는 수많은 사람이 무참히 살육이 되었던 그런 곳이기도 하지만 세계에서 행복지수가 3번째로 높은 나라입니다. 가난하고 힘들지만 행복지수가 높은 나라, 멋있죠?

캄보디아 친정집에 가니까 아버지 어머니가 별로 정이 없어요.

소가 닭 보듯이 닭이 소 보듯이 하고 살아요. 한국으로 시집 온 보살이 그게 너무 안타까워서 부모님을 다독거리고 화해를 시키려고, 가족 전부가 놀러 가서 부모님을 화해시키려고 합디다. 이 보살이 어릴 적부터 외할머니한테서 컸다는데 외할머니한테 가서 울면서 말해요. "내가 한국남편하고 싸워서 말도 못하고 힘들고 이럴 때 할머니가 그렇게 보고 싶었다"고. 그거 얼마나 가슴이 아파요. 그런데도 이 보살은 늘 웃어요, 밝아요. 이렇게 밝을 수가 없는 거예요. 그런데 얼굴이 밝지 않는 모습을 보이길 레 왜 저러나 했더니, 사실은 자기가 키우다시피 한 동생이 있었는데 지금 교도소에 있다고 합니다. 친구를 잘못 사귀어서 옆에 있다가 덤터기를 쓰고 교도소에 갔다고 합니다. 남편과 같이 교도소 가서 동생 면회를 하고 나오며 눈물을 흘리는데, 그냥 그 닭똥 같은 눈물을 줄줄 흘리더군요. 그거 뜨거운 눈물이거든요? 사람은요, 진실로 감정이 복받쳐서 기도하면서 나오는 눈물은 엄청나게 뜨겁습니다. 심장의 그 뜨거운 기운이 눈물로서 나오기 때문에 그래요. 저는 그 눈물을 알아요. 내가 기도하면서 많이 흘려봤기 때문에, 그렇게 할 때는 그 눈물이 뜨거운 눈물이 되어서 온몸에 열이 납니다. 눈물을 흘리면서 부처님한테 찾아가서 합장을 하고, 그 앞에서 눈물을 흘리던 기억으로 캄보디아 보살의 눈물을 보며 나도 함께 뜨겁게 울었습니다.

그게 말기는 거거든요. 나의 고통이나 근심이나 걱정이나 괴로움이나 힘듦이나 내 즐거움까지도 '부처님, 감사합니다.' 이렇게 부처님한테 가서 기도하면서 눈물로 호소하고 하는 모습이 그게 진짜라는 거죠.

내가 인간으로 태어나서 내 힘으로 내 능력으로 할 수 있는 것은 아무것도 없습니다. 그 사실을 빨리 알아야 인생이 덜 고달픕니다. 부처님은 나를 다 보시고 다 아시고 인도하십니다. 캄보디아 보살도 부처님을 믿었을 터이니 동생 빨리 나오게 해달라고 부처님께 울음 기도를 올렸을 것입니다. 진실된 눈물을 흘려본 자만이 진실의 눈물을 알아 볼 수가 있습니다. 그렇게 울고 그렇게 기도하고 매달리면서 부처님을 믿고 의지할 때 해결의 문이 열립니다. 부처님이 동할 정도로, 그대로 목석이 되는 한이 있더라도 가족들이 다 모여서 행복했으면 좋겠다고 기도해야 합니다.

캄보디아 보살이 자기 고향에 가서 어머니 아버지 화해를 시키고, 외할머니 잔치도 해 주고, 남동생 빨리 풀려나오게 기도하고, 이제 우리나라에 와서 스튜디오에 앉아 있는 모습이 나오는데 함께 앉아 있던 다문화 여성 패널들이 다 울더군요. 프로그램 마지막에 한 다문화 여성이 하는 말이 "정말 행복했으면 좋겠습니다. 캄보디아 가족도 행복했으면 좋겠고 한국의 가족도 행복했으면 좋겠습니다. 돈은 없어도 됩니다." 그 말속에서 저는, 내가 뼈가 빠지도록 노력하고 희생해서라도 가족들을 다 행복하게 하겠다는 의지를 보았습니다. '나'라는 존재가 없어요. 저는 그 모습에서 보현보살님을 보았습니다. 그렇게 실천하고 행동하고 부처님을 믿고 의지하며 내 가족을 보듬고 남편 도와가면서 열심히 사니까 '정말 돈 없는 것은 아무것도 아니다. 행복하게 살 수 있다. 돈은 없어도 되는데 행복은 해야만 한다'고 강조하는 것입니다. 이렇게 살아가는 캄보디아 보살의 삶이 우리에게 본을 보이는 것으로 느껴져 사연을 이야기하였습니다.

우리는 지금 너무나 돈에 치우치고 물질에 치우치고 종교 관념도 없이 살고 있습니다. 자기 머리만 믿고 살면 되는 줄 알고 살지만 지금 행복하십니까? 행복하세요? 자신이 없잖아요. 진짜 행복은 뭐냐? 내 자신을 없애는 것입니다. 진짜 행복은 나를 희생해서라도 내 가족이 행복하고 내 권속이 행복해야 합니다. 우리 못난 중생들을 위해 제일 희생한 분은 부처님과 시방제불과 보살님들입니다. 우리 중생을 위하는 그 자리에서 실천하시는 보현보살님, 관세음보살님, 문수보살님 등등 수많은 보살님 또한 우리는 예경해야 합니다. 보현보살님을 닮은 캄보디아 보살 같은 경우도 가족을 위해서 자신을 희생하겠다는 모습입니다. 그러면서 기도하는 거예요. 공경하고 공양하고 찬탄하고 예배하는 겁니다. 동남아시아에 가면 과일 몇 개와 찹쌀밥을 지어 머리에 이고는 "부처님, 제발 제 공양을 받아 주십시오" 하면서 몇 시간이고 꿇어앉아 기도하는 사람이 많습니다. 우리나라에서 그렇게 기도하는 분이 많아야 되는데 아마 그 숫자가 적을 거 같습니다.

볼링장 가보면 킹 핀이란 게 있죠? 어떤 거냐 하면, 셋째 줄 가운데 있는 그게 킹 핀이라고 합니다. 그 킹 핀을 중심으로 핀들이 놓여 있어 볼링공을 굴려 그곳에 넣으면 전체가 무너집니다. 그게 중심점입니다. 그래서 킹 핀은 왕의 자리로 영어로 킹King, 최고의 핀이라는 말입니다. 거사님들이나 보살님들은 가정의 중심입니다. 그럼 우리들 스스로가 가족이나 권속에서 내가 중심을 잡고 킹 핀처럼 살아가고 있는지 자신에게 물어야 합니다. 내가 무너지면 안 되고, 내가 절망스러우면 안 되고, 내가 희망이 없으면 안 되고, 내가 우리 가정에 희망을 주고, 우리 남편에게 용기를 주고, 자식들이나 주위를 위해 울도 담도 쌓아 보호해야겠다는 마음이 있어야 합니다. 보시하고 공덕 쌓고, 우리가 부처님을 믿고 의지하며 공경하고 공양하고 찬탄하고 예배하며 사는 것이 가정의 울타리가 되는 것입니다.

우리가 살아가면서 늘 "복 지어라, 보시해라, 공덕 쌓으라"고 하는 것은 온 세상이 씨줄 날줄로 짜여진 인드라망이기 때문으로, 베푼 것은 반드시 돌아옵니다. 예전에는 거지가 참 많았습니다. 배고픈 시절이 그리 오래된 이야기가 아닙니다. 그런데 어느 집은 거지가 오면 문도 안 열어주지만, 어느 집은 거지가 오면 꼭 상에다 밥을 차려 주었답니다. 거지에게 밥을 잘 준 집안은 자손도 잘되고 흥했다는 말을 들었습니다.

그런 베푸는 마음에 부처님의 보리심이 있다면 그 복덕과 공덕은 무한합니다. "부처님을 찾고 공경하고 공양하고 예배하고 찬탄하고 기도"하면 그 복력이 자손에게 유전되는데, 적어도 내가 지어 놓은 복력이 끊어지지 않고 칠대까지 간다고 합니다. 내가 이렇게 기도하고 공경하고 공양하고 예배하고 찬탄하는 가운데 칠대까지 해탈이 되어, 육도윤회에서 나쁜 곳에 가 있다가도 자손 덕으로 이승에 사람으로 태어나거나 천상에 태어나는 그 복력을 내가 지어 준다고 합니다. 이렇게 인생살이라는 것은 단순히 나만 보고 사는 게 아니라 윗대를 보고 아랫대를 보고, 내가 복을 짓고 기도하고 복력을 쌓을 줄 아는 그런 삶이 제대로 된 삶입니다. 결코 대충 왔다가 대충 살다가 가버리고 나면 끝나는 것이 아닙니다.

사람이 육도 윤회한다는 것은 부처님 법을 믿는 불자는 꼭 깊이 믿어 의심치 않아야 합니다. 윤회를 철저하게 믿으면, 내가 지금 한 걸음이라도 삐딱하게 걷거나 엉뚱한 곳에 신경 쓰고 살피거나 할 여유가 없습니다. 오로지 지극함이요, 오로지 순종함이요, 그 다음에 나를 보고 아시는 부처님을 믿고 의지하며 한 평생 살아가야 합니다. 나는 결국 부처님 식구로 사는 겁니다. 내 스스로 불자다운 도리를 다 하고, 내세에는 부처가 될 수 있는 그런 인연을 지어가고, 그 다음에 내 가족을 위해서 헌신하고, 한 점 부끄럽지 않게 살아야 합니다. 저는 캄보디아 젊은 보살의 생글생글 웃는 그 얼굴에 복이 뚝뚝 떨어지는 게, 보현보살님을 거기서 보았습니다. 진실로 캄보디아 보살처럼 한번 살아보세요. 그러면 부처님은 나와 늘 상주하고 계시고, 나를 내 자신보다도 더 잘 아시고, 내 스스로보다 더 나를 예뻐하시는 걸 알 수 있습니다. 이런 마음을 가지고 불자의 도리를 할 때 비로소 우리는 진실한 불자라고 할 수 있습니다.

법화경을 늘 읽고 외우고 사경하며 법화정법을 지니고 굳센 신심으로 법화신행하고 법화행자로 부끄럽지 않아야 합니다. 법화경 수행을 삼칠일, 21일 동안 지극하게 해 보세요. 그 공덕과 복력이 얼마나 큰지 알게 될 것입니다. 보현보살님을 친견하고, 우리들 삶의 장애를 보현보살님이 흰 코끼리를 타고 다 없애주십니다. 힘들어하고 괴로워하는 장애를 다 없애주시고, 원하는 소원은 성취시켜 줍니다. 그 다음으로 죽어서도 극락세계에서 상락아정常樂我淨을 이루고 살 수 있습니다. 복력이 이토록 큰데도 여러분은 과연 얼마나 믿고 의지하고 따르려고 애쓰고 있습니까?

부처님께 이건 맡기고 저건 안 맡기는 머리형 인간은 나중 죽을 때 후회합니다. 믿고 맡기고 의지해서, 내가 힘들고 고통스럽고 괴롭고 어려우면, 나아가 즐거움도 행복도 전부 부처님께 믿고 맡겨야 합니다. 그 이후에 부처님 법대로 살겠다고 하는 그것이 진실된 불자입니다.

내가 내 인생의 주인공으로 살아야 합니다. 그럴려면 부처님을 의지하고 믿고 맡기고 따르고, 모든 근심과 걱정도 다 맡겨버리고 늘 부처님 속에서 권속으로 살면 그 이상 더 좋을 수가 없습니다. 그렇게 살면서 법화경의 가르침이 우리나라뿐 아니라 온 세계로 퍼져나가게 해야 합니다. 그래서 제가 바른 동기로 법화경 씨앗을 뿌리고자 법화정법과 법화신행을 이야기하였습니다. "법화경을 믿고 따르고 의지하고, 부처님을 공경하고 공양하고 찬탄하고 예배하면 바로 부처님이 나의 부처님이기 때문에 내 모든 것은 이루어 주시고 들어주시고 알아주신다. 거기서 복력을 짓는 거다. 내가 믿고 철저하게 따르고 불자로서 도리를 하고 살아가자. 의지하고 맡겨라. 내 힘듦도 맡기고 즐거움도 맡겨라. 그리고 부처님의 권속으로 들어와라." 이것이 제가 법화경으로 여러분들과 나눈 이야기입니다.

석가모니부처님이 마지막으로 설하신 최상승 법화경 가르침을 믿고 따르고 의지해야 합니다. 부처님이 우리 중생을 수기하셔서 각각에 다 자성불이 있다고 하신 것은 결국 불자의 도리로 살면 다 부처될 수 있음을 말씀하신 것입니다. 우리는 부처님 권속으로 성숙해야 합니다. 부처님을 믿고 따르고 의지해서 우리 역시 부처 길로 가자, 이런 말입니다.

이제 부처님의 마지막 말씀인 법화경을 실생활에 가져다 써야 합니다. 여러분들 마음속에 제일 궁금한 것이, '나는 왜 이렇게 살아야 되나? 나는 왜 이렇게 힘들어야 되나? 나는 저 사람하고 전생에 무슨 원수가 져서 이러고 살아야 되나?' 따위의 암울한 질문일 수 있습니다. 내가 지금 처한 현실, 내가 처한 괴로움이 가장 크게 오는 법입니다. 다른 사람의 큰 상처보다 내 손톱 밑 가시 박힌 게 더 생생하게 닥치는 것이 현실입니다. 그러나 대자대비 부처님의 제자로서 우리는 빨리 이런 중생심에서 벗어나야 합니다. 나만 알고 위하는 개인주의가 가정을, 사회를, 나라를, 세계를 무너트리고 있습니다. 우리 불자들이 자리이타自利利他, 나보다 남을 위해야 자녀들을 바르게 키우고 가정을 바로 세우고 사회와 나라를 바로 잡을 수 있습니다.

제법종본래 상자적멸상 불자행도이 내세득작불(諸法從本來 常自寂滅相 佛子行道已 來世得作佛), 이 세상은 본래 스스로 고요하고 청정하므로 우리가 이와 같이 닦으면 내세에는 부처를 이룰 것 이라는 사구게로 모든 중생의 해탈을 지극히 서원하면서 법화신행을 모두 마치겠습니다. 성불하십시오.

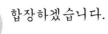 합장하겠습니다.

거룩하신 부처님 너무나도 감사합니다. 이렇게 법화경 28품을 부처님 제자인 우리가 함께 나눌 수 있음이 부처님의 가피와 공덕이었음을 잘 압니다. 부처님을 믿고 의지하며, 법화경을 읽고 외우고 사경하며, 기쁜 마음으로 법화경을 널리 유포하겠습니다. 부처님의 가르침대로 살 수 있도록 이끌어주시고, 법화경 말씀대로 살기를 서원합니다.

나무 석가모니불 나무 석가모니불 나무시아본사 석가모니불

효동 일우(曉東 一雨)

경북 영일에서 태어났다. 어려서 33관음을 현몽으로 친견하고 영남의 대강백 능허 의룡 스님을 은사로 16세 때 삼각산 각황사에서 출가 득도했다. 『법화경』을 들고 6년여 동안 설악산, 태백산, 지리산 등 전국의 명산을 돌며 만행과 안거를 거듭하며 불법의 진수를 탁마했다. 지극한 의심 끝에 을유년(불기 2549년)에 법화의 정법을 깨닫고 죽산 미륵당에서 은사 의룡스님의 인가를 받았다. 이때 '효동曉東'이라는 법호와 전법게, 의발을 이어 받았다. 대구 성관음사 주지로 '33관음 응신대불'을 조성하였으며, BTN 불교TV에서 「법화정법」, 「법화신행」 강의로 신도들에게 가피 받는 참된 불교 신행의 길을 지도하였다. 저서로 『지금 나의 삶이 영원을 노래할 수 있다면』, 『일우 스님의 가피 이야기』, 『33관음응신예찬품』 등이 있다.

법화신행 믿음

초판 1쇄 인쇄 2015년 3월 20일 | 초판 1쇄 발행 2015년 3월 27일
지은이 일우 | 펴낸이 김시열
펴낸곳 도서출판 운주사

(136-034) 서울시 성북구 동소문로 67-1 성심빌딩 3층

전화 (02) 926-8361 | 팩스 0505-115-8361

ISBN 978-89-5746-418-2 03220 값 15,000원

http://cafe.daum.net/unjubooks 〈다음카페: 도서출판 운주사〉